大学生心理健康教育教程

李 莉 王小元 严九发 主 编
唐丰洁 郭修凤 曾智斌 副主编

电子工业出版社
Publishing House of Electronics Industry
北京·BEIJING

内 容 简 介

本书依据教育部颁布的《高等学校学生心理健康教育指导纲要》和《普通高等学校学生心理健康教育课程教学基本要求》编写，主要内容包括：走近心理健康，积极适应新环境，大学生自我意识及其完善，大学生情绪管理，大学生人际交往，大学生恋爱心理，大学生学习心理，大学生人格发展，大学生挫折与应对，理解生命本质、实践生命意义等。

本书不仅可以作为大学生心理健康教育与辅导方面的通识教育课程的教材，而且可以作为高校相关教职人员了解大学生的参考书，还可以作为青少年健康成长的指导手册和青少年提高自身心理素质的自学用书。

未经许可，不得以任何方式复制或抄袭本书之部分或全部内容。
版权所有，侵权必究。

图书在版编目（CIP）数据

大学生心理健康教育教程 / 李莉，王小元，严九发主编. —北京：电子工业出版社，2023.6
ISBN 978-7-121-45732-6

I. ①大… II. ①李… ②王… ③严… III. ①大学生—心理健康—健康教育—教材 IV. ①G444

中国国家版本馆CIP数据核字（2023）第104014号

责任编辑：刘御廷
印　　刷：三河市鑫金马印装有限公司
装　　订：三河市鑫金马印装有限公司
出版发行：电子工业出版社
　　　　　北京市海淀区万寿路173信箱　邮编：100036
开　　本：787×1092　1/16　印张：13.25　字数：314千字
版　　次：2023年6月第1版
印　　次：2025年1月第4次印刷
定　　价：45.00元

凡所购买电子工业出版社图书有缺损问题，请向购买书店调换。若书店售缺，请与本社发行部联系，联系及邮购电话：（010）88254888，88258888。
质量投诉请发邮件至zlts@phei.com.cn，盗版侵权举报请发邮件至dbqq@phei.com.cn。
本书咨询联系方式：mengyu@phei.com.cn。

前　言

加强和改进大学生心理健康教育，提高大学生整体心理健康素质，不仅关系到大学生的学习、生活与成长，还关系到人才培养的质量。让每个大学生身心健康、人格健全，不仅是高校素质教育追求的目标，还是全社会和每个家庭希望实现的目标。

本书编写人员均为从事大学生心理健康与咨询工作的一线教师，不仅有着深厚的理论功底，还具有丰富的教学经验和实践经验，对目前大学生的心理状态有比较深的了解和认识。本书不仅包含了新的心理学理论研究成果，还在编写结构上突出了心理学教材的实用性。作者期望大学生在学习本书后，可以了解自我，积极面对学习和生活，为走入社会做好心理准备。本书的特点如下。

（1）本书重视实用性而非系统知识的传授。将编写重点放在对心理健康知识的理解与运用上，目的在于提高大学生的自我调节能力。

（2）本书的结构设计具有一定的创新性和时代性。本书不仅有心理健康知识的呈现、相关案例的分析，还有心理活动的体验等。每章均包括扩展阅读、课堂活动、心理测试、推荐阅读等模块，并且利用一定数量的漫画图片来介绍相关知识，以适应当代大学生的阅读特点。

（3）本书在编写过程中既努力突破以往心理学教材说教的形式，又力求保持心理健康教育的科学性，使其内容与时俱进。

本书由李莉、王小元、严九发任主编，唐丰洁、郭修凤、曾智斌任副主编。具体编写分工如下：江西理工大学郭修凤编写第一章；江西理工大学曾智斌编写第二章；江西理工大学黄传昊编写第三章；江西理工大学李莉编写第四章和第五章；江西理工大学唐丰洁编写第六章；江西理工大学严九发编写第七章、第八章；江西理工大学王小元编写第九章；南昌豫章师范学院罗佳编写第十章。各章插图绘制分工如下：刘芸菲、赖旭慧、宋雪林、汪金龙绘制第一章的插图；刘芸菲绘制第三章、第九章的插图；陈林林绘制第二章的插图；符晨曦绘制第四章、第五章的插图；周瑾婧绘制第六章的插图；汪金龙绘制第七章的插图；赖旭慧绘制第八章的插图；宋雪林绘制第十章的插图。

编　者

2023 年 1 月

目 录

第一章 走近心理健康 ... 1
第一节 心理健康概述 ... 1
一、心理健康的界定 ... 1
二、心理健康的等级 ... 3
三、大学生心理健康的标准 ... 3
四、正确理解和运用心理健康的标准 ... 5
第二节 大学生心理发展的特点与影响因素 ... 6
一、大学生心理发展的特点 ... 6
二、大学生心理发展的影响因素 ... 7
三、心理保健的方法 ... 9
第三节 大学生常见心理行为问题与调适 ... 12
一、什么是心理行为问题 ... 12
二、大学生常见的心理行为问题 ... 12

第二章 积极适应新环境 ... 23
第一节 大学生适应心理概述 ... 23
一、适应的含义 ... 23
二、适应的方式 ... 24
三、适应的心理过程 ... 24
四、适应的心理机制 ... 25
第二节 大学生常见的适应心理问题 ... 26
一、大学生活面临的转变 ... 26
二、大学生适应的主要心理问题 ... 28
第三节 大学生适应问题的心理调适 ... 29
一、正视现实,积极适应新环境 ... 30
二、调控自我,积极适应新角色 ... 30
三、合理规划目标,积极把握新方向 ... 31
四、营造和谐,积极与人交往 ... 32
五、采取积极行动,活在当下 ... 32

第三章 大学生自我意识及其完善 ... 35
第一节 自我意识概述 ... 35
一、自我意识的定义 ... 35

二、自我意识的内涵 35
　　三、自我意识的产生与发展 37
第二节　大学生自我意识的发展 38
　　一、大学生自我意识发展的规律 39
　　二、大学生自我意识发展的特点 40
第三节　大学生自我意识的常见问题 41
　　一、自我认知偏差 42
　　二、自我体验偏差 43
　　三、自我调控偏差 45
第四节　大学生健全自我意识的培养与完善 46
　　一、健全自我意识的标准 46
　　二、大学生培养健全自我意识的措施 46

第四章　大学生情绪管理 55
第一节　认识情绪 55
　　一、情绪及其表现 55
　　二、情绪的功能 59
　　三、情商 61
第二节　大学生的情绪特点及情绪困扰 62
　　一、大学生的情绪特点 62
　　二、如何认识和把握自己的情绪 63
　　三、大学生常见的情绪困扰及调节 64
第三节　大学生的情绪管理 71
　　一、情绪正常的判断标准 71
　　二、理解情绪的能力 71
　　三、情绪 ABC 理论 72
　　四、如何管理自己的情绪 75

第五章　大学生人际交往 79
第一节　人际关系概述 79
　　一、人际关系的含义 79
　　二、人际关系的发展阶段 80
　　三、大学生人际交往的作用 81
　　四、人际沟通分析理论 83
第二节　大学生人际交往的特点及影响因素 84
　　一、大学生人际交往的特点和类型 84
　　二、影响大学生人际交往的主要因素 87
　　三、人际交往的心理效应 89
　　四、自证预言 91

第三节　大学生人际交往问题及调适 ·· 92
　　　　一、大学生人际交往中存在的主要问题 ··· 92
　　　　二、大学生的寝室人际关系 ·· 95
　　　　三、大学生如何建立良好的人际关系 ·· 96

第六章　大学生恋爱心理 ·· 103
　　第一节　爱情究竟是什么 ·· 103
　　　　一、认识爱情 ··· 103
　　　　二、爱情三角理论及类型 ··· 105
　　　　三、爱情的发展阶段 ··· 106
　　第二节　大学生的恋爱心理特点及常见心态 ·· 107
　　　　一、大学生的恋爱心理特点 ·· 107
　　　　二、大学生恋爱中的常见心态 ··· 108
　　　　三、大学生的恋爱动机 ·· 109
　　第三节　大学生常见的恋爱心理困惑与良好亲密关系的建立 ·················· 110
　　　　一、大学生常见的恋爱心理困惑 ·· 110
　　　　二、良好亲密关系的建立 ··· 114
　　　　三、如何培养爱的能力 ·· 116
　　　　四、如何维持爱的能力 ·· 117
　　第四节　性心理健康与性心理障碍 ·· 119
　　　　一、性心理和性心理健康的含义 ·· 119
　　　　二、大学生性心理的发展阶段 ··· 120
　　　　三、大学生常见的性心理困扰 ··· 121
　　　　四、大学生常见的性心理障碍 ··· 122
　　　　五、维护性健康的途径 ·· 123
　　　　六、大学生性病、艾滋病的预防 ·· 126

第七章　大学生学习心理 ·· 130
　　第一节　透视大学的学习 ·· 130
　　　　一、什么是学习 ··· 130
　　　　二、大学学习的特点 ··· 130
　　　　三、影响学习的心理因素 ··· 132
　　第二节　大学生常见的学习困扰及考试焦虑与挫折 ······························· 135
　　　　一、大学生常见的学习困扰 ·· 135
　　　　二、考试焦虑与挫折 ··· 138
　　第三节　提高学习效率的途径 ·· 142
　　　　一、建立恰当的学习目标 ··· 142
　　　　二、培养积极的心理调适 ··· 143
　　　　三、进行有效的时间管理 ··· 145

　　　　四、养成科学的用脑习惯 ……………………………………………………… 146
　　　　五、掌握有效的学习方法 ……………………………………………………… 149

第八章　大学生人格发展 …………………………………………………………… 153
第一节　人格概述 ……………………………………………………………… 153
　　　　一、人格的内涵与特点 ………………………………………………………… 153
　　　　二、人格的影响因素 …………………………………………………………… 155
　　　　三、人格的心理特征 …………………………………………………………… 156
第二节　大学生常见人格问题及矫正 ………………………………………… 162
　　　　一、大学生常见人格问题 ……………………………………………………… 162
　　　　二、大学生常见的人格障碍 …………………………………………………… 167
第三节　大学生健康人格的内涵及塑造 ……………………………………… 168
　　　　一、健康人格的内涵 …………………………………………………………… 168
　　　　二、大学生健康人格的塑造 …………………………………………………… 169

第九章　大学生挫折与应对 ………………………………………………………… 175
第一节　大学生压力概述 ……………………………………………………… 175
　　　　一、透视压力 …………………………………………………………………… 175
　　　　二、感知压力 …………………………………………………………………… 177
　　　　三、压力与身心健康 …………………………………………………………… 178
　　　　四、压力应对 …………………………………………………………………… 180
第二节　大学生挫折概述 ……………………………………………………… 182
　　　　一、挫折的含义 ………………………………………………………………… 182
　　　　二、挫折与身心健康 …………………………………………………………… 183
第三节　大学生挫折的成因及调适 …………………………………………… 184
　　　　一、大学生产生挫折的原因 …………………………………………………… 184
　　　　二、大学生应对挫折的心理防御机制及其具体表现 ………………………… 186
　　　　三、大学生应对挫折的心理调适 ……………………………………………… 188

第十章　理解生命本质、实践生命意义 …………………………………………… 193
第一节　理解生命本质 ………………………………………………………… 193
　　　　一、生命的起源 ………………………………………………………………… 193
　　　　二、生命的本质 ………………………………………………………………… 194
　　　　三、生命的特征 ………………………………………………………………… 195
　　　　四、珍爱生命 …………………………………………………………………… 196
第二节　实践生命意义 ………………………………………………………… 196
　　　　一、幸福——生命意义的追求 ………………………………………………… 197
　　　　二、实现生命意义 ……………………………………………………………… 198
　　　　三、发掘生命潜能 ……………………………………………………………… 199

第一章

走近心理健康

导言

为引导大学生关注自身的心理健康，每年的 5 月 25 日被定为全国大学生心理健康日。大学生是承载着社会和家庭高期望值的特殊群体，其心理健康问题一直是大家关心的焦点之一。帮助大学生科学认识和有效应对心理健康问题是社会、高校和家庭的共同责任，也是大学生自身成长发展的重要课题。

本章知识点

1. 心理健康的概念、大学生心理健康的标准及正确理解和运用心理健康的标准；
2. 心理咨询的概念、工作对象、基本原则、一般程序及大学生常见的心理咨询问题；
3. 精神障碍的概念、异常心理的辨别标准及大学生常见的精神障碍。

第一节 心理健康概述

大学生正值身心发展的重要时期，面临众多的挑战和压力。如何保持健康平衡的心态，从容应对各种问题和挑战，使自己不断走向成熟，需要每位大学生认真思考和实践。健康并不代表一切，但失去了健康，便失去了一切。那么什么是心理健康？如何来界定心理健康？依据什么标准来判断一个大学生心理是否健康呢？

一、心理健康的界定

（一）心理健康的概念

远古时代，人们只要有强壮的身体能够打猎，就能够生存繁衍下来，对于那时的人们来说，健康就是拥有强壮的身体。随着时代的发展，人们对于健康的追求有了进一步的提升，但是古代的人们只能借助有无疾病来判断一个人是否健康。后来人们发现，即使身体器官没有疾病，显示身体是健康的，但是人们仍然会有不舒服的感觉。1948 年，世界卫生组织提出了著名的健康三维概念，即"健康不仅是没有疾病或不虚弱，而且是身体、心理和社会的良好状态"。1989 年，世界卫生组织进一步定义了四维健康的新概念，即一个人在身体、心理、社会适应和道德四个方面都健康。这个概念既考虑到了人的自然属性，又考虑到了人的社会属性，从而摆脱了人们对健康的片面认识。第三届国际心理卫生大会对心理健康的定义是这样的："所谓心理健康是指在身体、智能以及情感上与他人的心理健康不相矛盾的范围内，将个人心境发展成最佳的状态"。心理学家英格里士认为：心理健康是指一种持续的心理状态，当事者在这种状态下具有良好的适应能力，具有生命的活力，从而能充分发挥其身心的潜能。综上所述，心理健康的定义有广义和狭义之分。广义的心理健康是指一种高效而满足的、持续的心理状态；狭义的心理健康是指人的基本心理活动的过程完整、协调一致，即认识、情感、意志、行为、人格完整和协调，能顺应社会，与社会保持同步。

扩展阅读

亚健康状态

亚健康状态是指人虽然无明显的疾病，但呈现出的活力降低、适应性减退、机体各系统功能和代谢功能低下等不够健康的生理状态。亚健康状态的范畴相当广泛，一般认为是身体、心理常有不适应的感觉，却在相当长时间内未被确诊为某种疾病，但有可能趋向于疾病的状态，又称"灰色状态"。调查显示，处于亚健康状态的人群多在 20~45 岁，且多数是高压力人群。处于亚健康状态的人一般表现为身体或精神的不适，如疲劳乏力、心神不宁、头痛、胸闷、失眠、饮食欠佳等，但均未达到疾病状态。随着社会的发展，处于亚健康状态的人日益增多。现在人们对健康的认识普遍存在两种错误的倾向：一是只注重体健康而忽视心理健康；二是注重疾病医治而忽视早期预防。正是这些错误认识，使许多人对自身慢性疾病前期出现的亚健康状态视而不见，甚至忽略了疾病缓慢渐进的发展过程，直到病情严重后才追悔莫及。

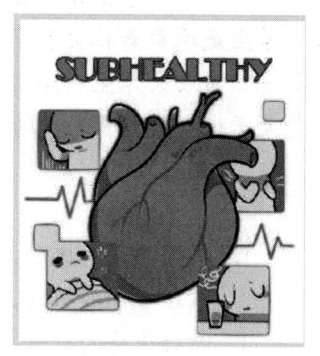

（二）弗洛姆关于心理健康的解读

弗洛姆认为，无论在何种社会，判断一个人是否精神健康，是否得到正常发展，取决于我们的心理是否健康。因为无论何时何地，人的需要与感情来源于人生存的特殊状况。人虽然脱离了动物王国，但在某些方面，人还是和动物一样有着共同的需要，如吃喝拉撒睡。不过，对于人来说，即使这些方面都满足了，还不足以使他成为一个完整的人、一个精神健全的人。因为精神健康的人是需要被满足情感需求的。人不同于动物之处，就在于人的需要与他人相关，需要超越自然和自己，需要生命的根与归属感，需要身份感。

弗洛姆认为只有原始人才是健康的。原始人过着无拘无束的生活，原始人不需要经过任何压抑、挫折就能满足自己所有的本能需要，他们只需要本能的满足就可以了。弗洛姆认为，真正健康的人具有原创性，热爱生命，能与自然、他人和谐相处，并且能保持自身的自主性。真正健康的人重视生命的存在，顺从自己的本性而生活。心理健康的人能够去爱他人，爱他人就如同爱自己。心理健康的人能承受人类生存中的不确定性，能够坦然面对死亡，又能坚信自己的想法和感情。

二、心理健康的等级

心理健康与生理健康是健康概念不可分割的部分,但是心理健康的标准并不像生理健康那样具体、精确、绝对。因为心理现象是主观精神现象,它很难有一个固定而清晰的度量界限。根据心理学家的研究,心理健康水平可分为以下三个等级。

(一)一般常态心理者

一般常态心理者表现为心情经常愉快,适应能力强,善于与别人相处,能较好地完成同龄人能做的活动,具有调节情绪的能力。

(二)轻度失调心理者

轻度失调心理者常表现出不具有同龄人所应有的愉快,和他人相处略感困难,生活自理有些吃力。若主动调节或通过专业人员帮助,可恢复常态。

(三)严重病态心理者

严重病态心理者表现为严重的适应失调,不能维持正常的生活、工作。如不及时治疗将会恶化,可能成为精神病患者。

三、大学生心理健康的标准

(一)心理学家马斯洛和密特尔曼提出的十条心理健康标准

心理学家马斯洛和密特尔曼提出的十条心理健康标准如下。
1. 有充分的安全感。
2. 对自己有较充分的了解,并能恰当地评价自己的行为。
3. 自己的生活理想和目标能切合实际。
4. 能与周围环境保持良好的接触。
5. 能保持自我人格的完整与和谐。
6. 具备从经验中学习的能力。
7. 能保持适当和良好的人际关系。
8. 能适度地表达和控制自己的情绪。
9. 能在集体允许的前提下,有限地发挥自己的个性。
10. 能在社会规范的范围内,适当地满足个人的基本需求。

(二)《简明不列颠百科全书》中提出的心理健康标准

《简明不列颠百科全书》中提出的心理健康标准如下。
1. 认知过程正常,智力正常。
2. 情绪稳定乐观,心情舒畅。
3. 意志坚强,做事有目的性。
4. 人格健全,性格、能力、价值观等均正常。

5. 养成健康习惯，无不良行为。
6. 精力充沛地适应社会，人际关系良好。

（三）大学生心理健康的标准

我国学者马建青综合国内外专家学者的观点，根据大学生这一群体的年龄特征、心理特征和社会角色特征，提出了我国当代大学生心理健康的基本标准，具体内容如下。

1. 智力正常

大学生智力正常且能充分发挥的主要标志：有强烈的求知欲和浓厚的探索兴趣；乐于学习；智力结构中各要素在其认识活动和实践活动中都能积极协调地参与，并能正常发挥作用。

2. 情绪健康

情绪健康的主要标志：情绪稳定和心情愉快。具体内容包括：第一，愉快情绪多于不愉快情绪，表现为乐观开朗、充满热情、富有朝气，善于自得其乐，对生活充满希望；第二，情绪稳定性好，善于控制和调节自己的情绪，既能克制约束，又能适度宣泄，不过分压抑，情绪的表达既符合社会的要求，也符合自身的需要；第三，情绪反应是由适当的原因引起的，反应的强度和引起这种情绪的情境相符合。

3. 意志健全

意志健全的大学生在各种活动中都有自觉的目的性，能适时地做出决定并运用切实有效的方法解决遇到的各种问题，在困难和挫折面前，能采取合理的反应方式。

4. 人格完整

大学生人格完整的主要标志：第一，人格结构的各要素完整统一；第二，具有正确的自我意识，不产生自我同一性混乱；第三，以积极进取的人生观作为人格的核心，并以此为中心把自己的需要、愿望、目标和行为统一起来。

5. 自我评价适当

一个心理健康的大学生，对自己的认识应比较接近现实，有自知之明；对自己的优点感到欣慰，但又不至于自大；对自己的缺点既不回避和否认，也不自暴自弃，而是善于正确地自我接受。

6. 人际关系和谐

大学生人际关系和谐的标志：乐于与他人交往，既有稳定而广泛的人际关系，又有知心朋友；在交往中保持独立而完整的人格，有自知之明，不卑不亢；能客观评价别人和自己，善于取人之长补己之短；宽以待人，乐于助人；积极的交往态度多于消极的交往态度；交往动机端正。

7. 适应能力强

心理健康的大学生应能和社会保持良好的接触，对社会现状有较清晰且正确的认识，思想和行动都能跟上时代的发展步伐，与社会的要求相符合。

8. 心理行为符合大学生的年龄特征

大学生应具有与年龄和角色相适应的心理行为特征。

扩展阅读

心理能量与最佳状态

一场比赛结束后，教练这样向我们抱怨："某运动员状态太差，连平时训练水平的一半都没有发挥出来""这个运动员心理状态不稳定，把该赢的球输掉了"。这些运动员的问题到底出在哪里？什么样的心理状态才能使运动员发挥出他们的正常水平甚至超水平发挥呢？

心理学家克西逊米哈伊尔经过长期的研究，把处于最佳心理状态的运动员特征归纳为五点：①动作高度自动化；②注意力高度集中；③在比赛过程中不关心结果，没有任何的自我评价和责怪；④自己感觉到控制着场上的一切；⑤运动本身为运动员提供了清晰、明确的反馈。

运动员要使自己在比赛中出现以上特征，有必要先了解心理能量的概念以及它与运动成绩的关系。所谓心理能量就是当一个人从事自己喜欢的活动时，即使身体十分疲劳，也会感到愉快和满足。但一个人若是被迫、不情愿地做某些事情，就很难克服困难、全力以赴。

心理能量和身体能量一样具有指向性。如果运动员把心理能量消耗在不必要的担心和干扰上，那么这种心理能量就是消极的；如果运动员把心理能量用在自己的技术动作和战术上，那么这种心理能量就是积极的。心理能量和身体能量一样具有连续性，有高低变化，心理能量的高低变化直接影响运动员的成绩。

运动心理学家研究发现，心理能量与运动员的成绩之间呈倒 U 形曲线关系，即随着心理能量的增高，运动员的成绩提高；当心理能量增高到一定程度时，运动员的表现达到最佳状态；但随着心理能量的继续增高，运动员的最佳状态会受到破坏，成绩也会下降。

四、正确理解和运用心理健康的标准

大学生应该正确理解和运用心理健康的标准。正确理解和运用心理健康的标准应注意以下五个问题。

（一）有不健康的心理和行为不等于心理不健康

心理不健康是指一种持续的不良状态。偶尔出现一些不健康的心理和行为并不等于心理不健康，更不等于患有心理疾病。因此，不能仅从一时一事而简单地给自己或他人下心理不健康的结论。

（二）心理健康与不健康是一种连续状态

心理健康与不健康不是泾渭分明的对立面，而是一种连续状态。从良好的心理健康状态到严重的心理疾病状态之间有一个广阔的过渡带。在许多情况下，异常心理与正常心理、变态心理与常态心理之间没有绝对的界限，只是程度的差异。心理问题的程度与范围示意图如图1-1所示。

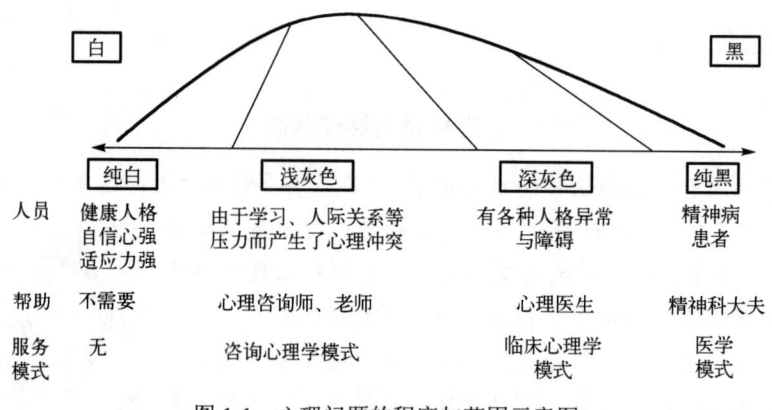

	纯白	浅灰色	深灰色	纯黑
人员	健康人格 自信心强 适应力强	由于学习、人际关系等压力而产生了心理冲突	有各种人格异常与障碍	精神病患者
帮助	不需要	心理咨询师、老师	心理医生	精神科大夫
服务模式	无	咨询心理学模式	临床心理学模式	医学模式

图 1-1　心理问题的程度与范围示意图

（三）心理健康的状态是动态变化的过程

心理健康的状态不是固定不变的，而是动态变化的。随着人的成长、经验的积累、环境的改变，心理健康状况也会有所改变。

（四）心理健康的标准是一种理想尺度

心理健康的标准不仅是衡量健康的标准，还为我们指明了提高心理健康水平的努力方向。每个人在自己现有的基础上做不同程度的努力，都可以追求心理发展的更高层次，不断发挥自身的潜能。

（五）满足大学生心理健康的基本标准

大学生心理健康的基本标准是能够有效地工作、学习和生活。如果大学生难以维持正常的工作、学习、生活，就应该及时调整。

第二节　大学生心理发展的特点与影响因素

在 2016 年年底举行的全国高校思想政治工作会议上，习近平总书记第一次点评了"95 后"大学生群体——朝气蓬勃、好学上进、视野宽广、开放自信。"可爱、可信、可为"的新一代青年大学生，有着诸如勤于思考、独立自主、具有批判性思维、情感世界敏感而丰富等鲜明的特点。他们的知识结构、人生价值、学习目标、兴趣爱好等也在个体、家庭、学校和社会多方面作用的影响下呈现出独特的积极态势。

一、大学生心理发展的特点

大学生处于青年后期，即霍尔提出的由"疾风怒涛"状态向"相对平稳"状态的过渡时期，也是人的"第二次诞生"时期。在这一时期，大学生的人格形成、自我意识蓬勃发展、社会生活领域迅速扩大。大学生虽然脱离了未成年人的群体，但暂不能履行成年人的责任和义务，处于"边缘人"状态。因此，这一时期又被称为心理的延续偿付期，即大学生可以暂时合法地延缓偿付必须承担的社会责任和义务。

（一）认知思维发展的特点

韦克斯勒智力量表的得分显示，智力发展的顶点在 20～25 岁，所以大学生的智力发展处于高峰期，他们从更广、更深的角度观察事物，并更为敏锐、主动、多维、系统、谨慎；记忆力处于鼎盛时期，记的内容多，记忆方法也更为灵活多样，有意记忆逐渐占据主要地位，且抽象记忆水平不断升高；富于幻想，但幻想中的合理成分及创造性成分明显增加；已从经验型思维转向理论型逻辑思维，抽象思维和推理能力获得了发展，并具有独立性和批判性。

但是，大学生的抽象思维水平并没有达到完全成熟的程度，主要表现为思维发展不平衡，思维的广阔性、深刻性和敏感性发展比较慢。由于个人阅历浅、社会经验不足，大学生在看问题时容易钻"牛角尖"，并且容易掺杂个人感情色彩，做事情缺乏深思熟虑，往往有偏激、过分自信和固执己见的倾向，尤其是理论型逻辑思维居于主导地位，所以他们常常把社会问题看得过于简单而陷入主观、片面和"想当然"的境地。

（二）情绪情感发展的特点

随着校园生活的深入展开，大学生的社会性需要增多，社会性情感（道德感、理智感和美感）也得到了充分发展。道德感的发展主要表现为产生了社会的使命感、责任感和义务感；理智感的发展主要表现为对真理的强烈追求，对所学知识充满兴趣和好奇心，并能充分体验到获得知识的乐趣和充实感；美感的发展主要表现为对美的感受更加丰富，审美能力大大提高，审美体验日益深刻，不仅能体验到事物的外在美，还能体验到事物的内在美，创造美的能力不断增强，审美观念日趋完善，懂得了美与丑、善与恶的区别，学会了形式美和内在美的统一。

虽然大学生控制情绪的能力也在不断由弱变强，大多数大学生的内心体验逐渐趋于平稳，但是，如果受到内心需要和外界环境的强烈刺激，他们的情绪仍然会产生较大波动而表现出两极性，从一个极端走向另一个极端，深陷理智与情感的冲突之中。另外，大学生的情绪还存在着外显性与内隐性的矛盾，并且大学生的生活经验匮乏，这加大了大学生的情绪适应和调节难度，常常令他们感到焦虑。

（三）意志行为发展的特点

随着大学生独立性和社会性的发展以及自我意识的增强，大部分学生都具有较好的意志品质，多数已能逐步自觉地确立明确、富有社会意义的理想或者个人奋斗目标，并根据理想或目标制订、实施计划，克服困难，朝着目标迈进，其意志的自觉性、独立性、坚韧性、自制性和果断性都有了较大发展，但仍表现出一定的惰性、依赖性、冲动性和持久力不足。情绪波动和任务性质也会影响到他们的意志行为。

二、大学生心理发展的影响因素

内因和外因从主客观两方面对当代大学生的心理健康产生影响。大学生个人、社会、家庭以及学校都有责任和义务不断探讨大学生心理发展的规律和特点，并且积极寻求解决大学生心理健康问题的措施和方法。

（一）个人因素

1. 生理原因

大学生的生理发展处于迅速成熟而又没有完全成熟的过渡期，而生理特点是心理活动的物质基础，如果个体的神经系统有某些缺陷，那么某些心理活动就不能正常进行。另外，神经系统的生理解剖特点直接决定了个体的气质类型，这些气质类型在情绪的表现方面尤其值得注意，如果不能恰当地予以教育、引导，那么个体就有可能出现心理异常。

2. 人格特征

大学生的心理健康与其人格特征有着非常密切的关系。如偏执、冷漠、自私、缺乏同情心、缺乏自控力、缺少责任感、反社会行为等，都是人格异常的表现。心理学研究表明，人格存在严重缺陷的个体的社会适应力差，心理健康水平低，遭遇外部刺激时常常会出现强烈应激反应，从而产生心理行为问题。

（二）社会因素

1. 社会变革与文化思潮

新一代大学生成长在改革开放和市场经济飞速发展的时期，此时的社会以思想观念的开放为基调，以强劲的经济增长为主导。虽然他们的生活和文化经验没有物质匮乏年代的影子，没有近现代中国历史悲情的重负，但各种文化思潮的剧烈冲击，要求他们具备比以往任何时代更强的社会适应能力，从升学到就业，从交往到消费，新的社会秩序给他们带来了更多的选择机会，也给他们带来了更多的迷茫。

2. 经济形势与就业压力

首先，高等教育的蓬勃发展使得大学生和研究生越来越多，一年又一年的"最难就业季"给每个人都带来了很大的冲击和挑战。在入学教育中，院校对专业就业前景的分析，使得大学生一入校就深切感受到自上而下的就业压力。其次，企业对于人才的渴望和高要求也给大学生设置了诸多门槛，如专业对口、有工作或实习经验。为积累工作经验，大学生要学习、工作兼顾，而且最好要"长期精准实习"。最后，贫富差距和社会不公等社会问题也会不断加剧大学生的就业压力，使得他们对自己能否适应社会产生怀疑，同时也增加了他们对步入社会的恐惧感。

3. 网络影响

在经济全球化、信息现代化的时代，网络已经成为人们生活、学习和工作中不可或缺的一部分。鉴于大学生自身的发展特点，网络已经影响了他们心理与行为的发展。一些大学生沉迷于网络，不但影响了正常的生活、学习和工作，还损害了自身身心健康，主要表现为情感反应障碍、人际交往萎缩、自我分裂、社会理想淡化等。

（三）家庭因素

1. 父母教养

从弗洛伊德强调的"0～6岁决定人的一生"，到现在的依恋理论，原生家庭和早年成长经历及关系的重要性一直被强调,这其中的首要元素就是父母或代替父母功能的养育者。父母的人格、语言、情绪、教养态度等对孩子的个性塑造、生活习惯和行为养成都有直接或间接的影响。爱利克·埃利克森指出,如果个体在出生后第一年没有得到父母的细心关怀,而遭受忽视、抛弃、敌视,则个体难以产生信任的品质,长大后很难信任他人,甚至不信任自己的能力,会感受到持续不断的焦虑并产生神经症的精神防御症状,将用这种方式去应付自己看到的世界。艾瑞克·弗洛姆也指出,如果个体多年来被父母错误地对待,他将变得虚弱,长大后将变得焦虑和变化无常,即形成神经症的性格结构。

2. 家庭关系及经济条件

家庭经济条件也会影响学生的心理健康,家庭经济条件相对宽裕有利于大学生的心理健康;反之则会给大学生带来较大的心理压力,有些大学生还会因此而自卑并表现得比较消极,甚至在人际关系方面非常敏感、多疑,有困难时不愿意寻求别人的帮助。同时,父母离异、家庭破裂容易使大学生因为家庭关系不稳定、亲密关系丧失而产生焦虑、紧张、自卑、抑郁等不良情绪。

(四)学校因素

1. 学校教育现状

必须承认,应试教育的利弊现在越来越外显化。虽然应试教育确保了教育的结构化成效,但部分地区片面追求升学率,增加了学生的负担,加剧了竞争气氛,造成了学生的紧张、压抑乃至厌学厌世情绪,影响了他们的心理健康。随着国家相关政策的不断出台,各级学校逐渐提高了对大学生心理健康教育的重视程度,从人、财、物等方面给予了相应的支持。但不容否认,大学生尤其是研究生的心理健康教育仍存在医学化倾向、片面化倾向、形式化倾向、孤立化倾向和雷同化倾向等问题。

2. 同学关系与师生关系

良好的同学关系有益于个体的心理健康:与同学友好相处、团结互助有利于个体健康人格的发展,个体更容易形成健康的人格;相反,如果与宿舍同学或与其他同学关系紧张,个体则容易产生较高的心理紧张度,容易出现孤独、压抑、空虚等不良情绪。良好的师生关系是促进大学生自主学习和减少问题行为的关键因素:在亲密、和谐的师生关系下,师生彼此尊重、相互信任、感情融洽,有利于大学生的心理健康;在不良的师生关系下,师生相互猜疑,心理上对立,容易使大学生产生冷漠、逆反、畏惧、失望等心理,不利于大学生的心理健康。

三、心理保健的方法

在大学期间,我们可能是最后一次系统性地接受教育,最后一次将大量时间用于学习,最后一次拥有较高的可塑性,最后一次集中精力地充实自我,最后一次在相对宽容的理想环境中不断学习、练习为人处世……因此,在这个阶段,大学生应当认真把握每个"第一次",让它们成为未来人生道路的基石;也要珍惜每个"最后一次",不要让自己在不久的将来留下遗憾。

（一）树立阳光心态

有句话说得好："亲爱的，外面没有别人，只有你自己。"世界只是我们自己心态的镜子，所以树立阳光心态至关重要。

首先要延迟满足、接受改变。简单地说，当人对某些人、事、物习以为常后，"舒适区"便产生了，而做出改变就会产生"非舒适区"。由于人是自我保护的动物，因此多数人会选择躲在舒适区，抗拒改变。但是在生活中，唯一不变的就是变化，抗拒改变是徒劳的。地球不会只围绕着我们转动，我们能做的唯有积极适应。

其次是克服恐惧。既要克服对失败的恐惧，又要克服对成功的恐惧。有人会问，成功不是人心所望的吗，怎么还有"成功恐惧"这回事？这是美国心理学家霍纳于20世纪60年代末提出的概念，是指人们往往认为自己的成功必然伴随着消极的结果。例如，"我一旦获得自己想要的，就不会有动力做任何事情了""你越是成功，就越有人不喜欢你"，等等。由于个体认识到成功可能会产生使人恐惧的结果，所以在从事类似活动时，个体有可能放弃积极行动，改以消极应付行为。

最后要改变习惯、自我激励。当习惯导致了负面结果时，那就是应该改变的时候了。清理出那些制约自己走向成功的坏习惯，制订一个改正的实践表并限期整改，同时培养一些有益的习惯，这样就可以把自己放置在一个良好的环境系统中。

（二）正确评估自我

评估自我是基础，既要了解自己的人格形态，又要评估自己的价值观。例如，我是什么样的一个人？有着什么样的品性、特点？我为什么会成为这样的人？这部分内容会在第二章做具体介绍。

价值观是人们做人和行事的规范，是决定成功的最终要素之一，会决定人的命运，因此要明确自己的人生目的和人生目标体系。回答"为了实现我的人生目的和人生目标体系，我必须拥有何种价值观""除了目前的价值观，我还应拥有哪些其他的价值观""为了实现人生目的和人生目标体系，有哪些价值观必须从我的价值列表中剔除""这个价值观排列在这个位置对我有什么益处""这个价值观排列在这个位置对我有什么坏处"等问题可能要花费很长时间和很多精力，但非常值得。人生一定会出现各种考验，以测试你对自己价值观的坚持。

（三）合理管理时间和设置目标

管理时间是为了减少时间浪费，以便有效地完成既定目标，它教会我们新的学习方式和生活习惯，包括制订目标、完善计划、权衡轻重、分配时间等。杜拉克曾说过，世界上最糟糕的事情就是将那些根本没必要做的事情做得非常完美。首先要学会对任务进行分类：紧急任务和重要任务，做不成前者对你有消极影响，做成了后者使你有积极收获。紧急任务和重要任务有四种不同的组合：紧急且重要，紧急不重要，重要不紧急，既不紧急也不重要，看看你罗列出的事情属于哪个组合。舍弃不必要的，然后把剩下的任务进行排序，以便优先处理紧急且重要的任务，这样就能快速、高效地做事了。分清事情的轻重缓急，避免拖延和浪费时间。

(四)培养健康的生活方式

首先是情绪管理。情绪管理就是不仅通过不对自己过分苛求、不对他人期望太高、疏导自己的愤怒情绪等方式让自己保持良好的情绪状态,偶尔还通过忍让、暂时回避、找人倾诉烦恼、为别人做一些事情等方式让自己保持良好的情绪状态,在出现负面情绪时做到承认而不压抑,积极地宣泄以求排解。

其次是健康管理。第一,多运动。积极进行科学的有氧运动,如跑步、登山、游泳等都能缓解紧张与疲劳,同时,在运动中融入社会和自然也可以增强亲和力,提高交往能力,培养团队精神和互助互爱的品质,开阔心胸。第二,注意自己的睡眠。在多数情况下,偶然的、暂时的失眠属于正常现象,睡眠时间是因人而异的。只要一觉醒来没有严重的睡眠不足感,那么即使睡眠不足八小时也不必担心,应该为自己比别人有更充沛的精力而感到高兴。接连几个晚上睡眠不好也不必焦虑,因为每个人的睡眠都会呈周期性变化,顺其自然,多运动,疲劳了自然会睡好。第三,养成良好的饮食习惯。避免暴饮暴食和不合理节食。专家认为,很多时候,患贪食症或厌食症的人对自己身材的苛求只是一种表象,更深层的原因往往是他们在其他方面受挫,无法实现自己的目标,转而苛求自己的身材。

最后是金钱管理。首先要考虑在整个生活中哪些开支是必要的、基本的,哪些是可有可无的。还要了解自己父母的经济能力和自己通过勤工助学等方式挣钱的可能性。有了对这些基本情况的分析后,再确定自己的花钱计划,使之切实可行,然后尽量按计划执行。多余的钱可以存入银行,以免被盗或被骗。

课堂活动

培养健康的生活方式

请审视一下有哪些健康的或不健康的生活方式。针对不健康的生活方式,你有改变的愿望吗?请为自己制订一个具体的行动计划表,如表1-1所示。

表1-1 行动计划表

我的不健康生活方式	对自我健康的影响	具体改进措施

扩展阅读

想、做、自我实现和幸福

1. 帮助他人。一个人对自身的问题少一点儿关注,多与他人建立积极而亲密的关系,幸福感会有所提升。

2. 监控自身对财富的追求。因为人们会很快适应新得到的财富,所以物质财富本身不能保证幸福,而有助于人们从事生产或精彩活动的资源能够提升幸福感。

3. 积极社交。不活动、不与他人交往、不主动与他人社交都能导致苦恼。

4. 保留或记录成就清单、日志，以及其他值得骄傲的事情。提醒自己注意生活中美好的事情，这些事情每周和每月都要做。

5. 寻求人生的心灵体验或生活中敬畏生命、鼓舞人心的体验，尤其是那些符合自身气质的体验。这些体验可以是基于自然的、艺术的、科学的或者创造性的。

6. 设置长远目标，暂时失败后能迅速地继续前进。要承认并津津乐道一个事实：生活中有很多困难和挑战。

7. 要认识到，因为生理原因、早期经历、过去的学习、想法和能力以及当前的处境，很多人对生活会有一种相对不满的倾向。如果你是这样一个人，不要为此纠结。虽然人格、幸福感可以改变，但经过很长一段时间也仅有很微小的改变。

第三节 大学生常见心理行为问题与调适

每个人的内心活动都有所不同，有些人觉得自己阳光洒脱，与心理行为问题绝缘；有些人却因为暗暗给自己贴上精神疾病的标签，觉得人生一片黑暗。其实，人非完人，谁都会遭遇各种各样的人生问题，大多数人都会经历心理挣扎，也都有可能失态，脱离正常的轨道，只不过形式和程度有所不同罢了。如果这些困扰能得到及时有效的解决，就会避免发展成为心理行为问题或精神疾病。

一、什么是心理行为问题

心理行为问题是指各种心理及行为异常的情形。我们承认心理有正常和异常之分。在判断一个人的心理行为是否正常时，统计分析的观点主张从常态分布的概念来区分，社会规范的观点主张用个体行为是否符合社会规范和社会水准来区分，社会适应的观点主张以个体行为是否适应环境来区分，主观感受的观点试图从个体是否主观感受到情绪和身体的痛苦来区分。

一般我们把心理行为问题分为两种：发展性问题和障碍性问题。发展性问题是指在某一发展阶段遇到的问题。如果个体不能顺利地完成某个发展阶段的任务，就可能出现问题，这些问题是大多数人都可能会遇到的。例如，适应问题、情感问题是很多大学生都会遇到的，是这个阶段、这个年龄段尤其高发的。另一个典型的发展性问题是职业生涯规划问题。确切地讲，这并不是一个问题，而是由个体希望能够对未来有一个更好的规划而产生的问题。障碍性问题则是个体在生活、学习、工作及各种人际关系中遇到的困难和烦恼，心理难以适应，最终导致了较严重的心理障碍，如抑郁症和精神分裂。一般来讲，大学生的心理行为问题以发展性问题为主，因此，积极自我调整和寻求心理咨询帮助，可以在一定程度上缓解心理行为问题。

二、大学生常见的心理行为问题

（一）发展性问题

1. 人际关系问题

大学时期人际环境的转变是最明显的。中学时期的人际关系相对单纯，大家更多关注学业，甚至无暇关注人际交往。进入大学后，同学来自五湖四海，人际交往更为复杂、广泛，更具独立性和社会性。良好人际关系的获得需要一定技巧，这不是每个大学生都能处理好的。在处理各种人际关系的过程中，有相当数量的大学生会产生各种问题。一旦在这一过程中受挫，大学生就可能表现为自我否定，进而陷入苦闷与焦虑之中，或因企图对抗这种情况而陷入困境，并由此产生心理行为问题。

2. 学业问题

大学时期的学习特点与高中时期的学习特点有明显不同，如学习环境、学习内容、考核标准等，大学生还面临着英语和计算机等级考试以及各类职业资格考试的压力等。许多学生进入大学后不适应大学的学习环境，学习目标不明确，学习方法不适应，或所学专业与自己的兴趣相抵触。部分大学生的成绩下滑严重，不能很好地面对学习上的挫折，容易产生心理行为问题。

3. 情感与性问题

大学生正处于青春期的中期，生理成熟，心智有了一定的发展，对爱情有所追求和向往。大学生谈恋爱是一种普遍现象，但是很多大学生在恋爱中存在情感与性的困惑，会出现单相思、感情纠葛、失恋、意外失身等。特别是失恋，如果处理不好，大学生会在心理上受到极大的伤害，出现心理失调甚至精神崩溃，或在短时期内出现极端行为，如自杀或报复等。

4. 职业生涯与就业问题

进入大学之前，很多学生的目标就是考上大学，考上大学之后却迷茫了，甚至不知道自己辛苦、努力考大学的初心何在，失去了继续奋斗的动力，这是缺少必要的职业生涯规划的表现。临近毕业时，有相当数量的大学生也因缺乏足够且必要的就业心理准备，表现出无法紧张有序地进行大学后期的学习，整日忧心忡忡、情绪低落，出现严重的心理焦虑和躯体不适，心理承受能力越发脆弱，如不及时排解、调适，往往会心理崩溃，导致消极、负面的后果。

5. 情绪与压力问题

进入大学后，大学生远离家乡和亲人，进入了一个全新的环境，要学习承受各方面的压力。可是有的大学生却不懂得求助和减压，反而用一些增加压力的方式来解决问题，压力越来越大，陷入了消极情绪的怪圈。经济困难、遭遇家庭变故或身患疾病的大学生，也容易出现心理行为问题。

6. 人格与个人成长问题

有的大学生很自卑，在遇到一些挫折或者被别人拒绝时，就容易产生心理危机。有的大学生对未来很迷茫，有一种存在危机，如找不到人生的价值和意义、反复追问人活着究竟是为了什么。

7. 适应问题

在大学一年级新生中，学习和生活上的不适应较为普遍。大多数新生首次远离家乡，或多或少会有分离焦虑。当这种应激反应超过限度时，大学生就会出现失眠、食欲不振、注意力不集中、难以适应环境以及烦躁、严重焦虑不安、头疼、神经衰弱等问题。

（二）障碍性问题

1. 心境障碍

心境障碍原称情感性精神障碍，是指由各种原因引起的，以显著而持久的心境或情感改变为主要特征的一组疾病。其临床特征是：以情感高涨或低落为主要的、基本的或原发的症状，常伴有相应的认知和行为的改变；轻重程度不一，轻者无精神病症状，对社会功能影响较轻，重者可有明显的精神病症状，对社会功能影响较重；多为间歇性病程，具有反复发作的倾向。在间歇期，患者的精神活动基本正常，部分有残留症状或转为慢性病程。

（1）抑郁症

抑郁症是一种常见的精神疾病，也是世界范围内造成精神障碍的主要原因，全球各年龄段共有约 4 亿人患有抑郁症，女性患者多于男性患者。抑郁症的特点是感觉悲伤、丧失兴趣或愉悦感、有负罪感或自我价值感低、睡眠紊乱或食欲不振、感到疲倦，而且注意力不集中。患者还可能有多种身体不适，但没有明显的身体病因。抑郁症可能长期、持续或反复发作，严重影响患者正常的工作、学习。抑郁症最严重时可能导致自杀，轻度到中度抑郁可以通过谈话疗法（如认知-行为疗法）得到有效治疗。抗抑郁药可以有效治疗中度到重度抑郁，但不是治疗轻度抑郁的首选方法。管理抑郁必须纳入社会心理方面的内容，包括确认压力因素和支持系统，让患者维持或恢复社交网络和社会活动。

（2）双相障碍

全世界约有 6000 万人受双相障碍的影响。双相障碍通常包括躁狂期和抑郁期，其间有情绪正常期。处于躁狂期的患者情绪亢奋或烦躁，过度活跃，急于表达，自尊心膨胀，睡眠需求减少。有躁狂期但没有抑郁期的人也被归为双相障碍。稳定情绪的药物和社会心理支持都是治疗双相障碍急性期和预防复发的有效方法。

（3）恶劣心境

恶劣心境原称抑郁性神经症，是一种以持久的心境低落状态为主的轻度抑郁，不出现躁狂，常伴有焦虑、躯体不适感和睡眠障碍，但无明显的精神运动性抑制或精神病性症状。抑郁持续两年以上，期间无长时间的完全缓解，如有缓解，一般不超过两个月。患者有求知欲，生活不受严重影响。恶劣心境通常始于成年早期，持续数年，有时持续终生。恶劣心境与生活事件和性格有较大的关系。

2. 神经症

神经症是一种表现为焦虑、抑郁、恐惧、强迫、疑病症状或神经衰弱症状的精神障碍，有一定的人格基础，常受心理社会（环境）因素的影响。症状没有可证实的器质性病变做基础，与患者的现实处境不相称，但患者对存在的症状感到痛苦和无能为力，自知力完整或基本完整，病程多迁延。常见的有焦虑症、强迫症和恐惧症等。

（1）焦虑症

焦虑症是以发作性或持续性情绪紧张、恐惧为主要临床症状的神经症，影响患者的正常生活，常伴有头昏、头晕、胸闷、心悸、呼吸困难、口干、尿频、出汗、震颤等明显的躯体症状，紧张或惊恐的程度与现实情况不符。焦虑症的治疗可以采用放松疗法，即通过放松身体、深呼吸、冥想等方法进行训练，效果很好。

（2）强迫症

强迫症是以反复出现强迫观念和强迫动作为基本特征的一种神经症。患者的痛苦来自强迫和反强迫同时存在，能意识到强迫冲动和观念来自自我，也能意识到强迫症是异常的，但又无法摆脱。强迫症的治疗可以采用精神分析疗法，通过自由联想、移情分析，把个体潜意识中的冲突带到意识层面，个体的冲突得到解决，强迫症也就自然减轻或者消失了。其实很多人都有强迫行为，只要没有感到痛苦，也不影响正常的生活和工作，就不算病态，也不需要治疗。

（3）恐惧症

恐惧症是指患者对特定物体、具体活动或场景产生长期的和不必要的恐惧，如怕尖状物、怕爬高、怕与人对视、怕去空旷的地方等。尽管患者明知恐惧对象不会对自己造成伤害或没有危险，也明知道自己的害怕是过分的、不合理的，但就是不能控制自己的情绪，并从行动上极力回避，患者还会因此而产生苦恼。恐惧症的原因尚未查明，某些患者有胆小、害羞、依赖、内向、过分认真等性格特点，有些患者受现实的心理诱因的影响。治疗恐惧症既可以采用精神分析的自由联想法和移情分析法，又可以采用行为学派的系统脱敏法。

3. 人格障碍

人格障碍又称病态人格、人格异常，是指明显偏离正常人格并与他人和社会相悖的一种持久、牢固的适应不良情绪和行为反应的模式。其基本特征是：法制观念较差，行为受原始欲望驱使，知行脱节，具有高度的冲动性和攻击性，缺乏羞愧、自责和责任感。各类人格障碍的突出特征是紊乱不定的心理特点和难以相处的人际关系。

常见的人格障碍有三大类：第一类以行为怪癖、奇异为特点，包括偏执型人格障碍和分裂型人格障碍；第二类以情感强烈、不稳定为特点，包括癔症型人格障碍、自恋型人格障碍和反社会型人格障碍；第三类以紧张、退缩为特点，包括回避型人格障碍和依赖型人格障碍。

4. 性心理障碍

性心理障碍泛指两性心理和行为明显偏离正常，并以这类性偏离作为性兴奋、性满足的主要或唯一方式的一种精神障碍。最常见的有性偏好障碍和性身份障碍，性偏好障碍指的是性心理和性行为都带有儿童性活动的特点，如易装癖、露阴癖、窥阴癖；性身份障碍指的是从心理上否认自己的生理性别，强烈希望转换成异性，即易性癖。如果大学生出现了上述任何一种症状，其生活和学习甚至今后的发展都会受到严重影响，所以应当及时向相关人员进行咨询并予以治疗。

在这里需要特别强调的是，随着对同性恋研究的不断深入，同性恋已经不全都被认为是性变态或性心理障碍了。按照最新版的《中国精神疾病分类方案与诊断标准》，能够认可自己的性指向为同性，且不因此而感到痛苦的同性恋者可被认为是正常人。

5. 精神分裂症与其他精神病

精神分裂症是严重的精神疾病，影响着全世界约2100万人。包括精神分裂症在内，精神病的特点是思维、观点、情绪、语言、自我意识和行为出现扭曲。常见的精神病症状包括幻觉（听到、看到或感觉到不存在的事物）和妄想（就算有相反的证据仍坚定地持有错误的信念或怀疑）。精神病患者无法进行正常的工作或学习。

最初精神分裂症通常发生在青春期或成年早期，常常由强烈的心理压力导致，如失业、失恋或者父母死亡。这种病状会突然出现，患者的行为会在几天或几周内发生明显变化，在许多年中其身体功能可能逐渐受损。在最初阶段，患者回避社会，情感迟钝，并且难以和他人沟通，可能忽视个人卫生、学校功课或者工作。通过适当的治疗和社会支持，患者可以过上富有成效的生活并逐渐融入社会。

拓展阅读

心理咨询相关知识

1. 在什么情况下需要做心理咨询

一般人有一个误解，认为去做心理咨询或去看心理医生的人都是"疯子""精神病"，由于这种偏见，许多人不敢轻易去做心理咨询或去看心理医生，害怕别人以为自己精神不正常。实际上，自己主动去做心理咨询的人大都是正常的人。不论是谁，只要觉得自己在心理上、情绪上有了痛苦和烦恼，都可以去做心理咨询。当个体在个人发展、学业以及事业上遇到困扰时，也可以找心理咨询师帮忙。例如，当某些事引起了强烈的心理冲突，个体难以解决时；当人际关系出现了较大的问题时；当睡眠不好时，如失眠、做噩梦或梦游；当情绪极差、难以自拔时，如过度抑郁、长期抑郁或对某些事过度敏感、焦虑；当在恋爱时或在家庭中遇到了难以解决的问题时；当个体没有器质性病变，但仍感到疼痛不适时；当个体有明显不平常的感觉和行为时，如总听到一个声音指挥或控制自己、害怕花草等并不可怕的事物、总不停地想一些无意义的小事或不停地洗手和关门等。另外，如果个体希望进一步完善自己的性格，也可以在心理咨询师处获得帮助。总之，只要遇到与心理有关的问题，都可以寻求心理咨询师的帮助。特别是当个体的问题很严重且自己无法解决时，更加需要心理咨询师的帮助。需要说明的是，每个心理咨询师都有自己的风格和擅长的领域，可能需要多次尝试才能找到适合自己的心理咨询师。

2. 心理咨询有哪些形式

通常，心理咨询师与来访者采取面对面的形式进行交谈，详细了解、分析来访者的心理困扰，帮助他们摆脱有碍于心身健康的不利因素，提高他们解决问题、适应环境的能力。对已有心理障碍者，则在《中华人民共和国精神卫生法》的框架之下分析其病因和症状，制订完整的治疗计划。在面对面咨询中，心理咨询师掌握的情况比较全面，能够更深入地为来访者提供有效的帮助，是一种首选的心理咨询形式。除此之外，心理咨询的形式还包括电话咨询、信件咨询、网络咨询等。同学们可根据实际情况选择适合自己的形式。

拓展阅读

心理求助是强者的行为

1. 当你遇到很痛苦或影响你的学习和社会交往的心理行为问题时，不要等待，要主动寻求帮助。

2. 相信会有人愿意帮助你，但是你要将自己真实的困难和痛苦告诉你信任的人。

3. 如果你的倾诉对象不知道如何帮助你,你可以向学校心理咨询中心求助。

4. 如果你担心自己的心理行为问题被发现,你可以向心理热线或校外的心理咨询师寻求帮助。

5. 有时为了能找到一个真正能帮助自己的人,需要求助于不同的人或机构,你应该坚持下去,那个能真正为你提供帮助的人一定会被你找到。

6. 解决心理危机通常需要一个过程,可能你要反复多次地约见心理咨询师或心理医生。

7. 如果医生为你开药,你应该按医嘱服用。

8. 避免使用酒精或毒品麻痹自己的痛苦。

9. 不要冲动行事,强烈的痛苦会使你更难做出合理的决定。

心理测试

焦虑自评量表

表 1-2 为焦虑自评量表(SAA),其中有 20 种情况,请仔细阅读每种情况,然后勾选出最符合你实际情况的答案所对应的数字。

表 1-2 焦虑自评量表(SAA)

自评内容	没有或偶尔	有时	经常	总是
1. 我觉得比平时更容易紧张和着急	1	2	3	4
2. 我无缘无故地感到害怕	1	2	3	4
3. 我容易心烦意乱或觉得惊恐	1	2	3	4
4. 我觉得我可能将要发疯	1	2	3	4
5. 我觉得一切都很好,也不会发生什么不幸	1	2	3	4
6. 我手脚发抖、打寒战	1	2	3	4
7. 我因为头痛、颈痛和背痛而苦恼	1	2	3	4
8. 我感觉容易衰弱和疲乏	1	2	3	4
9. 我觉得心平气和,并且容易安静地坐着	1	2	3	4
10. 我觉得心脏跳得快	1	2	3	4
11. 我因为一阵阵头晕而苦恼	1	2	3	4
12. 我曾经晕倒过,或觉得要晕倒似的	1	2	3	4
13. 我呼气、吸气都感到很容易	1	2	3	4
14. 我手脚麻木和刺痛	1	2	3	4
15. 我因胃痛和消化不良而苦恼	1	2	3	4
16. 我常常要小便	1	2	3	4
17. 我的手常常是干燥、温暖的	1	2	3	4
18. 我脸红且发热	1	2	3	4
19. 我容易入睡并且一夜睡得很好	1	2	3	4
20. 我常做噩梦	1	2	3	4

【评分方法】

SAA 的主要统计指标为总分。将 20 个项目的得分相加,即得到原始分;用原始分乘以 1.25 后取整数就得到标准分。其中 5、9、13、17、19 题为反向计分,即按 4、3、2、1 计分。

【结果】

原始分:_____。

标准分:_____。

【结果解释】

Zung 根据美国受试者的测评结果,规定 SAA 的标准分 50 分为焦虑症状分界值。低于 50 分为无焦虑;50~59 分为轻度焦虑;60~69 分为中度焦虑;高于 70 分为严重焦虑。

心理测试

抑郁自评量表

表 1-3 为抑郁自评量表(SDS),请仔细阅读表中每种情况,根据你最近一星期的实际情况,勾选出最符合你实际情况的答案所对应的数字。

表 1-3 抑郁自评量表(SDS)

自评内容	没有或很短时间	小部分时间	相当长时间	绝大部分或全部时间
1. 我觉得闷闷不乐,情绪低沉	1	2	3	4
2. 我觉得一天之中早晨最美好	1	2	3	4
3. 我想哭	1	2	3	4
4. 我晚上睡眠不好	1	2	3	4
5. 我吃得跟平常一样多	1	2	3	4
6. 我与异性密切接触时和以往一样感到愉快	1	2	3	4
7. 我感觉我的体重下降了	1	2	3	4
8. 我有便秘的苦恼	1	2	3	4
9. 我心跳比平时快	1	2	3	4
10. 我无缘无故地感到疲乏	1	2	3	4
11. 我的头脑跟平常一样清楚	1	2	3	4
12. 我觉得经常做的事情做起来并没有困难	1	2	3	4
13. 我觉得不安而平静不下来	1	2	3	4
14. 我对未来抱有希望	1	2	3	4
15. 我比平常容易生气、激动	1	2	3	4
16. 我觉得做出决定是容易的	1	2	3	4
17. 我觉得自己是一个有用的人,有人需要我	1	2	3	4
18. 我的生活过得很有意思	1	2	3	4
19. 我认为如果我死了,别人会生活得更好	1	2	3	4
20. 对于我平常感兴趣的事,我现在仍然感兴趣	1	2	3	4

【评分方法】

第 2、5、6、11、12、14、16、17、18、20 题为反向题，依次计分：4、3、2、1。20 项得分相加得到原始分，原始分乘以系数 1.25 后取整数得到标准分。

【结果】

原始分：_____。

标准分：_____。

【结果解释】

抑郁评定的临界值为 50 分，分值越高，抑郁倾向越明显。

标准分低于 50 分为无抑郁；标准分高于或等于 50 分且低于 60 分为轻微至轻度抑郁；标准分高于或等于 60 分且低于 70 分为中度抑郁；标准分高于或等于 70 分为重度抑郁。

学习思考

1. 大学生心理健康的标准有哪些？
2. 结合大学生心理健康的标准，评估一下自己的心理健康状况。
3. 大学生心理发展有哪些特点？
4. 如何看待精神障碍？

课堂活动

每个人都希望过上幸福快乐的生活，但由于心理行为问题的产生具有一定的偶然性，无论是我们自己，还是同学、亲友，都有可能遇到这样或那样的心理行为问题，有时甚至是比较严重的心理行为问题。那么，当自己真的在某个方面出现问题的时候，又该到哪里去寻找打开心灵之锁的钥匙呢？想一想，把你想到的结果写在下面，并在课堂上与同学讨论、分享。

1. 当我在学业上遇到问题时，我可以求助_____、_____、_____。
2. 当我在恋爱与性上遇到问题时，我可以求助_____、_____、_____。
3. 当我在与舍友或父母的关系上出现问题时，我可以求助_____、_____、_____。
4. 当我在个人发展上遇到问题时，我可以求助_____、_____、_____。
5. 当我在其他生活方面遇到问题时，我可以求助_____、_____、_____。

推荐阅读

1.《天才在左，疯子在右》

作者：高铭

出版社：北京联合出版公司

本书以访谈形式记录了生活在社会另一个角落的人群（精神病患者、心理障碍者等）的所思所想，介绍了精神病患者如何看待这个世界，让人们真正了解到"疯子"抑或"天才"的内心世界。

2.《心理课堂：给大学生的 50 堂心理学课》

作者：程宇洁

出版社：上海大学出版社

本书是一名女大学生的心理学课堂笔记。书中的 50 个心理自励故事是心理学课程一学期的全部内容，包括负面情绪、疾病与健康等。

3.《登天的感觉》

作者：岳晓东

出版社：民主与建设出版社

本书讲述了作者在哈佛大学心理咨询中心经手的 10 个心理咨询个案，涉及对爱情、婚姻、职业选择、新生适应不良等一般心理困惑的咨询，也涉及对人格缺陷者的矫正及对潜意识作用的解析等特殊的心理障碍治疗过程。作者在处理这些心理案例的过程中，展现出非凡的心理咨询技巧。

心理测试

表 1-4 为症状自评量表（SCL-90），请仔细阅读表中每种情况，然后根据你最近一周的感受，勾选出最符合你实际情况的答案所对应的数字。

表 1-4　症状自评量表（SCL-90）

自评内容	没有	很轻	中等	偏重	严重
1. 头痛	1	2	3	4	5
2. 神经过敏，心中不踏实	1	2	3	4	5
3. 头脑中有不必要的想法或字句盘旋	1	2	3	4	5
4. 头昏或昏倒	1	2	3	4	5
5. 对异性兴趣减退	1	2	3	4	5
6. 对旁人责备求全	1	2	3	4	5
7. 感到别人能控制你的思想	1	2	3	4	5
8. 责怪别人制造麻烦	1	2	3	4	5
9. 忘性大	1	2	3	4	5
10. 担心自己的衣饰及仪态是否端正	1	2	3	4	5
11. 容易烦恼和激动	1	2	3	4	5
12. 胸痛	1	2	3	4	5
13. 害怕空旷的场所或街道	1	2	3	4	5
14. 感到自己的精力不足，活动减慢	1	2	3	4	5
15. 想结束自己的生命	1	2	3	4	5
16. 能听到旁人听不到的声音	1	2	3	4	5
17. 发抖	1	2	3	4	5
18. 感到大多数人都不可信	1	2	3	4	5
19. 胃口不好	1	2	3	4	5
20. 容易哭泣	1	2	3	4	5
21. 同异性相处时感到害羞、不自在	1	2	3	4	5
22. 感到受骗、中了圈套或有人想抓你	1	2	3	4	5
23. 无缘无故地突然感到害怕	1	2	3	4	5

续表

自评内容	没有	很轻	中等	偏重	严重
24. 自己不能控制地大发脾气	1	2	3	4	5
25. 害怕单独出门	1	2	3	4	5
26. 经常责怪自己	1	2	3	4	5
27. 腰痛	1	2	3	4	5
28. 感到难以完成一些任务	1	2	3	4	5
29. 感到孤独	1	2	3	4	5
30. 感到苦闷	1	2	3	4	5
31. 过分担忧	1	2	3	4	5
32. 对事物不感兴趣	1	2	3	4	5
33. 感到害怕	1	2	3	4	5
34. 感情容易受到伤害	1	2	3	4	5
35. 旁人能知道你的私下想法	1	2	3	4	5
36. 感到别人不理解你、不同情你	1	2	3	4	5
37. 感到别人对你不友好、不喜欢你	1	2	3	4	5
38. 做事必须做得很慢才能保证做得正确	1	2	3	4	5
39. 心跳得很厉害	1	2	3	4	5
40. 恶心或胃不舒服	1	2	3	4	5
41. 感到比不上他人	1	2	3	4	5
42. 肌肉酸痛	1	2	3	4	5
43. 感到有人在监视你、谈论你	1	2	3	4	5
44. 难以入睡	1	2	3	4	5
45. 做事必须反复检查	1	2	3	4	5
46. 难以做出决定	1	2	3	4	5
47. 怕乘电车、公共汽车、地铁或火车	1	2	3	4	5
48. 呼吸困难	1	2	3	4	5
49. 一阵阵发冷或发热	1	2	3	4	5
50. 因为感到害怕而避开某些东西、场合或活动	1	2	3	4	5
51. 大脑空白	1	2	3	4	5
52. 身体发麻或刺痛	1	2	3	4	5
53. 喉咙有哽塞感	1	2	3	4	5
54. 感到前途没有希望	1	2	3	4	5
55. 不能集中注意力	1	2	3	4	5
56. 感到身体的某一部分较弱、无力	1	2	3	4	5
57. 感到紧张或容易紧张	1	2	3	4	5
58. 感到手或脚发沉	1	2	3	4	5
59. 想到有关死亡的事	1	2	3	4	5
60. 吃得太多	1	2	3	4	5
61. 当别人看着你或谈论你时，会感到不自在	1	2	3	4	5
62. 有一些不属于你自己的想法	1	2	3	4	5
63. 有想打人或伤害他人的冲动	1	2	3	4	5
64. 醒得太早	1	2	3	4	5
65. 必须反复洗手、清点数目或触摸某些东西	1	2	3	4	5
66. 睡得不安稳、不深	1	2	3	4	5
67. 有想摔坏或破坏东西的冲动	1	2	3	4	5

续表

自评内容	没有	很轻	中等	偏重	严重
68. 有一些别人没有的想法或念头	1	2	3	4	5
69. 感到有些敏感	1	2	3	4	5
70. 在商店或电影院等人多的地方感到不自在	1	2	3	4	5
71. 感到任何事情都很难做	1	2	3	4	5
72. 感到一阵阵恐惧或惊恐	1	2	3	4	5
73. 感到在公共场合吃东西很不舒服	1	2	3	4	5
74. 经常与他人争论	1	2	3	4	5
75. 单独一人时神经很紧张	1	2	3	4	5
76. 别人对你的成绩没有做出恰当的评价	1	2	3	4	5
77. 即使和别人在一起也会感到孤单	1	2	3	4	5
78. 感到坐立不安、心神不宁	1	2	3	4	5
79. 感到自己没有什么价值	1	2	3	4	5
80. 感到熟悉的东西变得陌生或不像真的	1	2	3	4	5
81. 大叫或摔东西	1	2	3	4	5
82. 害怕会在公共场合昏倒	1	2	3	4	5
83. 感到别人想占你的便宜	1	2	3	4	5
84. 为一些有关性的想法而感到很苦恼	1	2	3	4	5
85. 认为应该因为自己的过错而受到惩罚	1	2	3	4	5
86. 感到要赶快把事情做完	1	2	3	4	5
87. 感到自己的身体有严重问题	1	2	3	4	5
88. 从未感到和其他人很亲近	1	2	3	4	5
89. 感到自己有罪	1	2	3	4	5
90. 感到自己的脑子有毛病	1	2	3	4	5

【评分方法】

症状自评量表的分数计算方法如表 1-5 所示。

表 1-5 症状自评量表的分数计算方法

分类	项目编号											因子均分
1. 躯体化：共 12 项	1	4	12	27	40	42	48	49	52	53	56	58
2. 强迫症状：共 10 项	3	9	10	28	38	45	46	51	55	65		
3. 人际关系敏感：共 9 项	6	21	34	36	37	41	61	69	73			
4. 抑郁：共 13 项	5	14	15	20	22	26	29	30	31	32	54	71	79
5. 焦虑：共 10 项	2	17	23	33	39	57	72	78	80	86		
6. 敌对：共 6 项	11	24	63	67	74	81						
7. 恐怖：共 7 项	13	25	47	50	70	75	82					
8. 偏执：共 6 项	8	18	43	68	76	83						
9. 精神病性：共 10 项	7	16	35	62	77	84	85	87	88	90		
10. 其他：共 7 项	19	44	59	60	64	66	89					

【结果解释】

若总分超过 160 分，或有问题（单项分≥2）的项目数超过 43 项，或任意一个因子均分超过 2 分，都要进行进一步检查。

第二章

积极适应新环境

导言

进入憧憬已久的大学,就来到了人生的一个重要转折点,但很多新生会出现适应不良的症状。在社会迅速变化、竞争激烈、人际关系复杂的环境中,许多新生感觉不知所措,产生心理上的不适应。面临着适应发展的压力与困惑,大学生只有适应大学生活的各个阶段,才能切实地采取行动改变自己,使自己成长并成熟。

本章知识点

1. 了解大学生适应心理的实质和内容;
2. 清楚大学生产生适应问题的原因;
3. 掌握大学生适应问题的调试方法。

第一节 大学生适应心理概述

一、适应的含义

有这样一个心理实验:心理学家先将一只小猫放进一个背景全是竖线的空间,让它生活一段时间;然后又将它放入一个背景全是横线的空间,结果这只小猫走路时东倒西歪、站立不稳。这个实验里的小猫是生病了吗?并不是,而是对新的环境不适应。在实际生活中,大学生会随时面临适应的问题。

所谓适应是指个体为满足自己的需求,而与环境发生协调作用的过程,它是一种动态的、交互的、有弹性的历程,而且是双向的或多向的历程。当个体需求与环境发生协调作用时,若个体不能如愿以偿,则通常会造成两种情况:一是个体形成悲观消极心理;二是个体从失败中学习适应方法。积极的适应就是发展,消极的适应则会导致停滞不前;成功的适应能促进心理健康,养成健全的人格,失败的适应则会造成心理障碍和不健康人格。学会适应是每个人健康生活、获得发展的前提与基础。

从心理学角度来分析,适应是指个体在与环境的相互作用过程中构筑良好心理的过程,也是指个体与环境之间的一种和谐、协调、相宜、相适的状态,这是一种相对平衡的状态。心理学家艾夫考认为,适应是个体与环境的互动过程,个体可以在与环境相互作用的过程中,通过不断调整自我身心状态,使身心与现实环境保持和谐一致,从而达到认识环境、改善环境、发展自我的目的。

二、适应的方式

心理学理论认为，在应激状态下，人们的反应有两种：一种是正向的积极反应，即面对突如其来的外在危险，迅速做出正确的判断，并调动自己的潜能，摆脱困境，脱离危险；另一种是负面的消极反应，即面对突然发生的事件，思维迟钝，大脑一片空白，手足无措，任凭危险发生。如果平时不注意培养和锻炼自己的心理适应性，往往会在"养兵千日，用兵一时"之际，招致本应避免的灾祸。因此，大学生应逐渐认识环境，改变观念，适应环境，建立积极的心理防御机制，培养和提高自己的适应能力，即所谓的学会适应和学会生存。

在心理适应方式上，我国古人留下了许多宝贵的经验，以某种形式维护自己的心理平衡，形成了我国独特的心理防御机制。如我们常说的"知足者常乐""破财消灾""失败乃成功之母""比上不足比下有余"，等等，有时也以对事件的归因分析实现心理平衡，例如，失败后归结为客观环境的不可改变，或者强调其他因素的干扰，以此来寻求个人的心理平衡。人类心理适应的不同方式改变了客观现实和愿望之间的紧张冲突关系，对缓解心理挫折起到了重要的作用，有利于人们建立适合自己的心理防御机制，维护个人的心理健康。

总体来说，人的心理适应方式可以分为两大类：一类是前进的适应，这种适应与人的心理发展的方向是一致的，是一种积极的心理防御机制。例如，一个学生考试失败后，努力学习，积极向别人求教，掌握足够的知识，形成扎实的技能，以达到掌握某门课程知识的目的，实现该门课程的考试成绩提升，而不是抱怨学习环境不良，或者教师授课水平低等客观环境因素。另一类是倒退的适应，这种适应是为了将来或者整体上适应环境而表现出来的倒退与不适应，实际上是一种通过倒退而迂回前进的适应。我们常说的"好汉不吃眼前亏"就属于这种适应，"好汉"之所以这样做，是为了免于当时对自己不利的局势让自己吃亏而表现出的倒退行为，同时也能够使自己与当前环境要求之间取得整体上的一致，这是一种复杂的整体上的适应，它表现出人类自我的整体机能，是人类权衡利弊得失而进行的选择，也是人类与动物适应的最主要的区别之一。

三、适应的心理过程

从心理学角度研究适应，可以得到适应的心理过程，主要包括以下内容：一种需要（或动机）的存在；阻止这种需要得到满足的阻挠的存在；个人提供的克服这些阻挠的行为方式；最后有一种反应缓解了紧张，即解决问题的结果。

（一）需要

人的生存会产生各种需要。亚伯拉罕·马斯洛提出，人的需要按照从低到高的顺序共有五个层次：生理的需要、安全的需要、归属与爱的需要、尊重的需要、自我实现的需要，每个低层次的需要被满足后又会产生高层次的需要。人的各种需要如果得到满足，就会产生心理平衡；反之，则会感到紧张、失望、恐惧、不安，产生情绪波动。由于人的生活环境多变，每个人都会产生适应新环境的需要。因此，在适应的过程中必须有一种需要是存在的，人便是为了满足需要而去适应的。

（二）阻挠

阻挠是指个体在利用其现有的习惯机制满足需要时所遇到的阻力。当个体对某种环境建立了可以适应的机制（习惯性机制）后，如果环境发生变化，原来的习惯性机制就不能解决问题了，也即产生了阻挠。面对阻挠，个体会产生不同程度的紧张与焦虑。阻挠大致有三种情况：一是环境的阻挠；二是个体的缺陷，即个人在生理、智力、能力等方面的缺陷；三是相反需要的冲动。

（三）反应

面临新环境，当个体用以往习惯的方式尝试解决问题而失败时，就会主动寻找一种新的能够解决问题的方式，这就是反应。个体对环境是否适应，在很大程度上取决于他能否根据变化不断地调整自己的反应。当个体尚未找到一种成功解决问题的反应时，常常在情绪上表现出紧张、焦虑、沮丧。因此，当个体在面对不适应时，一方面要积极尝试，寻找成功解决问题的反应；另一方面要保持一种积极解决问题的心理状态，消极的心态不利于思考和寻找新的解决问题的方式。

（四）适应

从心理学角度看，评判一个问题是否被解决的唯一标准就是结果是否能够减轻紧张情绪。只要任何一个反应能够减轻个体的（内驱力所引起的）紧张情绪，原来的活动就要结束，这就是一种适应问题的解决。也就是说，经过一番尝试，个体找到了解决问题的方式，需要得到满足，曾经的不平衡状态重新恢复了平衡。只是这种状态仍然是短暂的，很快又会被新的不适应现象重新打破。这种"不适应—适应—不适应"状态的循环往复就是适应过程的规律性表现。

四、适应的心理机制

从出现不适应现象到重新适应这段时间，个体一般要经历认知调节、态度转变和行为选择三个环节。

（一）认知调节

认知调节是适应过程的起始阶段，包括外部评估和内部评估。外部评估是认知调节的第一阶段，是指个体全面了解变化了的外部环境及自身发展历程并做出新的判断的过程。该阶段的主要任务是确定外部环境发生了哪些新变化，提出了哪些新要求，这些变化和要求对自身发展所具有的影响，在此基础上对发展中遇到的困难做出准确判断，对新的角色期待形成正确的理解与把握。内部评估是认知调节的第二阶段，内部评估是指个体在对外部变化做出正确判断的基础上，对自身内部状态进行进一步了解与判断。实际上这是一种在自我监控系统的参与下，自我评价和自我意向重新调整的过程。该过程具体包括对外部变化引起的内部不平衡状态的估计，对不适应现象的归因分析，对已有经验的检索与比较，对原有行为方式应对效果的审视与判断等。由外部评估到内部评估，是认知调节发展的必然过程。在这一过程中，个体的理解力、判断力和自我评价水平对认知调节的效果具有直接影响。

（二）态度转变

认知过程的变化必然会引起情绪体验的变化，同时会导致行为意向发生变化。当认知、情感和行为意向都发生变化时，就会引起个体态度的转变。态度的转变实际上是对动力系统和反应倾向的调节，这是个体适应新环境、保持和恢复心理平衡的一种行为。

（三）行为选择

行为选择实际上是一个比较与决策的过程，其核心是对原有行为方式的调整与改变。行为方式的选择以认知的调节与态度的改变为基础，受思维方式与态度倾向的直接制约。如果思维方式与态度倾向是积极的，那么个体的行为方式也会是积极的；如果思维方式与态度倾向是消极的，那么个体的行为方式也会是消极的。

在从不适应到重新适应的过程中，同化与顺应这两种调节方式始终在发挥作用。由于内部、外部环境都具有不同程度的复杂性、变化性，行为又具有多样性，因此，个体的判断不可能一次完成，所以适应的过程必然会表现出反复和循环。

第二节　大学生常见的适应心理问题

一、大学生活面临的转变

当大学生怀着激动、兴奋的心情走进大学校门时，每个人都面临着一个崭新的开始。然而真实的大学生活总是和大家想象的有些差距。这个转变不是从一所学校到另一所学校的变化，而是从依赖走向独立、从懵懂走向成熟的成长变化。大学生要想顺利完成这种转变，就必须清楚地认识到这一转变过程中发生的主要变化。

（一）生活环境的变化

生活环境的变化体现在生活方式、生活习惯、生活范围等方面。

从生活方式看，中学生大多住在家里，不少人拥有属于自己的独立空间，起居由父母照顾，除了学习，凡事不用操心。而大学生活是集体生活，住宿舍、吃食堂，凡事要靠自己处理。这种改变对缺乏独立生活能力的学生是一个挑战。

从生活习惯看，饮食方面的显著差异，气候与语言环境的变化，作息制度与卫生习惯的不同，经济上安排不当等，都可能造成适应不良。

从生活范围看，中学生的生活领域较窄，基本上是从家门到校门。由于高考的压力，学习成了生活的中心内容，课余时间很少，校园生活单一。而进入大学犹如从"小天地"来到"大世界"，丰富多彩的校园文化生活使大学生目不暇接，生活的领域大大拓宽。

（二）学习状况的变化

学习状况的变化主要体现在学习任务、学习内容、学习方法等方面。

从学习任务看，中学的学习任务主要是学习科学文化的基础知识。而大学是培养高级专业人才的场所，大学生既要学习基础知识，又要掌握专门技能。

从学习内容看，大学生不仅要学习经典的、基础的理论知识，还要学习科技最新发展的成果，其学习内容多、任务重、范围广、要求高。

从学习方式看，中学学习的主要形式是课堂讲授，以灌输为主，学生巩固知识的主要方式是做练习题，各个教学环节由教师具体安排，督促检查严格，学生对教师依赖性强。而大学学习强调自主、研究性学习，课堂讲授的时间相对短，学生自己安排自习、阅读、钻研学问的时间较长，要求学生独立思考、融会贯通、举一反三。

（三）人际关系的变化

人际关系的变化主要体现在人际关系的含义、人际交往的方式与对象、人际交往的要求等方面。

进入大学后，人际关系的含义发生了根本的改变。在中学时代，人际关系的含义比较狭窄，只是友谊或亲密关系的一种扩展。而一旦成为大学生，人际关系就不再那么简单。复杂的交往环境，决定了新型的人际关系，不能仅以个人的好恶而定，必须学会与不同的人建立和保持协调的关系。

从人际交往的方式与对象看，在中学时代，人际交往的对象主要是同窗好友、父母亲戚、老师，尤其是班主任，天天与学生见面，饥饱冷暖、学习成长样样关心，父母体贴入微，关怀备至。但到了大学，从各地来的学生素昧平生，重新组成新的班级，生活在同一个宿舍，性格习惯各不相同；师生关系也不像中学那么密切，有时甚至几天见不到班主任、辅导员；远离父母难诉衷肠。由于生活领域的扩大，交往的内容也扩大到学习、生活、娱乐等各个方面。

从人际交往的要求看，中学生大多依赖性较强，不善人际交往，有父母的照顾和学习的压力，对友谊的渴望不那么强烈。进入大学，新的伙伴、新的环境，要求大学生独立地、主动地与各种陌生人交往，社会化要求急速提高，对友谊与爱情的渴望强烈。

（四）管理制度的变化

管理制度的变化主要体现在管理方法与管理系统等方面。

从管理方法上看，在中学时代，学校、教师对学生采取直接管理，事事由教师安排。大学更多强调学生的自我管理、自我教育、自我服务，许多活动由学生自己组织。

从管理系统上看，中学的管理都是通过班主任实施的。大学的管理属于"全面、网络管理"，学校各个职能部门都直接参与学生管理，如思想教育管理、学籍管理、宿舍管理、课外活动管理等。

> **扩展阅读**
>
> ### 个体适应不良的行为表现
>
> 在现实生活中，个体适应不良的行为表现主要有以下三种。
>
> 第一种是反抗现实。个体由不满现实转为反抗现实，反抗现有的社会规范、社会权威，甚至产生更为严重的反社会行为，其结果是不但不能解决问题，反而给个体带来更大的挫折。
>
> 第二种是逃避现实。由于个体承受不了现实压力，无法从经

验中学会面对现实,而以自欺欺人、掩耳盗铃的方式来逃避现实,借以获得暂时的满足,但久而久之会造成更大的失败。

第三种是脱离现实。个体从现实中退却,沉迷于虚构的幻想世界,过着完全与现实隔离的生活,此种方式易产生心理疾病。

二、大学生适应的主要心理问题

(一)生活环境不适导致压力过大

陌生的生活环境如生活习惯、气候等方面的差异会给新入学的大学生的生活带来许多不便,容易造成部分学生的环境应激。如果他们不能在短期内顺利适应,正常的学习、睡眠等活动便会受到影响,从而形成心理问题。另外,随着家庭经济情况的改善,大学女生攀比衣着打扮,大学男生抽烟饮酒,同学之间过生日及郊游等消费逐渐上涨,已经成为当前大学值得重视的问题。这种情况会给部分家庭经济能力有限而又爱面子、爱慕虚荣的大学生带来心理影响,如严重的自卑、忧虑、紧张等精神压力,甚至还会引发违法行为。

(二)理想与现实的差异导致失望迷惘

中学生为了升入理想的高校而努力学习,虽身心疲惫但目标十分明确。而进入大学后,原来的理想实现了,而新的目标和动力尚未找到,所以,大学生反倒显得失落和茫然。再加上,多数学生高考填的志愿不切实际,进入大学后缺乏生活目标,从而得过且过,在学习上提不起兴趣,考试通过即可。在高层次目标尚未建立之前,情绪低落、彷徨迷失的现象在大一新生中并不少见。

(三)自我地位改变导致评价失调

经过高考拼杀的大一新生带着良好的自我感觉进入大学校园之后,突然发现自己只不过是大学生中的普通一员。在强手如林的新班集体里,面对新一轮的排列组合,昔日那种"鹤立鸡群"的优越感已荡然无存,一些大学生的心理会产生一种失落感。同时,高考过后,大家从埋头学习中抬起头来,第一次有机会能够看清彼此,这时才猛然发现自己和他人之间原来除了学习成绩的差距,还有其他许多方面的差距,在知识、才艺、人际关系、家庭背景乃至身体容貌等方面不如人的地方很多。特别是来自农村、山区和贫困地区的学生,或因为家庭经济困难,或因为服饰落伍,或因为浓重的乡音,或因为孤陋寡闻,方方面面难免有相形见绌的感觉,总感到"见人矮三分",于是变得沉默寡言、内向孤僻,容易产生自我认识和自我价值感方面的困惑。

(四)学习方法不适导致困惑迷茫

对于大一新生来说,尤其突出的矛盾是由应试教育造成的不良学习习惯无法适应大学的教学。没有了中学老师那样的反复讲解与督促,许多大一新生面对知识的海洋,不知从何学起,难免会产生困惑、迷茫和无所适从的感觉。因此,及时解决学什么、怎么学和如何安排学习时间的问题,是大一新生尽快适应大学学习生活的关键。也有一些大一新生在学习上有一种"船到码头车到站"的松劲心理,学习动机的强度发生落差,没有正确的学习目标,缺乏较强的学习动力与意志,于是不思进取,得过且过。

(五)人际交往适应不良导致孤独压抑

不知如何与来自不同家庭、不同社会背景的人相处,是一些大学生人际交往障碍的主要表现。由此而引发的人际矛盾和心理不适,往往给一些大学生带来许多烦恼。这在大学生的心理问题中占很高的比例。如有的大学生与舍友长期关系冷漠,稍有不和便恶语相加。有的大学生不愿与他人交往,也很少参加集体活动,缺少朋友,对外界很少关心,经常把自己封闭在狭小的天地中。还有的大学生奉行"我行我素"的处世原则,过分关注自我,注重自我在人际交往中的地位,过多考虑自己的需要,而忽视他人的需要和存在,对别人缺乏关心和谅解,导致了人际交往中的自命不凡和过于敏感挑剔。还有不少大学生不能适应新的师生关系。有些大学生不知如何处理与异性的关系,有的大学生受习惯心理影响,对男女交往过分敏感,从而使正常的异性交往不能自然进行,甚至相互隔离;也有的大学生过快地将同学关系发展成恋爱关系,过早地沉溺于"两人世界";也有的大学生陷入单相思而不能自拔,由此而产生情感冲突。这些大学生大都会出现因人际关系失调造成的焦虑不安、心慌意乱、孤单失落、寂寞失眠、注意力分散甚至社交恐惧等症状。

上述种种心理问题常常使大学生的能力受到抑制,使大学生养成很多不良的习惯。例如,注意力不集中,记忆力下降,交往能力受到限制等。除此而外,还会使大学生的生理功能发生障碍,如头痛、头昏、消化功能紊乱等,严重妨碍身心健康发展。

案例分析

"从爸爸妈妈离开学校那刻起,我就经常哭。他们帮我安顿好后没几天就离开了学校。我每天晚上都想他们,甚至想到流泪。"小洁是大一新生,进入大学以来,她一直茶饭不思,经常感到孤独、想家。两个多月了,她还是老样子,还嫌食堂的饭菜不好吃、寝室没有洗衣机等。

心理分析

大一新生入学后面临的首要问题就是生活适应问题,上述案例中的小洁遇到的困扰,很多大学生可能都遇到过。高中时期,很多学生没有关心过生活上的事情,习惯了衣来伸手、饭来张口,导致他们进入大学之后不知道如何照顾自己。从某种意义上说,大学生活的自理与自立,是大学生成人的开端。大学生必须先经历生活的独立,才能做到精神独立与思想独立。

第三节 大学生适应问题的心理调适

为了更好地适应大学生活、适应环境、适应社会,大学生应该从以下几个方面着手培养适应能力。

一、正视现实，积极适应新环境

对于大学生来说，对新环境的适应包括对外环境的适应和对内环境的适应两个部分。对外环境的适应就是对学习、生活环境及人际关系的适应；对内环境的适应就是大学生对自我角色变化的适应，是一个自我心态调整的过程。新的环境和角色的变化要求大学生重新评价自己与他人，重新设计自我。大学生需要正视现实，只有在短期内尽快调整自己的心态，转变个人角色，才能给今后的大学生活奠定良好的基础，从而顺利地度过大学时期。大学生在适应环境中出现一些问题也是很正常的，为了尽快适应新环境，缩短转变所需要的适应期，掌握大学生活的主动权，形成积极向上的心态，为自我健康成长、成才奠定良好的基础，建议大一新生努力做到以下两个"主动"。

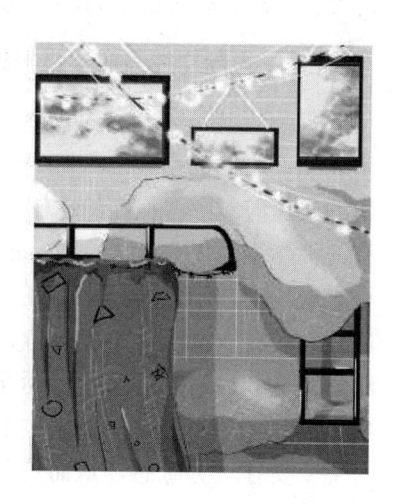

（一）主动培养自立能力

每个自立的个体都具有独立思考和独立处理问题的能力，这种能力需要个体通过实践去培养和锻炼。只有个体试着去独立面对问题、尝试独立解决问题，才能培养自己的自立能力。因此，大学生要积极参加社会实践活动，在活动中认识自己、改变自己，这样才能逐步提高自己的自立能力。

（二）主动熟悉校园环境

新生入校后要尽快熟悉校园环境，了解教室、图书馆、超市、辅导员办公室等与大学生活密切相关的环境，这样，入学后在办理各种手续、解决各种问题时就会比较顺畅。向高年级学生请教也是尽快熟悉和了解校园生活的快捷方法，高年级学生也很乐意将自己的经验传授给学弟学妹，以帮助新生尽快适应校园生活。

二、调控自我，积极适应新角色

（一）明确角色要求

在大学这个环境里，大学生面临着多方面的变化。为了使自己尽快地适应环境，健康地发展，大学生不仅要认识自己，还要了解社会和环境对自己的要求，以便有效地控制和改变自己的态度与行为，以达到改善人际关系和提高学习效率的目的。在大学这个新的坐标系中，重新找到自己的位置，正确认识自己，重新评估自己，主动接纳自己，将极大地影响大学生的适应过程。

（二）确立合理认知

合理的认知是个体适应与发展的前提和基础。大学生对学习生活的不适应，大部分来自对现实的不合理认知。因此，大学生要时刻保持头脑清醒，提高自己的分辨能力，纠正对自我、他人及社会的不恰当认知。

（三）学会控制情绪

良好的情绪状态会对大学生的学习和生活产生积极的影响。不良的情绪状态则会阻碍大学生的健康发展，甚至会使大学生出现一些心理问题。因此，大学生要学会控制自己的情绪，积极主动地进行自我调整，为自身的健康成长及全面发展奠定基础。

（四）抓住转变契机

大学生要充分认识自己，客观分析环境，树立科学目标，采取有效措施，克服遇到的各种困难，以崭新的姿态去拥抱全新的大学生活。

三、合理规划目标，积极把握新方向

目标是个体活动所追求的预期结果，是激发个体的积极性并使个体产生自觉行为的必要前提。适应环境最根本的因素之一是有明确的奋斗目标。进了大学，高中时期的奋斗目标可能变成了现实，新的目标又尚未确立，不少大学生感到茫然，出现懈怠情绪。合理规划目标，就是要求大学生做好大学期间的规划，在自我认知的基础上，根据自身的特点、知识结构、专业特长和自身成长需要，制订好目标和奋斗方向。

扩展阅读

新生入学，记得带好心理锦囊

每到金秋 9 月，大学校园都变得热闹非凡。在入学阶段，大学生总会遇到这样或那样的问题，那么大学生应如何快速地适应大学生活，以最好的状态迎接大学时光呢？

调整好心理落差。校园没那么大，宿舍条件差，同学之间比较陌生……如果你感到失望，先不要急着下结论，应通过更多途径了解学校，看能否接受现实中的学校，找到了新的动力和目标。

要自由，也要学习。学习是自己的事情，既不在于老师，也不在于环境，大学学习的内容、方法、目的和环境都不同于之前。大学生要变被动学习为主动学习，自己安排时间、地点，摸索适合自己的学习模式。

把自己融于集体，锻炼社交能力。面对地域、文化、性格上的差异，请你不妨以包容的心态去看待问题，不偏激、多换位思考；而面对生活习惯上的不同，则可以沟通协商，或寻求老师的帮助。

学会寻求帮助。班主任、辅导员都是很好的倾诉对象。如果你觉得不好意思，可以去心理咨询室寻求帮助。高校一般都设置了心理咨询室，安排专业的心理咨询师来帮你排忧解难。

学会自我成长。高校一般都开设心理健康课程，选修心理学基础课程可以更好地认识自己，识别情绪，排解压力。你还可以通过就业指导方面的课程来帮助自己进行学业生涯规划。

四、营造和谐，积极与人交往

良好的人际关系是大学生成长与社会化过程的重要组成部分，也是保持良好心境的必备条件。良好的人际关系使大学生产生归属感和安全感，体验人际交往的快乐。面对来自不同地域、性格、行为、习惯各异的同学，如何建立和谐、良好的人际关系，是每个大学生都必须面对和学习的重要内容。对于刚刚迈入大学校门的新生来说，对人际环境的适应远比对学习和生活环境的适应困难得多。大学生在人际交往中要做到以诚相待、严于律己、宽以待人。同时，大学生要积极参加集体活动，感受集体的温暖和力量，这样才能使自己更快、更好地适应新生活，从而为今后的健康发展奠定基础。

五、采取积极行动，活在当下

卡耐基说，如果想要快乐，就为自己立一个目标，让它支配自己的思想，释放出自己的活力，并激发自己的希望。去做具体而明确的事，把自己的全部心思和活力都放在其中，这就是积极行动。

（一）行动铸就良好心态

积极行动可以摆脱由于对环境不适应而产生的孤独、苦闷、烦躁、恐惧和空虚的情绪。那些专心于自己事业的人，那些辛勤劳动的人，根本没有时间空虚、烦恼和失落，这样那样的不适和疾病往往与他们无缘。即使面对严重的生活事件或心理刺激，只要不放弃积极行动，就能以积极的态度去处理和应对，把损失降到最低限度。积极行动的关键在于把握好现在，活在当下，把现在应该做的事情做好，这样才能抓住未来，才能不为昨天而悔恨。

（二）行动改变人生命运

积极行动就是要向着目标前行。一位心理学家说过："播下一个行动，收获一种习惯；播下一种习惯，收获一种性格；播下一种性格，收获一种命运。"简而言之，行动改变命运。当代大学生应该积极投入到学习中去，积极投入到各项实践活动中去，在活动中提升自身能力，从而完善自我。

学习思考

1. 为什么说人的一生都是适应与发展的过程？
2. 你认为自己在适应与发展方面存在哪些问题？
3. 你是怎样解决自己在适应与发展中的问题的？

课堂活动

换 位 思 考

目的：感受变化带来的不适应，认识适应的必然性和必要性。

操作：请大家离开自己现在的座位，换到另一个远离这个位置的座位上去，然后请大家谈谈换位后的感受与思考。

推荐阅读

1.《怎样做最好的自己》

作者：岳晓东

出版社：安徽人民出版社

在大学四年期间，大学生不仅要在学业上有所进步，也要在人格上有所完善。在《怎样做最好的自己》一书中，岳晓东博士提出，大学生培养美好的心灵，需要在以下八个方面狠下功夫，即压力反弹、人格完善、自信树立、创新培养、爱情成长、生涯规划、爱惜生命、培养幽默。

2.《因为痛，所以叫青春》

作者：（韩）金兰都

出版社：广西科学技术出版社

这本书可以像朋友一样静静地倾听你的苦恼，并通过睿智的寥寥数语，引导你了解自己，获取自己人生的答案。

心理测试

社会适应能力诊断量表

1．我最怕转学或转班级，每到一个新环境，我总要经过很长一段时间才能适应。（　　）

　　A．是　　　　　　　B．无法肯定　　　　　　　C．不

2．每到一个新的地方，我都很容易同别人接近。（　　）

　　A．是　　　　　　　B．无法肯定　　　　　　　C．不

3．在陌生人面前，我常无话可说，以至于感到尴尬。（　　）

　　A．是　　　　　　　B．无法肯定　　　　　　　C．不

4．我最喜欢学习新知识或新学科，它给我一种新鲜感，能调动我的积极性。（　　）

　　A．是　　　　　　　B．无法肯定　　　　　　　C．不

5．每到一个新地方，我第一天总是睡不好，就是在家里，只要换一张床，有时也会失眠。（　　）

　　A．是　　　　　　　B．无法肯定　　　　　　　C．不

6．不管生活条件有多大变化，我也能很快习惯。（　　）

　　A．是　　　　　　　B．无法肯定　　　　　　　C．不

7．越是人多的地方，我越感到紧张。（　　）

　　A．是　　　　　　　B．无法肯定　　　　　　　C．不

8．在正式比赛或考试时，我的成绩多半不会比平时练习差。（　　）

　　A．是　　　　　　　B．无法肯定　　　　　　　C．不

9．我最怕在班上发言，全班同学都看着我，我的心都快跳出来了。（　　）

　　A．是　　　　　　　B．无法肯定　　　　　　　C．不

10．即使有的同学对我有看法，我仍能同他（她）交往。（　　）

　　　　A．是　　　　　　B．无法肯定　　　　　　C．不
11．老师在场的时候，我做事情总有些不自在。（　　）
　　　　A．是　　　　　　B．无法肯定　　　　　　C．不
12．在与同学、家人相处时，我很少固执己见，乐于采纳别人的建议。（　　）
　　　　A．是　　　　　　B．无法肯定　　　　　　C．不
13．在同别人争论时，我常常感到语塞，事后才想起应该怎样反驳对方，可惜已经太迟了。（　　）
　　　　A．是　　　　　　B．无法肯定　　　　　　C．不
14．我对生活条件要求不高，即使生活条件很艰苦，我也能过得很愉快。（　　）
　　　　A．是　　　　　　B．无法肯定　　　　　　C．不
15．有时自己明明把课文背得滚瓜烂熟，可在课堂上背的时候，还是会出差错。（　　）
　　　　A．是　　　　　　B．无法肯定　　　　　　C．不
16．在决定胜负成败的关键时刻，我虽然很紧张，但总能很快使自己镇定下来。（　　）
　　　　A．是　　　　　　B．无法肯定　　　　　　C．不
17．我不喜欢的东西，不管怎么学都学不会。（　　）
　　　　A．是　　　　　　B．无法肯定　　　　　　C．不
18．在嘈杂混乱的环境里，我仍然能集中精力学习，并且效率较高。（　　）
　　　　A．是　　　　　　B．无法肯定　　　　　　C．不
19．我不喜欢陌生人来家里做客，每逢这种情况，我就有意回避。（　　）
　　　　A．是　　　　　　B．无法肯定　　　　　　C．不
20．我很喜欢参加社交活动，我感到这是交朋友的好机会。（　　）
　　　　A．是　　　　　　B．无法肯定　　　　　　C．不

【评分方法】
1．凡是单号题（1、3、5、7……），是：–2分，无法肯定：0分，不是：2分。
2．凡是双号题（2、4、6、8……），是：2分，无法肯定：0分，不是：–2分。
将各题的得分相加，即得总分。

【结果解释】
35～40分：你的社会适应能力很强，能很快地适应新的学习、生活环境。你与人交往轻松、大方，给人的印象极好，无论进入什么样的环境，都能应付自如。

29～34分：你的社会适应能力良好。

17～28分：你的社会适应能力一般。当你进入一个新环境后，经过一段时间的努力，基本上能适应。

6～16分：你的社会适应能力较差。你依赖于较好的学习、生活环境，一旦遇到困难则易怨天尤人，甚至消沉。

5分以下：你的社会适应能力很差。在各种新环境中，你即使经过相当长一段时间的努力，也不一定能够适应。在与他人的交往中，你总是显得拘谨、羞怯、手足无措。

第三章

大学生自我意识及其完善

导言

认识自己，其实很不容易，现代很多大学生出现了迷茫、没有方向、目标模糊等问题，这一切都源于对自己认识的不足，不知道"我是谁""我要做什么"，以及"我该做什么"。

本章知识点

1. 自我意识的定义、内涵及结构；
2. 大学生自我意识的发展和特点；
3. 大学生自我意识发展中的常见问题；
4. 大学生自我意识的标准及如何树立正确的自我意识。

第一节 自我意识概述

一、自我意识的定义

自我意识是指个体对自己的认识，即个体对自己的身心状况与特征，自己与他人、与周围世界的关系的意识，它是人格结构的核心部分，是个体的意识的本质特征，是一种多维度、多层次的心理系统。

二、自我意识的内涵

自我意识是个体的意识发展的高级阶段，是个体在社会化过程中逐步形成和发展起来的。它包括三个层次的内涵：第一，自我意识是个体对自我生理、心理及社会关系诸多方面的意识；第二，自我意识不仅表现在认知方面的自我认知和自我评价，还表现在情绪方面的自我体验和意志方面的自我调节；第三，自我意识统一现实自我和理想自我，引领个体的整个心理和行为，对个体的心理和行为起着调控作用，是个体心理完善的起点。

（一）从内容上划分

从内容上看，自我意识可分为生理自我、心理自我和社会自我。

1. 生理自我

生理自我是自我意识的最初形态，是个体对自己生理属性的认识和评价，包括对自己的身体、年龄、外貌、健康状况及其所有物等方面的意识，如认识到自己的胖瘦、体质是否健康等。

2. 心理自我

心理自我是指个体对自己心理品质的认识和评价，包括对自己的人格特质、兴趣、爱好、性格、智力、态度等方面的认识和体验，如"我是一个活泼开朗的人"。

3. 社会自我

社会自我是指个体对自己在一定的社会关系、人际关系中的角色的意识，包括对自己在各种社会关系中的角色、地位、作用、权利、义务等方面的意识，如"我是学生"。

（二）从结构上划分

从结构上看，自我意识可分为自我认知、自我体验和自我调控。

1. 自我认知

自我认知是主观自我对客观自我的认识和评价，包括自我感觉、自我观察、自我印象、自我评价等。自我认知是自我意识的认知成分，是个体对自身以及自身与周围关系的认识。自我认知是自我意识中最基础的部分，决定着自我体验的主导心境以及自我控制的主要内容。自我认知主要解决"我是一个什么样的人""我为什么是这样的人"等问题，如个体通过对自己容貌的审视，认为自己形象良好；分析自己的品性，认为自己诚实守信等。自我评价是自我认知的核心成分，它是个体在认识自己的行为和活动的基础上产生的，是通过社会比较而实现的。

2. 自我体验

自我体验属于情绪范畴，它以情绪体验的形式表现出个体对自己的态度，即主观自我对客观自我产生的情绪体验，主要包括"能否愉快地接纳自己""对自我是否满意"等方面。个体的这种自我体验是在自我认识的基础上产生的一种情绪体验，这种情绪体验往往与自我认知、自我评价有关，包括自尊、自信、自卑等。如果客观自我满足主观自我的需求，就会产生肯定的自我体验；否则就会产生否定的自我体验，如自卑、自责。在自我意识结构中，自我体验强化了自我认知，决定了自我调控的行动力度。

3. 自我调控

自我调控是伴随自我认知、自我体验而产生的各种思想倾向和行为倾向。自我调控常常表现为个体对思想和行为的发动、支配、维持和定向，因而又被称为自我调节。自我调控是自我意识结构中的最高阶段，其核心是"我将如何实现人生理想""我将如何改变自己"。

（三）从自我观念上划分

从自我观念上看，自我意识可分为现实自我、投射自我和理想自我。

1. 现实自我

现实自我是指个体从自己的立场和观点出发，对自己当前总体实际状况的基本看法，即对现实的自我认识，它是个体对自己现实的观感。

2. 投射自我

投射自我也称镜中自我，是指个体想象自己在他人心目中的形象或他人对自己的基本看法。如果投射自我和现实自我之间差距过大，那么个体便会感到自己不为他人所了解。

3. 理想自我

理想自我是指个体从自己的现状出发对将来的"我"的希望，是个体想要达到的比较完善的自我境界或形象，是个人追求的目标。

三、自我意识的产生与发展

自我意识并不是与生俱来的，个体的自我意识从无到有，最后达到成熟，需要漫长的发展过程。心理学研究表明，个体自我意识从发生到相对稳定和成熟，大约需要 20 年的时间。自我意识是在社会交往中，伴随着语言和思维的形成与发展而发展起来的。

（一）自我中心期

新出生的婴儿一般不能区分自己和外界事物，仍处在主体与客体尚未分化的状态中。例如，他们吸吮自己的手指头，就像吸吮母亲的乳头一样津津有味。大约 8 个月的时候，婴儿开始有了自我意识的萌芽，这是自我意识的最初形式。1 岁时，婴儿开始能把自己的动作和动作对象进行区分，并开始意识到自己是行为的主体。例如，当他们手中拿着一个玩具时，他们不再把它看作身体的一部分。1 岁以后，婴儿逐渐意识到自己的身体，开始意识到自己身体的感觉。然而，他们只能把自己当作客体来认识，他们从成年人那里学习如何使用自己的名字，并像称呼其他事物一样称呼自己。2 岁时，幼儿逐渐学会用代词"我"来代表他们自己。

3 岁左右的幼儿，自我意识有了新的发展，出现了占有欲、嫉妒感和羞愧感，第一人称"我"的使用频率提高。许多事情都要求"我自己来"，开始有了自立的需求。可以说，3 岁左右的幼儿的自我意识已经有了一定发展，但其行为是以自我为中心的，即常常根据自己的想法解释外部世界，并把自己的想法和情感投射到外界事物上去。

（二）客观化时期

从 3 岁左右到青春期，是个体受社会文化影响最大的时期，也是个体在社会中学习担任不同角色的时期。个体在家庭、幼儿园、学校中学习、劳动、游戏，通过模仿、练习、认同等方式，逐渐形成各种社会角色观念，如家庭角色、性别角色、伙伴角色、学生角色等。这一时期也是个体获得社会自我认知的时期，个体开始能意识到自己在人际关系、社会关系中的作用和地位，并逐步意识到自己所承担的社会义务和享有的社会权利等。

青春期以前，个体的关注点是向外的，引起他们兴趣和注意的是外部世界，他们对自己的内心世界关注并不多。他们虽然已经意识到了自己是一个主体，也可以充分地认识自己的行为但却并不了解自己的心理状态，他们常常把自己的情绪当作某种客观上伴随行为而产生的东西，并不懂情绪是自己认识带来的主观感受，也不善于通过自己的眼光去认识世界，而只是照搬成人的观点对外部世界进行认识。

(三) 主观化时期

从青春期到成年大约十年的时间，个体的自我意识逐步趋于成熟，并逐步获得了心理自我的认知。此时，个体的自我意识主要表现出以下四个特点。

（1）用个体自身的观点来认识与评价事物，使自我意识成为个体认识外部世界的中介，使个体的思想和行为带有浓厚的个人色彩。

（2）个体从自己的人格和身体特征出发，强调相应事物的重要性，形成自己独特的价值体系，以此来指导自己的言行，提高自己的社会地位。

（3）有了自己追求的生活目标，出现了与价值观相一致的理想自我。

（4）抽象思维能力大大提高，自我意识能超越具体的情境，进入精神领域。

发展心理学家和精神分析学家埃里克森提出的自我发展理论认为，个体自我的成长发展贯穿个体生命的整个过程，并呈现出阶段性的特点，每个阶段都有一种危机或矛盾需要解决，或者说有一种发展任务需要完成，如果危机解决得顺利，那么个体可能获得积极品质，增强自我力量，为下一阶段的发展创造条件；如果危机解决得不顺利，那么个体可能形成消极的品质，削弱自我力量，影响下一阶段的发展。根据每个阶段完成的任务不同，埃里克森将人的自我发展分为八个阶段（见表 3-1），这八个阶段的顺序由遗传因素决定，但能否顺利度过每个阶段是由环境决定的，该理论又称为心理社会发展理论。

表 3-1 埃里克森的心理社会发展理论

生命阶段	年龄	自我意识形成的危机	特征
婴儿期	0~1.5 岁	信任与不信任	当婴儿受到细心、持续的照顾时，就能建立起信任感；缺乏照顾或照顾不够的婴儿就会产生不信任感
幼儿前期	1.5~3 岁	自主性、羞怯和怀疑	当幼儿探索自我和环境的行为受到鼓励时，自主感得以发展；当幼儿的探索受到抑制时，会产生羞怯感和怀疑
幼儿后期	3~6 岁	自发性与内疚感	当父母鼓励幼儿进行各种尝试时，他们的自发性得以增强；当父母嘲笑或过度批评幼儿时，他们会产生内疚感
学龄期	6~12 岁	勤奋与自卑	当儿童受到表扬时，他们就会获得勤奋感；当他们所做的努力被认为是不充分的或差劲的时，他们就会产生自卑感
青春期	12~18 岁	自我同一性与角色混乱	个体面临的关键问题是"我是谁？"，拥有可靠和整合特性的个体被认为是具有自我同一性的；无法建立自我同一性的个体将面临角色混乱
成年前期	18~25 岁	亲密与孤独	个体尝试建立和承诺亲密的人际关系，这个过程失败将会使人感到孤独
成年后期	25~65 岁	生殖与停滞	个体在社会中作为能进行生产的成员，为社会做出贡献，为未来创造人口，可通过工作、努力和抚养孩子来实现；与之相反的是停滞，它的特征是个体过度关心自己的幸福或认为生活是无意义的
老年期	65 岁以上	完整与绝望	完整是指当个体回头看自己所经历的生活时，会有满足感，这使得他们能够坦然面对死亡；如果遗憾成为主导情绪，那么个体会感到绝望

第二节 大学生自我意识的发展

大学阶段是一个人从青春期迈向成年期的重要时期，也是自我意识形成、发展、完善的飞跃时期。如果每个大学生都能在大学时期认识到自我意识发展的普遍规律，能够科学地认识自己，合理地评价自己，善于利用每个成长的机会改善自己、完善自己，那么他的人生将是快乐而有价值的。

一、大学生自我意识发展的规律

个体的自我意识从无到有，最后到成熟，需要经历一个逐步发展的历程，它是在与周围环境长期的相互作用过程中形成与发展起来的。个体自我意识的发展，从产生到相对稳定、成熟，大致要经过20年。

大学阶段是自我意识稳步发展的特殊时期和关键时期，处于青年中后期的大学生，自我意识发展到了新的阶段。大学生的自我意识在自我认知、自我体验与自我调控三者相互影响、相互作用的过程中逐步成熟，其间经历了一个明显的分化、矛盾和统一的过程。

（一）主观自我、客观自我——自我意识的分化

当你像观察其他人那样观察自己时，你的自我意识就出现了分化。原来完整的、笼统的"我"分化为两个"我"，一个是主观的我，即"我眼中的我自己"，以观察者的身份出现，也包括自己想要达到的完美形象——理想我；另一个是客观的我，即"别人眼中的我"，以被观察者的身份出现，也包括实际所达成的自我状态，即现实我。大学生既有观察自己的一面，又有作为被观察者的一面。自我意识的分化是自我意识开始走向成熟的标志，正是这种分化促进了大学生思维和个性的形成，从而为客观评价自己和他人、合理调整自身言行奠定了基础。这也是大学生自我意识发展的最重要过程。

（二）理想我、现实我——自我意识的矛盾

自我意识的分化不可避免地会带来自我意识的矛盾。因为理想我毕竟和现实我存在一定差距。在大学生享受成长的喜悦和快乐时，也不得不承受焦虑、不安、自我怀疑、挫败和失落。其实，这些消极的情感体验是由自我意识分化的矛盾产生的。伴随着大学生自我意识的分化，他们开始注意自己以往不曾留意的许多方面，会不情愿地看到理想我和现实我之间存在的较大差距，而这种差距又不是一时能消除的，因而产生了自我意识的矛盾。

大学生对自己的评价常常是矛盾的，对自己的态度也常常是波动的，对自己的控制常常是不自觉的、不果断的。他们有时能较客观地评价自己，有时又做不到；有时能肯定自己，有时又否定自己，对自己不满。如某大学生在网上写下了对自我意识矛盾的生动写照："我有时是乐观的，有时是忧郁的；有时是慷慨的，有时是苛刻的；有时是内向的，有时是外显的；有时是骄傲的，有时是自卑的；有时是积极的，有时是消沉的。"

（三）主体我、客体我——自我意识的统一

由自我意识分化带来的矛盾是大学生自我意识发展过程中的正常现象，也是大学生走向成熟的集中表现。自我意识的矛盾冲突，一方面会给大学生带来不安和痛苦，可能影响他们的心理发展和心理健康；另一方面也会促进他们通过自我探索来摆脱这种痛苦与不安。在自我意识的矛盾冲突中，大学生的自我意识不断得到调整、发展。在自我意识的不断调整、发展中，他们极力寻求新的支点，寻找自我意识的统一点，整合自我意识，也就是我们常说的自我同一性的建立。这种自我意识的统合主要是指主体我与客体我的统合、

自我与客观环境的统合、理想我与现实我的统合，也表现为自我认知、自我体验、自我调控的统合。从多维度观察的自我同一性越高，大学生的自我意识发展得就越好，人格也越完善。

扩展阅读

自我同一性混乱

自我同一性混乱又称同一性危机，是心理学家埃里克森在其心理社会发展理论中提出的一个重要概念。埃里克森描述过具有一系列心理社会危机的八个发展阶段，其中在第五个阶段，即青春期，个体的主要任务是解决自我同一性混乱的冲突。在这个过程中，个体可能出现同一性危机。简单来说，自我同一性混乱就是个体不知道自己是谁，自己要做什么，不能认清自己的发展方向，没有一个整合的自我。

二、大学生自我意识发展的特点

（一）自我认知日趋成熟

首先，大学生的自我认识更具有自觉性和主动性。随着知识的积累和年龄的增长，大学生比中学生更渴望进一步认识自己，他们开始更多地关注自己，能够积极主动地探索自我，并关心自己的现状和未来的发展。他们的自我认识不仅涉及自我的气质、兴趣和性格等一般问题，还涉及自己的社会地位、社会责任、自我价值等问题。他们经常会思考"我到底是一个怎样的人""我将成为一个什么样的人""我怎么活才更有意义"等，能自觉地把自我的命运和集体、国家的命运结合起来。这种思考比少年时期更主动、更自觉，并且具有较高水平。

其次，自我评价能力提高。大学生的自我评价已不再完全以他人的评价为根据，往往能够进行自我分析，他们会通过主动与周围的同学、老师进行比较来认识和评价自己。大多数大学生对自己的分析、评价逐渐变得全面、客观。这种能够借助一定的社会评价来认识自己，但又不完全依赖他人评价的能力，表明了大学生自我评价能力的提高。但是，由于大学生对客观事物的理解和判断仍具有肤浅性和片面性，所以有时他们对自我的理解和判断只能看到一面而看不到另一面，只能看到表象而看不到本质。

扩展阅读

自我评价与他人评价的差异

20世纪二三十年代，哥伦比亚大学的研究者采用心理学家霍林沃斯的自我评价排队法，对大学生的自我评价和他人评价进行了研究，探讨两者之间有无差别。研究者选择了25个被试者，他们相互之间都较为熟悉。霍林沃斯选择9种品质（文雅、幽默、聪明、交际、清洁、美丽、自大、势力、粗鲁），要求每个被试者根据这些品质将25个被试者（包括自己）依次排序，然后实验者加以统计，把每个人在每种品质排序中自己所排的位置和其他24

人给自己排的位置的平均数进行比较，发现有很大差异。例如，有一个被试者自以为他的"文雅"程度应该排在前几名，可是把其他24人对他的评价平均起来后发现，他的"文雅"程度却排在20名之后；另一个被试者对"清洁"品质的自我评价要比别人评价的平均数提前5名，"聪明""美丽"提前6名，"势力""自大""粗鲁"等自我评价却比别人评价的平均数分别退后5~6名。这一实验结果表明，大学生对优良品质的自我评价常比别人评价得要高，对不良品质的自我评价却比别人评价得要低。也就是说，符合社会要求的良好品质会被自我夸大，不符合社会要求的不良品质会被自我忽略。

（二）自我体验丰富深刻

随着自我认识和评价能力的提高，大学生的自我体验也在变化。大学生的自我体验丰富、细腻、深刻，情感体验的基调积极、健康。他们喜欢自己、满意自己、自尊、自信、好胜。大学生的情感体验又比较复杂，由于大学生对自我的认识还在探索之中，个性还不够成熟和稳定，也缺乏驾驭情感的能力，因此他们的情感体验又表现出明显的敏感性和波动性。凡是涉及自我的事物，往往能引起他们强烈的情绪反应。他们对别人的言行和态度极为敏感，且内心体验起伏较大。当他们取得成绩受到表扬时，当他们的言行举止被别人接纳时，就会产生积极、肯定的自我体验，甚至骄傲自满、忘乎所以；当他们受到挫折、批评时，就会产生消极、否定的情感体验，甚至悲观失望、自暴自弃，出现明显的两极情绪。

（三）自我调控能力增强

随着独立能力的提高，大学生的自我调控能力增强，自我调控的自觉性、独立性和稳定性显著发展。他们能够根据别人的评价和自己的行动结果进行反省，及时调整自己的行为以适应目标的要求。

大学生自我调控能力发展的一个主要特点是有强烈的自我设计和自我规划的愿望，他们希望根据自我设计的目标自觉调节行为。大学生会根据自我设计的"最佳自我形象"不断充实自己，培养自己的能力，形成良好的性格与品德。

第三节 大学生自我意识的常见问题

我们常会看到有这样一些大学生：他们志向很高，认为自己注定要成为伟人。虽然他们并不一定有很出色的学习成绩或很强的工作能力，但他们瞧不起周围的人，蔑视世俗的一切。他们郁郁寡欢，独来独往，在自我的世界里建构理想的王国，而自己是这个理想王国的最高统治者……同时，我们的周围又不乏另外一类大学生：他们小心翼翼地跟在人后，沉默寡言，唯唯诺诺；他们觉得自己是世界上最糟糕的人，学习上不如人，外表上太平常，能力上无所长，自暴自弃。这两种类型的人代表了大学生自我意识发展过程中的两个极端。从心理卫生的角度看，任何过度的心理现象都是不符合心理卫生的，对自我的认识、自我的态度和体验尤其如此。由于大学生心理尚未成熟，自我意识还在不断发展变化之中，每个个体认识自我的视角、方法和途径的差异，都会导致自我意识的偏差，这种偏差按照自我意识的表现形式主要分为自我认知偏差、自我体验偏差和自我调控偏差。

一、自我认知偏差

（一）自我意识过强

适度的自我关注、自我分析有利于正确、客观地认识自己，有助于正确地认识自己采取的行为和做法，从而能够及时适当调整自己的不当行为，完善自身的不足。但也有大学生对自己过于关注，在人际交往中，他们凡事都认为自己正确，以致与他人产生种种矛盾冲突。事实上，每个人都有自己表达情绪和想法的非语言信号系统，但因为我们熟悉的人会适应我们的思维和行为方式、能理解我们，但在学校里，其他人有可能看不懂或者理解不了这种行为方式，因此产生误解。大学生在集体宿舍里生活，必须学会与他人相处，不要总是以自我为中心，不去理解别人，也不改变自己。

（二）自我意识过弱

从众是一种普遍存在的心理现象，它是在群体舆论的压力下，放弃个人意见而采取与大多数人意见相一致的自我保护行为。从众心理人皆有之，但如果过强，就会阻碍心理发展。在自我认识中，主观的我因自省而产生，就是"我如何看待我自己"；客观的我因他人而产生，就是"我在他人眼里是个怎样的人"。主观的我和客观的我经过比较、匹配，最后形成一个"我"，就是现实的我。主观的我和客观的我之间常常产生矛盾。有些大学生过于看重自己在别人心目中的形象，对他人的看法和评价过于敏感。还有一部分学生缺乏独立意识，没有自己的是非观念和独立见解，不敢自己下判断、做决定，对自己没有信心，总是随波逐流，盲目跟着别人走。

扩展阅读

自我透明错觉

年龄越小越不会从他人的角度考虑问题，不是因为人生来自私，而是因为幼儿的大脑还不具备这个能力。如果给一个3岁的孩子讲故事：小明和小强一起玩球，小强回家吃饭时，把球放在门口，在小强走了以后，小明把球装进了沙发旁的绿盒子里。那么，小强回来后会到哪儿找球呢？作为一个6岁以上的孩子，很容易就能回答出"到门口找"，因为小强不知道球被转移了。但是3岁的孩子会回答"到绿盒子里找"，因为他们体会不到人与人视角的不同，认为自己知道的别人也都知道。

不要以为自己比3岁的孩子强多少，成年人也常常陷入一种错觉，以为自己是透明的，别人应该知道自己的所思所想，这在心理学上被称为自我透明错觉。你几乎意识不到自己什么时候犯过这种错误，但你很可能经常抱怨：我已经说得很清楚了！你怎么就是不明白呢！因为这时你很可能产生了自我透明错觉。还有些人高估了自己在人群中的醒目程度，当你打电话问他在哪儿时,他从来不借助任何地标,而是把自己当作地标,认为所有人都应该看见他,这也是自我透明错觉的一种表现。

孩子在与外界的互动中渐渐意识到了他人的存在,而这只是一个起点,距离真正的成熟还有很长的路要走。

二、自我体验偏差

(一)自卑

自卑是个体在与别人比较时,低估自己而产生的情绪体验。个体心理学认为,人类普遍存在自卑感,因为每个人都有不如别人的一面。过分的自卑往往使人孤独、离群、缺乏信心和成就感。过分的自卑往往与过分的自尊有关,是自尊心屡屡受挫的结果。过分自卑的大学生敏感多疑,时时担心别人看不起自己,所以常采取回避、退缩的态度,不敢抛头露面,在人际交往中很被动。自卑的大学生主要是低估自己或消极的自我暗示抑制了自信心。过分的自卑会影响大学生的进取心、人际交往的主动性和能力的发挥。

> **扩展阅读**

阿德勒——超越自卑的心理学家

阿尔弗雷德·阿德勒出生于奥地利维也纳,他的父亲是一名商人,主要做谷物生意。在六个孩子中他排行老二,他的哥哥西蒙德是个典型的模范儿童。由于阿德勒患有佝偻病,直到4岁才会走路,他无法进行剧烈的体育活动。5岁时,他患上了致命的肺炎,医生认为他快死了,家人也不抱什么希望,但几天后,他竟奇迹般地康复了。这场病使他萌生了要当一名医生的愿望,他要用这个生活目标去克服童年的苦恼和对死亡的恐惧。

刚上中学时,他由于数学不好而被老师视为差等生,老师因此看不起他,并建议他的父亲让他去当一名制鞋工人。当然,他的父亲拒绝这样做,但这件事刺激了好强的阿德勒,促使他努力学习,很快他在数学上有了很大进步。中学毕业后,阿德勒如愿以偿进入维也纳医学院,系统学习了有关心理学、哲学的知识。

阿德勒认为自卑是人们在追求更加优越的地位和完美的人生过程中必然会出现的心理体验。每个人都有不同程度的自卑,而我们没有人能长期忍受自卑,我们会采取某种行动来解除自己的紧张状态。假使一个人已经气馁了,他仍会努力摆脱这种紧张感,只是他采取的方法不能使他有所进步。自卑在某种意义上而言是通往成功的道路,因为只有我们发现了自己所处的地位是自我希望加以改进的,我们才能促使自己更加努力。

自卑的调适方法

1. 正确理解自卑。要对自卑的危害有清醒的认识,并有勇气和决心改变自己。心理学家阿德勒曾指出,所有人都会产生自卑,自卑并非完全是坏事,相反,自卑会使人产生寻求力量的强烈愿望，促使人走向成功。

2. 正确对待成败。 一个人不可能永远成功，也不可能永远失败。所以，不必为暂时的失败而灰心，也不必为一时的成功而过分欣喜。要不断提高自我应付挫折与干扰的能力，要正确对待得失，及时调整和制订适合自己的目标，化消极为积极，变自卑为自信。

3. 正确评价自己。 对自己的分析要客观，评价要公正。要无条件接受自己，还要学会欣赏自己。一个不会欣赏自己的人，是难以快乐的。要发挥自己所长，更要接纳自己所短，做到扬长避短。要根据经验，积极调整对自己的期望值，确立适宜的抱负水平，不好高骛远，也不妄自菲薄。

4. 培养健康的性格。 内向懦弱的性格是自卑的温床，开朗阳光的心态才是健康的保证。强者也并非没有软弱的时候，强者之所以成为强者，在于他善于战胜自己的软弱。自卑的人更要磨砺自己的性格，因为坚强的性格正是获取成功的心理基础。

（二）自负

自负就是过高地估计自己。自负的人会夸大自己的优点，甚至把缺点也看成优点。其人际关系模式具有"我好，你不好""我行，你不行"的特点。自负的人容易产生盲目乐观情绪，自以为是，人际关系不好，还会因自视甚高对自己提出过高要求，承担无法完成的任务。

自负不是真正的自信，而是一种自我膨胀，即盲目的自信。自负的人对自己的认识以点带面，一方面好就认为自己光芒万丈，瞧不起其他人，不接受他人的建议和批评，更缺乏自我批评。自负的人唯我独尊，以自我为中心，盛气凌人，总认为自己对而别人错，把自己的意志强加在别人身上，难以和他人相处。

自负也不等于自尊。自尊自重是保持美好人格的正确态度，而自负则是自命不凡、轻视别人的不良行为。自负的人对己对人都不能进行恰如其分的评价，结果使自己陷于盲目，别人也会感到压抑。夸大自我，轻视别人，必然带来他人潜在的不满和人际交往中的疏远，形成自我封闭。

自我测试

测测你的自尊水平

这个测试是用来了解你是怎样看待自己的。请仔细阅读表 3-2 的情况，选择最符合你情况的选项。答案无正确与错误之分，请按照你的真实情况来描述自己。

表 3-2　自尊水平测试

序号	测试内容	完全不同意	不同意	部分同意	完全同意
1	有时我认为自己一无是处	0	1	2	3
2	我认为自己很不错	0	1	2	3
3	总的来说，我倾向于认为自己是个失败者	0	1	2	3
4	我希望对自己能有更多尊重	0	1	2	3
5	有时，我确实感到自己很无用	0	1	2	3

续表

序号	测试内容	完全不同意	不同意	部分同意	完全同意
6	我认为自己是个有价值的人，至少不比别人差	0	1	2	3
7	总体上，我对自己很满意	0	1	2	3
8	我感觉自己没有多少值得骄傲的地方	0	1	2	3
9	我觉得自己有很多优秀的品质	0	1	2	3
10	我可以做得和大多数人一样好	0	1	2	3

【评分规则】

在计算分数时，首先把5个负问题（1，3，4，5，8）的得分翻转过来：选择0计3分，选择1计2分，选择2计1分，选择3计0分；然后把10个项目的得分相加，总分为0~30分，分数越高，自尊水平越高。

三、自我调控偏差

在大学里，不管是学习还是生活都依赖大学生的自我管理、自我教育，要过好大学生活，需要高度的自觉。与中学生相比，大学生在自我控制上开始有了明显的自觉性、主动性。但是，处于青年期的大学生最大的特点是对待感情容易冲动，对待问题容易偏激和情绪化，往往是理智让位于情感，自我调控能力明显不足。

（一）逆反

逆反是指个体在生理上基本成熟，心理走向成熟而又未真正达到成熟时，渴望在思想、行动、经济上尽快独立，从而表现出的较强的独立意识。从本质上讲，逆反心理是大学生试图确立自我形象、寻求自我肯定、强调个人意志的一种手段，也是大学生心理发展的自然要求。但由于在这个时期，他们的智力发展虽已达到成熟，但阅历有限，经验不足，容易感情用事，甚至出现偏激行为。

过分的逆反会影响大学生的心理发展和人格成熟，是不容忽视的自我意识缺陷。其主要表现为对师长的教育或周围的正常事物持消极、冷漠、反感、抗拒的态度，甚至为了反抗而反抗，常常是以对抗的方式来显示自己的与众不同。他们对正面教育和宣传表现出一种怀疑、不认同的抵制态度。

（二）放纵

放纵是指大学生不能约束自己的行为和克制自己的情绪，即"跟着感觉走"。例如，虽然确立了一个目标，但缺乏恒心与决心，在困难面前退缩不前，半途而废。

（三）盲目比较

很多大学生盲目攀比，不仅给家庭带来了经济负担，而且不利于大学生自身的成长。

自制、自律、自觉等是积极的自我调控，而逆反、放纵、盲目比较等则是消极的自我调控。自制力强的人会克制自己的情绪，做事有计划，自我发展方向明确。逆反、放纵和盲目攀比则会给大学生的健康成长带来消极影响。

第四节　大学生健全自我意识的培养与完善

一、健全自我意识的标准

可用以下标准衡量一个人的自我意识。

第一，自我意识健全的人，应该是一个有自知之明的人，既知道自己的优势，也知道自己的劣势，能正确评价和肯定自我。

第二，自我意识健全的人，应该是自我认识、自我体验和自我控制协调一致的人。

第三，自我意识健全的人，应该是积极自我肯定的、独立的并与外界保持协调一致的人。

第四，自我意识健全的人，应该是理想自我与现实自我统一的人，有积极的目标意识和内省意识，积极进取，永无止境。

第五，自我意识健全的人，应该是心理健康、关注自我、心系社会发展的人。

二、大学生培养健全自我意识的措施

（一）正确认识自我

一个人有自知之明是非常重要的，也是非常困难的。一个人要全面认识自我，不仅要了解自己的身体，还要了解自己的个性、能力、兴趣、爱好、意志、品质等心理方面的特质，以及自己在大学生群体中的位置、在周围人际交往环境中的形象等。

> **扩展阅读**
>
> **乔哈里资讯窗**
>
> 关于自我意识，心理学家乔瑟夫·卢福特和哈里·般汉提出了乔哈里资讯窗（见图3-1）理论。窗是指人的自我意识，一扇窗包括四个部分：放开我、盲目我、隐藏我、未知我。

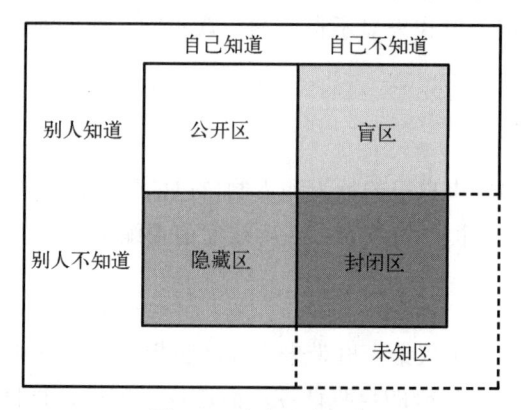

	自己知道	自己不知道
别人知道	公开区	盲区
别人不知道	隐藏区	封闭区

未知区

图3-1　乔哈里资讯窗

（1）放开我

放开我也称公众我，属于公开区。这是自己知道且别人也知道的部分，如性别、外貌、身高、婚否、职业、工作生活所在地、能力、兴趣爱好、特长、成就等。"放开我是自我最基本的信息，也是了解自我、评价自我的基本依据。

（2）盲目我

盲目我属于个体自我认识的盲点，属于盲区。这是自己不知道而别人却知道的部分。如一个人的无意识动作，无意识的表情和语言等，自己觉察不到，但别人却能观察到。

（3）隐藏我

隐藏我是自我的隐藏区，属于逃避区或隐藏区。这是自己知道而别人不知道的部分，与盲目我正好相反。隐藏我就是将我们常说的隐私、个人秘密留在心底，不愿意或不能让别人知道的事实或心理。几乎每个人都有隐藏我，大家也认为这个部分是不能公开的，不能让别人知道。

（4）未知我

未知我也称为潜在我，属于未知区。这是自己和别人都不知道的部分，有待挖掘和发现，通常是指一些潜在能力或特性。只有对未知我进行探索和开发，才能更全面、深入地认识自我、激励自我、发展自我和超越自我。

在认识自我的过程中，需要注重盲目我的觉察和认识，以及未知我的探索。

1. 准确把握自己的优点和缺点

"金无足赤，人无完人"，如果一个人只看到自己的优点和长处，看不到自己的缺点和不足，就会骄傲自负；如果一个人只看到自己的缺点和不足，看不到自己的优点和长处，就会形成自卑心理。那么，如何才能做到全面分析自己的优点和缺点呢？

首先，从人格角度来认识自己。例如，从智商、情商等不同方面观察自己，看到自己的优点与缺点。人总是各有所长、各有所短，一个人既不能拿自己的长处与别人的短处相比而洋洋自得，也不能拿自己的短处和别人的长处相比而自愧不如。

其次，从不同社会角色角度来审视自己。每个人在社会中都要扮演不同的角色，如学生、子女、班级干部等。作为子女，自己在家里是个好孩子；作为学生，成绩优秀；当选为班干部，可能获得众多的好评，但这些也可能会有人不认同。所以，一个人要从自己所扮演的不同角色和角色地位的变化来观察自己，以形成对自己的全面认识。

课堂活动

我的优点

每天记录自己的一个优点，或成功的一件事情，可以是很小的优点或者事情，如"今天我给同学带饭了，我很热心""我今天学会做PPT了"。刚开始记录的时候，可能会有些困难，慢慢就会习惯。坚持记录两周，两周以后再回顾自己的这些优点，看看会有什么发现。

活动总结：自卑的人在生活中往往会聚焦于自己的缺点和不足，不习惯去看自己好的方面，尤其是当让自卑的人去找自己的优点时，刚开始他们都会觉得非常困难，当真的从具体事情入手，从点点滴滴出发时，可能会发现其实自己身上也是有很多优点的，只是平时这些优点都被自己忽略了。将这种新的习惯保持下去，自卑感会一点一点消除。

2. 正确对待他人评价

他人给予我们的评价，有些是积极正面的，有些是消极负面的。这些评价有些是了解我们的人给予的，有些则是不了解我们的人或对我们有意见的人给予的。只有对不同时期的评价及不同的人给予的评价进行全面、批判性的分析，才能形成比较接近现实自我的认识。

3. 客观评价自我

客观评价自我是指人不能孤立地脱离他人和社会的评价而进行主观的自我评价。自我评价是自我认识的核心，如果大学生对自己的存在价值、想法、品德、个性特征及行为有一个正确、全面的评价，那么他们能够取长补短、接纳自我、控制自我、完善自我。相反，如果大学生对自我评价过低或过高，不能全面且恰当地评价自己，那么必然难以发挥所长，也不利于克服自身点。

（二）用积极乐观的态度认同、接纳自己

心理学研究表明，心理健康者更多地表现出对自己的认可和接纳，而心理障碍者则明显表现出对自我的不满和排斥。如果以积极的态度接纳自我，就容易形成自尊；如果以消极的态度拒绝自我，就容易形成自卑。所以，一个人要对自己的本来面目持认同接纳的态度。一个人只有认同、接纳了自己，才会有自尊感、自豪感，只有积极地接纳自我，才有可能科学地塑造自我，确立正确的自我奋斗目标。

扩展阅读

亚里士多德的沟通能力有障碍，但他是一位内省力很高的哲学家；凡·高受情绪困扰，但他在艺术上的成就却是超凡的；孙膑腿上有残疾，但他是中国古代杰出的军事家；罗斯福双腿残疾，但他带领美国人在第二次世界大战中赢得了胜利；海伦·凯勒双目失明、双耳失聪，但她却成为著名的作家和慈善家；爱因斯坦曾遇上学习障碍，但他在科学上的成就有目共睹；贝多芬失聪，但他是乐坛的巨人。

每个人都不完美，但每个人也都有自己的优点，正确对待自己的优缺点，不必因自己某些方面比别人强而沾沾自喜，也不必为自己在某些地方不如别人而垂头丧气。对于可以改掉的毛病，应勇于改正；对于诸如生理条件等无法改变的方面，我们要敢于面对，承认它、接受它，并在其他方面，如学习上、修养上下功夫，培养内在美。总之，只有认识自我、接纳自我，才能不断完善自我、塑造自我，才能不断地发展自我，体现自身价值，成为对社会有贡献的人。

（三）培养坚强意志力

很多大学生为自己树立了远大的目标和理想，但在努力的过程中，却没有足够的自制

力和意志力，经受不住挫折和打击，以至于无法实现目标和理想。所以，大学生要注意培养和发展意志力，增强挫折耐受力，自觉主动地认清目标，为实现目标而努力排除各种干扰，克服各种困难。

（四）合理进行比较

自我体验是在自我评价的基础上产生的一种情绪体验，取决于个体的自我认识与自我评价。而个人对自我的认识与评价往往是通过与他人的比较来实现的，如何比较、比较什么，在很大程度上影响了个体的自我评价和自我体验。下面是一则寓言故事，从中可以看出，只有正确地与他人做比较，才能正确地评价自己、接纳自我，以免使自己在比较中产生无谓的烦恼和不安。

扩展阅读

有一天，一群动物聚在一起，它们羡慕彼此的优点，抱怨自己的缺点。于是，它们决定成立一所学校，希望通过训练，使自己成为全才。它们设计了一系列课程，包括奔跑、游泳、飞翔和攀登。所有的动物都报了名，选修了所有课程。最后的结果是：小白兔在奔跑方面名列前茅，但是一到游泳课就浑身发抖；小鸭子在游泳方面成绩优异，在飞翔方面差强人意，但奔跑与攀登的成绩却糟糕透顶；小麻雀在飞翔方面轻松愉快，但就是不能正经地奔跑，尤其是碰到谁就几乎精神崩溃；至于小松鼠，爬树的本领高人一等，奔跑的成绩也不错，但飞翔与游泳课的成绩却一塌糊涂。大家越学越迷茫，越学越痛苦，终于决定不再盲目学习别人，好好发挥自己的长处，它们不再抱怨自己，羡慕别人，森林里又恢复了往日的活力与快乐。

在与别人进行比较时，要从有利于个人健康成长的角度出发，同时要注意：第一，不要单纯比较行为的结果，而要将行为条件和行为结果结合在一起进行比较；第二，不要比较不可变的因素，要比较可变的因素，如努力，比较谁取得的成绩更好，这样比较的结果就容易给人以激励，促进自身发展。第三，要和自己条件差不多的人比较，而不与和自己相差太远的人比较，与比自己太弱的人比较，容易获得盲目的自信，与比自己太强的人比较，则容易产生不必要的自卑。

（五）通过成功提高自信心

心理学研究表明，自信源于一点一滴的成功体验。成功体验使人奋进向上，增强自尊，消除自卑。对大多数人来说，成功的喜悦将成为个体强大的内在动力，成功将会带来更大的成功，而要使自尊心较弱的学生树立自信心，成功的体验更是至关重要。所以，有自信的人并不是天生就自信，其自信来源于自觉地维护和积极地增进自信，缺乏自信的人也并不是天生就不自信，其不自信往往是由长期缺乏自我肯定、自我激励及被动接受外界的消极评价的结果造成的。真正自信的人首先是自爱的，知道自己有哪些长处，并引以为荣。不自信的人缺乏自爱，并不是特别了解自己的长处，总是盯着自己的缺点或有意挑剔自己的不足，即使有好的地方，也十分轻视它们的价值。

大学校园的活动丰富多彩，每个人都可以在活动中展现风采。大学生可以根据自己的特长、兴趣参加适合自己的项目，以自己的优点来弥补自己的缺点，进而证明自己的能力。在实践活动中，要学会用乐观的情绪和积极的心态去对待问题，客观公正地看待事物，以增加自我意识中的理性成分，使自己得到和谐发展。

（六）调整自己的期望值

自我期望也称抱负，是指一个人在做某件实际工作之前估计自己所能达到的成绩目标。自我期望值是自我成功感和失败感的标准，成功和失败这两种情绪体验都取决于个人的期望水平。例如，同样是80分的考试成绩，对于有的学生来说，可能是意外的成功；而对于一心要争第一的学生来说，80分是难以接受的。

大学生正值青春年华，正在为自己的未来规划着美丽的蓝图，他们往往对自己的期望很高，甚至脱离现实。但他们对生活中所遇到的坎坷估计不足，对自己的能力、知识水平也缺乏全面的认识，所以一旦遇到挫折就很容易悲观绝望。对大学生来说，既不能没有期望或期望太低，也不能过分追求完美或期望太高，否则会一直在现实生活中遭受失败和挫折，就很容易损害个人自尊。大学生只有学会调控自己的期望值，建立适中的理想目标，把自我期望值与自己的现实情况密切联系起来，才能使个人标准在一定程度上与他人的标准相适应，最后逐渐适应社会。

（七）积极暗示自己

在日常生活中，消极的自我暗示容易使个体处于被动消沉的状态。自卑者常常认为自己什么都干不好，因而每当遇到困难或挑战时他们的心里都会很紧张，使可能的成功变得不可能。而积极的自我暗示能增强个体的自信心，所以，当大学生面临某种情况而感到自信心不足时，不妨给自己一些积极暗示。当然，积极的自我暗示不等于盲目自信，积极的自我暗示只对那些可以做到，但是没有信心做到的事情起作用。

扩展阅读

罗森塔尔效应

美国著名心理学家罗森塔尔曾做过这样一个试验：他把一群老鼠随机分成A组和B组，并且告诉A组的饲养员，这组的老鼠非常聪明，又告诉B组的饲养员这组的老鼠智力一般。几个月后，罗森塔尔对这两组老鼠进行穿越迷宫测试，发现A组的老鼠竟然真的比B组的老鼠聪明，它们能够先走出迷宫并找到食物。

于是罗森塔尔得到了启发，他想这种效应能不能也发生在人的身上呢？他来到一所普通中学，在学生名单上随便圈了几个名字，告诉他们的老师说，这几个学生智商很高。过了一段时间，罗森塔尔又来到这所中学，奇迹发生了，那几个被他选出的学生真的成为班上的佼佼者。为什么会出现这种现象呢？正是"暗示"这种神奇的魔力在发挥作用。

每个人在生活中都会接受这样或那样的心理暗示，这些暗示有的是积极的，有的是消

极的。例如，妈妈是孩子最爱、最信任的人，同时也是对孩子施加心理暗示的人。如果是长期的消极和不良的心理暗示，孩子的情绪就会受到影响，严重的甚至会影响心理健康。相反，如果妈妈对孩子寄予厚望、积极肯定，通过期待的眼神、赞许的笑容、激励的语言来滋润孩子的心田，那么会使孩子更加自尊、自爱、自信、自强。

（八）不断完善自我

大学生自我意识的发展遵循"分化统一，再分化再统一"的规律，这是一个动态变化的过程。大学生完全可以通过正确地认识自己和控制自己，从而不断完善自我，使自我意识由分化走向统一。在这个过程中，最重要的是要有效地控制自我，这是一个人主动改变自我心理品质、特征和行为的心理过程，是大学生完善自我、超越自我的基本途径。

1. 科学的理想自我

现实与理想总是存在差距。这种落差使大学生很容易从理想与现实的矛盾中走向失望与消沉。因此，要建立科学正确的理想自我，不能只从自己的愿望出发，而应根据自己的特点和社会提供的条件来设计自我，将现实与理想结合起来。在构建理想自我时，既要敢于树立远大目标，又要脚踏实地，从一点一滴做起，发挥自己才能，为社会做出贡献的同时实现自己的人生价值。

2. 积极参加社会实践展示自我

大学生要多参加社会实践活动，一方面，通过自我判断、自我选择获得对世界的正确看法；另一方面，大学生的自我评价、自我激励和自我教育也需要一个实践过程。大学生可以通过勤工助学、参观考察、社会调查、志愿服务等各种形式的社会实践活动，逐步提高认识自我的能力。

展示自我要求大学生善于把自己的思想与别人交流，并同别人一起投入到集体活动中，以获得大家的认同。每个大学生都有自我发展和自我超越的可能性，所以应通过各种社会实践活动发掘自己的潜能，从而开发自我、展示自我、完善自我。

3. 不断完善自我，超越自我

加强自我修炼，不断完善自我、超越自我是健全自我意识的终极目标。大学生都有目标和理想，然而虽然不少大学生制订了一个又一个计划，但却缺乏持之以恒的精神，容易受外在因素的干扰，总是三天打鱼，两天晒网，结果什么事也没做成。心情好、情绪高涨时，觉得自己什么都行，什么都想干；心情不好时，情绪跌入低谷，做什么都提不起劲来，行动经常受情绪波动的影响。因此，若要塑造全新的自我，就要求大学生从调整自己的情绪、约束自己的行为开始，使自己的情绪、情感和行为向着健康、正确的轨道前进，努力实现自己的抱负和目标。在困难和挫折面前，大学生不要灰心、丧气，要保持自信、乐观的态度。这也要求大学生应努力提高挫折耐受力和各方面的素质，逐步完善和发展自我。

? 学习思考

1. 什么是自我意识？可以从哪些方面划分自我意识？
2. 根据自我意识的结构，客观分析和认识生理自我、心理自我和社会自我。

3．分析自己的优缺点，你是如何看待和评价自己的优缺点的？
4．怎样克服自卑感，建立自信心？
5．大学生应该如何培养与完善自我意识？

课堂训练

我是谁

边思考边写出20句"我是一个什么样的人"。要求尽量选择一些能反映个人风格的语句，避免出现类似"我是一个男生"这样的句子。

1．我是一个_____。
2．我是一个_____。
3．我是一个_____。
4．我是一个_____。
5．我是一个_____。
6．我是一个_____。
7．我是一个_____。
8．我是一个_____。
9．我是一个_____。
10．我是一个_____。
11．我是一个_____。
12．我是一个_____。
13．我是一个_____。
14．我是一个_____。
15．我是一个_____。
16．我是一个_____。
17．我是一个_____。
18．我是一个_____。
19．我是一个_____。
20．我是一个_____。

将上述描写自己的句子按以下类别进行归类。

身体状况（年龄、形体、身等）：_____。
情绪状况（情绪、能力状况等）：_____。
社会关系状况（品德态度、与人关系等）：_____。
其他（涉及自己未来的、特殊方面的等）：_____。

评估一下你对自己的陈述是积极肯定的还是消极否定的。反省一下，你是否过低评估了自己？是什么原因使你变成这样？有没有改善的可能？

和大家分享写完这些句子的感受，你对自己有什么新的发现？

推荐阅读

1．《我们内心的冲突》

作者：[美]卡伦·霍妮

出版社：长江文艺出版社

本书指出由于深受生活环境的影响，我们总是与自己想成为的人背道而驰，于是产生了这些足以主宰我们人生的内心冲突。

为了解决这些冲突，我们不但自欺欺人地虚构了各种"理想化意象"，通过"外化"把责任推给他人，还基于不同的性格倾向发展出一系列各不相同的防御策略：顺从型选择亲近他人、对抗型选择抗拒他人、疏离型选择疏远他人。但这些策略更像精致的代偿与逃避，它不但没有消除冲突，反而使我们深感恐惧、焦虑和绝望，无法专注地投入任何关系或工作中，觉得一切已经定型，再也不会有所好转，在糟糕的道路上越走越远。

2．《与自我和解》

作者：[美]奥马尔·马涅瓦拉

出版社：人民邮电出版社

当想得到某物的欲望足够强烈时，我们几乎会用尽一切办法来获得它，有时甚至不惜损害自己的身体、智力以及人际关系。我们为什么会无法抑制地感觉自己需要某些东西（如食物、香烟、酒、网络）？我们怎样才能恰到好处地满足而又避免放纵呢？

强迫行为领域专家奥马尔·马涅瓦拉博士基于脑科学、心理学、认知科学和神经生物学，从神经递质、认知偏差、大脑可塑性等角度出发，深入剖析了各种各样的渴求现象以及由此引发的强迫、成瘾和自毁行为，解释了我们总是陷入不满足和存在内在冲突的原因，并根据多年的临床经验提出了诸多实用的应对策略。

心理测试

请仔细阅读表 3-3 中的问题，然后在符合你实际情况所对应的数字上画"√"。

表 3-3　自我和谐量表（SCCS）

题目	完全不符合	比较不符合	不确定	比较符合	完全符合
1．我周围的人往往觉得我对自己的看法有些矛盾	1	2	3	4	5
2．有时我会对自己在某方面的表现不满意	1	2	3	4	5
3．每当遇到困难时，我总是首先分析造成困难的原因	1	2	3	4	5
4．我很难恰当地表达我对别人的情感反应	1	2	3	4	5
5．我对很多事情都有自己的观点，但我并不要求别人也与我一样	1	2	3	4	5
6．我一旦形成对事物的看法就不会再改变	1	2	3	4	5
7．我经常对自己的行为不满意	1	2	3	4	5
8．尽管有时候要做一些自己不愿意的事，但我基本上是按自己的意愿做事的	1	2	3	4	5
9．一件事好就是好，不好就是不好，没有什么可含糊的	1	2	3	4	5

基本情绪派生出来的。快乐、悲伤、愤怒、恐惧、厌恶都是基本情绪。那么，基本情绪指的是什么呢？心理学家提出了五条标准：①基本情绪必须在人类之中普遍存在，除了婴儿以及脑损伤和基因突变的人群，它应该在社会的所有人中发生；②一种基本情绪必须能够促进对特定的、典型的生活事件——或者叫作"先行事件"的功能性反应，它必须对解决一些普遍性的问题是有用的；③基本情绪应该在生命的早期就明显地表现出来；④如果一种情绪是基本的，那么我们应该用一种与生俱来的方式表达它，如通过面部表情或声音语调；⑤每种基本情绪都有独特的生理机制，这些被假定为脑或自主神经系统的某些特定活动。

1. 快乐

快乐是达到预期的目标后随之而来的紧张解除时的情绪体验，目标达到和紧张一旦解除，会使个体感到极大的快乐。快乐程度取决于目标的重要性和愿望满足的意外程度。好的心情会增加人们对世界的感知，使人们更乐于助人。

2. 悲伤

悲伤是个体在分离或丧失所追求的事物或有价值的东西时引起的情绪体验。悲伤的强度取决于失去事物的价值。失去的事物越宝贵，悲伤的感觉越强烈。极度的悲伤往往会使人哭泣，哭泣可以释放紧张以及获得他人帮助，这是人体的一种保护性反应。与悲伤时不哭泣相比，悲伤时哭泣对人的身心健康更有好处。哭泣可以释放已聚集的能量，消除不平衡的状态。

3. 愤怒

愤怒是当个体感觉到了威胁或冲突，或当个体的愿望受到挫折时，特别是当给自己带来威胁或挫折的他人行为是蓄意的、不公正的或可以避免时，产生的一种情绪体验。一方面，愤怒具有不适应性，可以诱发身体或言语上的攻击性行为；另一方面，愤怒具有许多进化的功能，如自我保护和减压。

4. 恐惧

恐惧是个体企图摆脱、逃避某种情境而又无能为力时产生的情绪，是对威胁自身安全和生命的事物的一种心理反应。引起恐惧的情境通常是可怕的，如危险、陌生、黑暗、奇怪等；恐惧的产生也与人的认知预期被打断有关，如人预期会看到完整的人，如果看到断开的手、无头的尸体，就会感到莫大的恐惧。恐惧也具有适应性，是一种警报系统，有助于人类在危险情境中躲避或逃离。

5. 厌恶

厌恶是个体对讨厌或反感的事物的一种情绪反应。厌恶可以分为物体厌恶和道德厌恶，物体厌恶与物体的不干净有关，道德厌恶则与活动过程的不洁净有关。厌恶伴随着一种想要远离某种事物的愿望，如让腐烂的食物离你的嘴远些，甚至是避免产生接触或品尝它的想法。

（三）情绪状态分类

情绪状态是指在一定的生活事件影响下，一段时间内各种情绪体验的一般特征表现。根据情绪状态的强度和持续时间可分为心境、激情和应激。

1. 心境

心境是一种微弱、平静和持久的情绪状态。生活中我们常说的"人逢喜事精神爽",是指发生在我们身上的一件喜事让我们很长时间保持着愉快的心情。但有时一件不如意的事也会让我们在很长一段时间内忧心忡忡,情绪低落。这些都是心境的表现。

心境具有弥散性和长期性。心境的弥散性是指当人具有了某种心境时,这种心境表现出的态度体验会朝向周围的一切事物。例如,一个在班上受到表扬的学生,觉得心情愉快,回到家里与家人谈笑风生,遇到邻居笑脸相迎,走在路上也会觉得神清气爽;而当他心情郁闷时,在学校在家里都会情绪低落,无精打采。"忧者见之而忧,喜者见之而喜",也是心境弥散性的表现。心境的长期性是指心境产生后要在相当长的时间内主导人的情绪表现。虽然基本情绪具有情境性,但心境中的喜悦、悲伤、生气、害怕却要维持一段较长的时间,有时甚至成为人一生的主导心境。例如,有的人一生历经坎坷,却总是豁达开朗,以乐观的心境去面对生活;有的人总觉得命运对自己不公平,或觉得别人对自己不友好,结果总是保持着抑郁、愁闷的心境。

2. 激情

激情是一种爆发强烈而持续时间短暂的情绪状态。人们在生活中的狂喜、狂怒、深重的悲痛和异常的恐惧等都是激情的表现。与心境相比,激情在强度上更强,但维持的时间一般较短。

激情具有爆发性和冲动性,同时伴随有明显的生理变化和行为表现。当激情到来的时候,大量心理能量在短时间内积聚而出,如疾风骤雨,使得当事人失去了对自己行为的控制力。《儒林外史》中的范进听到自己金榜题名,狂喜之下,竟然意识混乱,手舞足蹈,疯疯癫癫;有些人在暴怒之下,双目圆睁,咬牙切齿,甚至拳脚相加。但这些激情在宣泄之后,人又很快平息下来,甚至出现精力衰竭的状态。

激情常由生活事件所引起,哪些对个体有特殊意义的事件会导致激情,如考上大学,找到满意的工作等;出乎意料的突发事件会引起激情,如多年失去音信的亲人突然回家,常会欣喜若狂。另外,违背个体意愿的事件也会引起激情,我国古书记载,春秋战国时期的伍子胥过昭关,因担心被抓回楚国,父仇不能报,一夜之间竟然愁白了头。可见,不同的生活事件会引发不同的激情。

激情对人的影响有积极和消极两个方面。一方面,激情可以激发内在的心理能量,成为行为的巨大动力,提高工作效率并有所创造。如战士在战场上冲锋陷阵,一往无前;画家在创作中,尽情挥洒,浑然忘我;运动员在报效祖国的激情感染下,敢于拼搏,勇夺金牌。但另一方面,激情也有很大的破坏性和危害性,激情中的人有时任性而为,不计后果,对人对己都会造成损失。一些青少年犯罪,就是在激情的控制下,一时冲动,酿成大错。激情有时还会引起强烈的生理变化,使人言语混乱,动作失调,甚至休克。所以,在生活中应该适当地控制激情,多发挥其积极作用。

3. 应激

应激是在出乎意料的紧张和危急情况下引起的情绪状态。如在日常生活中突然遇到火灾、地震,飞行员在执行任务中突然遇到恶劣天气,旅途中突然遭到歹徒的抢劫,无论天灾还是人祸，这些突发事件常常使人们心理上高度警惕和紧张，并产生相应的反应，这都是应激的表现。

人在应激状态下常伴随明显的生理变化，这是因为个体在意外刺激作用下必须调动体内全部的能量以应对紧急事件和重大变故。这个生理反应的具体过程为：紧张刺激作用于大脑，使得下丘脑兴奋，肾上腺髓质释放大量肾上腺素和去甲状腺素，从而大大增加通向体内某些器官和肌肉处的血流量，提高机体应对紧张刺激的能力。加拿大心理学家塞里把整个应激反应过程分为动员、阻抗和衰竭三个阶段：首先是有机体通过自身生理机能的变化和调整做好防御性的准备；其次是借助呼吸心率变化和血糖升高等调动内在潜能，应对环境变化；最后当刺激不能及时消除时，持续的阻抗使得内在机能受损，防御能力下降，从而导致疾病。

应激的生理反应大致相同，但外部表现可能有很大差异。积极的应激反应表现为沉着冷静、急中生智，全力以赴地去排除危险，克服困难；消极的应激反应表现为惊惶无措、一筹莫展，或者发动错误的行为，加剧了事态的严重性。这两种截然不同的行为表现，既与个人的能力和素质有关，也与平时的训练和经验积累有关。例如，如果接受过防火演习和救生训练，遇到类似的突发事故，就能正确及时地逃生和救人。

（四）情绪表达

1. 面部表情

面部表情是指通过眼部肌肉、颜面肌肉和口部肌肉的变化来表现各种情绪状态，是情绪表达最重要的方式之一。难以控制的面部肌肉会泄露你可能试图隐藏的情绪迹象。睁圆的眼睛可能暗示着你在害怕或者感到惊奇，轻轻地上挑眉毛可能泄露你的忧伤。眼下部的肌肉活动和面颊的上升表达了一个真诚的微笑。美国心理学家艾克曼通过研究证明，人脸的不同部位具有不同的表情作用，如眼睛对表达悲伤和愤怒最重要，口部对表达快乐和厌恶最重要，而前额对惊奇的表达很重要，眼睛、嘴和前额对表达愤怒很重要。

2. 非语言交流

非语言交流通常指用非语言行为或身体语言交流，它是传递信息的一种方式，通过面部表情、手势、姿势，甚至语调、音色及个人声音的音量等传递信息。人际交流中有60%～65%属于非语言行为，而非语言交流能够反映一个人真正的思想、感觉和意图。

（1）姿态表情

姿态表情是个体表达情绪的重要方式。个体在不同的情绪状态下，姿态表现也往往不同。当人处于放松时，坐着的身体一般会向后靠，胳膊和腿随意地伸开。当个体喜欢某人或某样东西时，身体会倾向于自己所喜欢的对象。一些被隐藏的情感也会在身体的姿势中暴露出来，如叉开的双腿是最明显、最容易被认出的捍卫领地式行为。很多哺乳动物在感到压力、烦乱或威胁时，都会捍卫自己的领地。当人们想要战胜对方时，会下意识地尽量将腿叉得比其他人更宽些，以此获得更多的领地。研究表明，双腿交叉尤其能反映出我们社交时的舒适感，如果交往中感到不舒服，我们是不会做出这样的动作的。另外，我们在别人面前感到自信时也会将双腿交叉。

手势是姿态表情中的重要形式，常常与言语一起使用，以补充言语所表达的情绪和情感信息。手势也可以单独用来表达某种思想或情感，如单凭手势就可以表达开始、停止、同意或反对等思想。有效的手部动作能够引起人们积极的反应。很多成功的演员、魔术师和演讲家都深谙其道。同理，消极的手部动作会给人留下消极的印象。与别人交流时，我们很希望能看到对方的手，因为我们的大脑认为手部动作是整个交流过程中不可缺少的一部分。

另外，一些表达方式具有文化差异，因此，必须认识到，同一个姿势在不同的文化中会有不同的意义。例如，把拇指和食指捏在一起，形成一个圈，这个姿势在北美洲的意思是"一切顺利"或"很好"，在法国和比利时的意思是"你一文不值"，而在意大利南部的意思是"你像头蠢驴"。

扩展阅读

如何第一时间看透对方

喜欢眨眼的人，往往心胸狭隘，不太能够信任别人，与这种人打交道，最好直截了当。
喜欢盯着别人看的人，警戒心很强，面对他们，要避免过度热情或开玩笑。
喜欢大嗓门说话的人，多半是自我主义者，最好和这种人划清界限。
穿着不拘小节的人，个性往往随和，有事情可以找这种人商量。
一坐下就翘脚的人，充满企图心与自信，而且有行动力。
边说话边摸下巴的人，通常个性谨慎，警戒心强。

（2）语调表情

在情绪发生时，自主躯体神经系统活动的变化会引起语言活动中的变化。语调表情是情绪在语言的音调与节奏、速度等方面的表现，如高兴时声音轻快明朗，伤心时声音缓慢低沉。语言既是人们沟通思想的工具，也是表达说话者情绪的手段。

二、情绪的功能

（一）情绪的应对机能

情绪的产生不是无缘无故的。从机能的观点来看，通过进化，情绪具有适应的价值，它提供了一种整合和与生俱来的方式，帮助个体处理基本的生活任务，应对个体面临的重要挑战和威胁。为了生存，人类必须处理面临的各种困境，表现为探索生活环境，发展和维持关系，迅速地注意紧急事情，避免伤害、战斗，这些行为促进个体对变化的生理和社会环境的适应，并且都受情绪驱动。情绪能为我们提供能量，指引我们采取有利的行为（如分离后，哭着寻求帮助远比其他行为有效）。

普拉奇克提出的情绪的心理进化论认为，情绪有八种突出的功能：保护、破坏、繁殖、复合、亲密、拒绝、探索和定向。例如，恐惧使身体准备退缩和逃跑，这是情绪的保护目的；面对敌人和障碍物，愤怒使身体准备攻击，这是情绪的破坏目的；期待激发了好奇心，使我们准备观察外界，这是情绪的探索目的。对生活中每类重要事件，人类都进化了一种相应的、适应的情绪反应，从而使我们对生活基本任务的需要进行适当的反应。

按照机能的观点，没有坏情绪，所有的情绪都是有益的，如恐惧促进了保护，厌恶促进了对讨厌物体的拒绝。每种情绪都提供了对特定情境的准备性，如有力的心跳和急促的呼吸使身体能对诱发愤怒和恐惧的情境做出充分反应；期待伴随的平静的心跳使身体能最适应地注意、加工信息和解决问题。普拉奇克的观点是将情绪看作行为的积极的、技能的、有目的的和适应的组织者。

（二）情绪的社会机能

1. 引导信息交流

情绪表达是一种有效的非语言信息交流，这在婴儿和母亲的互动中可以得到很好的体现。刚出生，婴儿就能表达疼痛、快乐、喜欢和厌恶；到两个月，婴儿能够表达悲伤和愤怒；到六个月，婴儿能够表达害怕。重要的是，婴儿的每种表情都能够被照顾者识别和解释。在一项研究中，研究者检验了婴儿的面部表情是否是特定的交流信号，他们给母亲出示婴儿悲伤、愤怒、生理痛苦和开心的照片，要求母亲将每张照片上的孩子想象成自己的孩子，并且回答这样的问题："当我的孩子表现出这种表情时，我会……"结果发现，当婴儿表达出生理痛苦时，母亲最可能选择的反应是将婴儿迅速抱起来，爱抚拥抱，以及感到悲伤和对婴儿内疚；在面对婴儿的愤怒时，母亲通常会选择分散注意力；在面对婴儿的悲伤时，母亲通常会选择谈话、分散注意力等。这表明，通过情绪表达，母亲和婴儿之间能有效地进行情感交流。

2. 调节人际交往

关于儿童的研究表明，一个人的表情能够影响他人的反应，促进他人的选择性行为反应。如在一个抢玩具的冲突情境中，表达出愤怒的儿童与没有这种表情的儿童相比，更可能留住玩具。表情向他人传达了表达者接下来可能采取的行动，如果玩具被拿走，表达愤怒的儿童就发出了接下来可能采取攻击行为的信号。因此，社会情境中的情绪表达既有信号的机能，又有指向的机能。

有时，策略性的情绪表达会达不到目的。如抑郁者在向他人表达自己抑郁的情绪状态时，以期获得支持和宽慰；然而，不幸的是，这种抑郁的交流经常唤起他人的消极情绪，会导致他人的拒绝。悲伤情绪表达了坏心境、低自尊、无助和疲惫，是不愉快和人们想避免的，因此，人们倾向于拒绝悲伤情绪的表达者。

3. 促进社会交往

情绪表达经常是社会性激发，而不是生理性激发或情绪性激发。这种言论听起来很奇怪，因为通常认为人们快乐时会微笑，悲伤时会皱眉。然而，人们经常在没有感到快乐时也会微笑，这时的微笑是想促进社会的交往。人类学家研究了类人猿的微笑，发现黑猩猩会利用自主性的微笑表情，扭转支配性动物潜在的敌对行为，维持或加强友好的交往。有研究者在一个保龄球馆观察了保龄球选手的微笑，发现他们在面对其他选手时，经常会微笑；而在"全中"或"补中"时，则不一定会微笑。这表明，微笑更可能是一种取悦社会和友好的社会表达，而不是进化来的愉悦情绪的表达。

4. 建立、维持和解散社会关系

情绪会影响社会关系的建立、维持和解散。如快乐促进关系的建立，悲伤的分离是指想维持关系，愤怒促使我们采取必要的行动来阻止伤害性的关系。悲伤和悲痛可激发我们采取行动来防止关系的消失。其他情绪也有助于维持社会秩序。例如，羞耻感和内疚感激发了亲社会行为，如顺应团体，对他人的文化标准表示出尊敬。

三、情商

情商是美国著名心理学家戈尔曼提出的概念，又称"情绪商数"，指的是个体管理情绪的能力。情商体现在个体能否适当地处理自己的情绪。例如，在遇到令人发指的事件面前，个体控制了自己的愤怒，冷静或采取得体的办法处理，就说明个体有很强的情绪管理能力。具体来说，情商包括三点：区分自己与他人情绪的能力；调节自己与他人情绪的能力；运用情绪信息引导思维的能力。

心理学家沙洛维把情商划分成五个主要方面：了解自我、管理自我、自我鼓励、识别他人情绪、处理人际关系。简单地说，情商高的人社会适应性强，情绪稳定，不会产生剧烈波动，而且在产生情绪反应时能够恰当地处理，对事对人能有合理的想法，同时表现出合宜的行为。情绪是可以改变的，情商也是可以改善的。在关键时刻，情商能帮助人控制调节情绪，境况就能随之改变。

情商在生活中极其重要，它决定了个人主观上对生活的看法，也会影响个人与他人之间的关系，甚至会影响学业及工作表现。若个体能敏锐地察觉自己及他人的情绪，坦诚面对负面感受，理解他人，多帮助，少批评，并且将生活中的困境视为合理的挑战，有坚定的信念去完成艰巨的任务，对人对事做出恰当的反应，那么个体就容易与他人保持良好的关系，能够得到他人的信任，这样一来，许多问题都能迎刃而解。

在现实生活中，有些智商高的人，但情商不一定高，他可能工作和学习很好，但人际关系不一定好，工作也不一定顺利。而那些智商平平但情商高的人，生活积极，人际关系好，有拼搏向上的精神，就容易获得成功。心理学家发现，人的情商与智商的发展并不是一致的，也不是同步的，一部分人两方面都很强，有些人则两者都很弱，更多的人则表现为一强一弱。与智商相比，情商在成功的人生中似乎起着更重要的作用，它将直接影响人的工作、学习和生活的成功与否，但这并非就否定了智商的作用。实际上，在成功的主宰因素中，情商和智商缺一不可，智商是成功的根本，只有具备较高的智力水平，才有机会敲开成功的大门；情商则能更好地推动人们获得成功。智商将成功的机会带到人们面前，情商则会从多方位、多角度帮助人们抓住成功的机会，真正敲开成功之门。既有高的智商水平，又有很高的情商水平的人是幸运的，因为成功多半会青睐他们。但其他的人也没有必要因此丧失追求成功的信心，因为情商多半是通过后天培养出来的，并在一定程度上可以弥补智商的不足，帮助更多的人获得成功。

他发现桌上没有了餐巾纸，便走到背后一张桌子上取了一张。那张桌上，坐着两名20多岁的年轻男子。"哪个让你拿我桌上的纸？给我放下。"其中一名男子大声呵斥顾某。"又不是你的，老板的纸我咋个不能拿？"顾某也不示弱。双方由此产生口角，继而发生拉扯。在餐馆老板和众人的劝阻下，两名男子和顾某才重新坐下来吃饭。刚吃了不到 5 分钟，那两名年轻男子提着菜刀朝顾某砍来，两名男子持刀朝他一阵狂砍，他感到一阵剧痛，随后就晕了过去。两名男子走后，餐馆老板拨打了 110 报警电话和 120 急救电话。随后赶到的救护人员将顾某送往医院治疗。检查结果是，顾某被砍掉三根手指，身中二十多刀。除了身体的伤痛，还要支付高额的医疗费，而那两位年轻男子也受到了法律的严惩。

这个故事听起来让人哭笑不得，且不论谁是谁非，仅仅因为一张餐巾纸，就造成了这么大的损失，真的值得吗？所以冲动造成的只能是伤害。要想成为一个成功的人，就要摒弃这种狭隘的思想，放宽自己的心胸，只有这样，才能够成为一个真正的赢家。

（五）恐惧

当事人对某些特定的对象产生强烈和不必要的害怕，并伴有回避行为的情绪，被称为恐惧。恐惧情绪是妨碍生活、学习、工作的主要因素。恐惧的对象可能是单一的或多种的，如动物、广场、社交活动等。当事人可能明知这种反应不合理，却难以控制而反复出现，恐惧是我们面对的最大的挑战之一。没来由的、荒谬可笑的恐惧会把我们囚禁在无形的牢笼里。然而，适度的恐惧有时也是有益的，因为对危险的本能的直觉可以提高我们的警惕，帮助我们调动一切能量以免受到伤害。在危险的环境中，倘若我们丧失了警惕，就可能遭遇危险。

1. 恐惧情绪的主要表现

（1）场所恐惧。对街道、广场、公共场所、高处或密室等场所恐惧，因此不敢出门，回避这些场所。

（2）社交恐惧。与人交往时感到恐惧而力求避免。

（3）单一恐惧。对针、剪、刀、笔尖等物体发生恐惧，称为"锐器恐惧"；对猫、狗、鼠、蛇等动物发生恐惧，称为"动物恐惧"。

2. 恐惧情绪形成的原因

（1）带有强迫性质。恐惧摧残人的意志和生命，损害身体健康。它能打破人的希望、消退人的意志，使人的心力"衰弱"。

（2）心存畏惧心理。一些人长期怀着一种畏惧心理，似乎对一切都害怕，这种畏惧心理无疑将严重地打击人的自信，使人陷于茫然之中。

（3）心存疑虑。一些人对一些本来并不可怕的事情却产生一种紧张的情绪体验，虽然明白完全没有必要，但就是控制不了自己，即使尽了最大努力也依然无法摆脱和消除，因而感到极为不安。

3. 消除恐惧情绪的方法

（1）认识恐惧的实质。恐惧在很大程度上来自认知，假如一个人把本身的经历，曾经的伤害埋在心底，就犹如一个毒疖，只有把它的脓液挤出来，人才能没有肿痛的感觉。

（2）树立勇气和信心。唯有勇气和信心，才能抗拒恐惧。恐惧会损害和破坏我们的创造力，心存恐惧的人是无法充分发挥其应有才能的。

（3）在情景中脱敏。再次经历恐惧的情景，可以帮助人克服恐惧情绪。例如，如果一个人有社交恐惧，就可以尝试有意地与生人接触，强迫自己看对方的眼神。刚开始，可能很不好受，心慌气短，但只要坚持，恐惧情绪就会慢慢消失。

（4）在想象中适应。通过想象把恐惧的情景回放出来，不断重复，当真正去经历该情景时，恐惧就会减轻。

第三节　大学生的情绪管理

一、情绪正常的判断标准

情绪是人在判断客观事物是否满足自身需要时所引起的生理、心理和行为上的反应。判断一个人的情绪是否正常，一般会从以下四个方面入手。

第一，一定的事物是否引起相应的情绪。例如，一个人高兴是因为有喜事，悲伤是因为遇到不愉快或不幸的事，愤怒是由挫折引起的。如果一个人有喜事却愤怒，遇到挫折反而高兴，显然是不正常的。

第二，当引起情绪的因素消失后，人的情绪反应是否也逐渐消失。例如，一个人不小心把东西丢了，当时可能会非常生气、悲伤，过后几天，慢慢也就自己调整过来了，如果长期生气，这就是情绪不健康的表现。

第三，情绪是否稳定表明人的神经系统活动是否处于相对平衡的状态。如果一个人的情绪总是不稳定，喜怒无常，则是不健康的表现。

第四，心情是否愉快平静。愉快表示人的心身活动和谐满意，处于积极状态。如果一个人经常情绪低落，总是愁眉苦脸，就要尽快寻求帮助了。

二、理解情绪的能力

情绪是人类天性的重要组成部分，没有情绪，人可能会成为精神病患者。如果能认清情绪，对其加以管理，并且以建设性的方式去对待情绪，个人的力量不仅不会减少，反而还会增强。大学生应当具有理解情绪的能力。

（一）知道自己的感觉

你知道自己真正的感觉吗？很多人无法对爱、耻辱或骄傲下定义，也不知道这些不明确的感觉产生的原因。这些人常常不能说出自己的情绪有多强烈，不能感知自己的情绪强度，因此就无法了解这些感觉对自己或他人有多大的影响。

（二）体会他人的感觉

你能体会到他人的感觉吗？你能了解为什么他们有那种感觉吗？你能分辨出他人的处境和动机吗？这是一种体会他人感觉的能力。感知他人的情绪，犹如感知自己的情绪一样。如果我们能体会到他人的感觉，他人的情绪就会在我们心中产生共鸣，我们会敏锐地感知到那些情绪是什么，有多强烈以及产生的原因。这对某些人而言很困难，但有些人则非常擅长，他们能够准确感知他人的感觉。

（三）弥补情绪的伤害

你知道如何向他人道歉并给予补偿吗？我们都会因犯情绪上的错误而伤害他人。但是，我们必须认清哪里做错了，然后加以弥补。这么做就是在负责任，获得他人原谅，并做出弥补。如果我们的行为伤害到他人，那么这种行为就必须改变。这并不容易实行，但是如果我们不实行，那么这些不自觉的错误将会不断破坏我们与他人的关系。

三、情绪 ABC 理论

（一）什么是情绪 ABC 理论

美国心理学家艾利斯经过多年的心理咨询实践，发现在情绪方面存在障碍的求助者有一些共同的特征。在此基础上，他总结出了人性的一些基本特征，并由此拓展了情绪 ABC 理论。艾利斯认为人的本性有以下五种特征。

（1）人既可以是理性的、合理的，也可以是非理性的、不合理的。当人们理性地去思维、去行动时，他们就会很愉快且富有竞争精神，行动也会卓有成效。

（2）情绪是伴随人们思维产生的。不合理的、不合逻辑的思维会造成情绪上或心理上的困惑。

（3）人都具有不合理思维。人的生物学和社会学的双重特性决定了人同时存在合理思维和不合理思维，即任何人都不可避免地具有或多或少的不合理思维。

（4）人是有语言的动物，思维借助于语言进行。

（5）情绪困扰的持续实际上就是内化语言持续作用的结果。不断在心里重复某种不合理信念，将导致情绪困扰无法排解。

ABC 理论的基本观点就是：个体的情绪不是由某一诱发性事件本身引起的，而是由经历了这一事件的个体对这一事件的解释和评价所引起的。在 ABC 理论模式中，A 是指诱发事件（Activating event）；B 是指个体在遇到诱发事件之后而产生的信念（Belief），即个体对这一事件的看法、解释和评价；C 是指特定情景下，个体的情绪及行为的结果（Consequence）。

通常人们会认为，情绪的行为反应是直接由诱发事件 A 引起的，即 A 引起 C。ABC 理论则指出，诱发事件 A 只是引起情绪及行为反应的间接原因，而人们对诱发事件所持的看法、解释和评价 B 才是引起情绪及行为反应的更直接的原因。也就是说，由于所持信念的不同，同样的一件事情发生在不同的两个人身上会导致截然不同的两种情绪反应。

> **案例分析**

甲和乙及其他三位朋友一起去寻宝，结果甲和乙在沙漠里迷路了，与其他三位朋友失去了联系。这时，他们两个人只剩下半壶水和能吃一餐的干粮。乙对甲说："我们怎么这么倒霉呀！沙漠这么大，天气也会变，说不定还有野兽。我只剩下半壶水，粮食也没有了，肯定要命丧沙漠了。"

甲说:"幸好还有半壶水,我们节省一点还可以维持一段时间。安心过好今天吧,明天再说。"第二天,甲说,我们去找水源吧,兴许能辨别出朋友留下的蛛丝马迹。但乙认为,连水都不够,等到太阳出来,肯定会很热,于是他决定就地等待。他们约定,等甲找到水源或朋友的消息就发信号。乙则在原地默默等待,天渐渐暗下来,他也逐渐绝望,把最后一滴水舔干净后,他闭上了眼睛,在恐惧中煎熬着,连甲的信号也没看见,而甲不仅找到水源,还与朋友会合了。

从这个事例中可以看出,正是人们对事物的看法、想法决定了人的情绪及行为反应。这些想法和看法的背后,有着人们对一类事物的共同看法,这就是信念。乙的信念在 ABC 理论中被称为不合理信念,而甲的信念则被称为合理信念。合理信念会引起人们对事物适当、适度的情绪和行为反应。当人们坚持某些不合理的信念,长期处于不良情绪状态中时,就会导致情绪障碍的产生。

情绪是客观事物作用于人的感官而引起的一种心理体验,有好情绪和坏情绪之分。良好的情绪会让人有一种健康向上的心态,因此也就会形成一种轻松愉悦的气氛,感染身边的每个人,使他们也都有愉快的心情。而厌烦、压抑、忧伤、愤怒的消极情绪则会造成紧张、烦恼甚至是充满敌意的气氛,这样的坏情绪又会直接影响家人和朋友,甚至造成一系列的连锁反应。

(二)大学生存在的不合理信念

1. 非此即彼的思维模式

"非此即彼"是大学生中普遍存在的一种绝对化的认知方式。一般表现为"我应该是个好学生""我必须是一个完美的人""这个世界应该绝对公平""我应该得到所有人的喜爱"等。例如,在学习上,一些学生对自己要求过高或过严,从而产生较大的学习压力,出现注意力障碍或考试焦虑;在人际交往中,追求绝对的公平,无论是对他人的评价或是对自己的评价都有失偏颇。这类大学生容易有挫折感,稍不如意,就会丧失自信,产生自卑。

2. 以偏概全的思维模式

有以偏概全思维模式的人往往不能全面、客观地看待现实,他们看到的现实常常是片面的,是用其心理过滤的并不真实的"现实",这类不合理认知在人际关系中表现得较多,如人际交往中的"晕轮效应"。还有的人只能看到自己的缺点或优点,不能客观地评价自己,从而导致自卑或自负。

3. 情绪化的思维模式

有情绪化思维模式的人会把感性当作理性,主观臆断,跟着感觉走。如有的人在人际交往中轻率地做出有人正在与他作对的结论,但又无法证实,从而对人处处设防,影响生活与学习。

4. 人格化的思维模式

有人格化思维模式的人在遇到难事时常怨天尤人,常诅咒命运对自己不公。

5. 糟糕至极的思维模式

有糟糕至极思维模式的人一旦遭遇挫折，就将其无限夸大，从而陷入不良的情绪体验中难以自拔。

（三）积极思考的作用

心理学家认为，人的情绪主要源于自己的信念以及他对生活的评价与解释，这些因素最终决定了会产生什么样的结果。换句话说，如果积极地思考，就会产生积极的力量；如果消极地思考，就会产生消极的力量。悲观的人总相信坏事都是自己的过错，发生的坏事一定会持续很久，并且会毁掉一切。而乐观的人遇到同样的坏事时，会认为现在的失败是暂时的，每个失败都有它的原因，不光是自己的错，可能还有环境、运气或其他因素的原因。

在现实生活中，有人会因为一时的挫折而走上了绝路，也有人会因为战胜挫折而成就一番更大的事业；有人会因为对手强大而畏惧，也有人会因为挑战强大的对手而使自己快速成为强者；有人会因为产品没有销路而抱怨产品、抱怨公司、抱怨顾客，也有人因为产品卖不出去而另辟蹊径获得成功。所有的一切皆验证了一句话：影响人的不是事物本身，而是人对事物的看法。积极的思考是非常重要的，因为事情发展的方向全在一念之间。积极地思考，坏事会变好；消极地思考，好事也会变坏。人一定要坚信自己的精神力量，精神的力量能够帮助我们去实现自己的愿望。

鲁迅笔下的祥林嫂命运多舛，她总是喋喋不休地向他人诉说自己的不幸，人们在听了她的故事后，刚开始是同情，但听多了就很反感。祥林嫂是一个可怜的人，多次的不幸，使她对生活失去了信心，认为这是命运的安排，对于生活只剩下抱怨。

其实，生活中的很多人与祥林嫂一样，总喜欢抱怨，他们总认为现在的境况是别人造成的，环境决定了他们的人生。其实，一个人的境况并不完全是由周围环境决定的，更主要是由我们自己来决定的。

案例分析

两个秀才一起去赶考，路上遇到了一支出殡的队伍，抬着一口黑色的棺材。其中一个秀才心里咯噔一下，心里顿时凉了半截，心想：完了，完了，真是倒霉极了，赶考的日子居然碰到这么一件倒霉的事情。于是，心情很是不爽，甚至在走进考场之后，那个"晦气的棺材"在脑海中也一直挥之不去，结果文思枯竭，后来名落孙山。而另一个秀才也看到了这口棺材，但他想的却和那个秀才不一样，他看到的是自己高中的征兆：棺材，棺材，那不就是有"官"又有"财"吗？好兆头呀，看来今年我要金榜题名了。他心里十分兴奋，情绪高涨，走进考场，文思泉涌，果然一举高中。回到家里，两人都对家人说：那棺材真的好灵。其实哪里是棺材灵，而是他们不同的思维方式决定了他们的命运。

四、如何管理自己的情绪

（一）调整认知

引起情绪的并不是事物或情境，而是我们对它的看法，即以偏概全、糟糕至极和绝对化要求。以偏概全是以部分猜测全部，糟糕至极是个体认为一定会有不好的结果发生，绝对化要求是指个体对自己和他人要求一定要怎样。要改变这些不合理的想法，调控自己的情绪，首先要识别不合理的思维，可以关注自己心里的对话内容，发现不合理的思维模式；然后展开自我辩论，可使用"质疑""极端""更新"等方式。质疑——询问自己这样想是否有足够的事实依据；极端——设想最坏的结果是什么；更新——从另外的角度想一想，虽然事情的发展不如预期，但是否也有好处呢？

（二）适当表达自己的情绪

朋友与你约会迟到了，你很生气，因为他的迟到让你担心。在这种情况下，你可以婉转地告诉他："你过了约定的时间还没到，我好担心你在路上发生意外。"试着把"我好担心"的感觉传递给他，让他了解他的迟到会带给你什么感受。什么是不适当的表达呢？例如，你指责他"每次约会都迟到，你为什么不考虑我的感受？"当你指责对方时，会引起他的负面情绪，他会变成一只刺猬，防御外来的攻击。如此一来，两人便开始吵架，更别提什么愉快的约会了。如何适当表达情绪是一门艺术，需要用心去体会、学习。

（三）适当发泄不良情绪

在日常生活中，可以看到这样的情况：当水壶中的水沸腾时，蒸汽会由壶盖的孔不断冒出。压力锅盖上也有一个小孔，煮食物时蒸汽由小孔冒出。泡茶的小茶壶上也有一个小孔，热气由此冒出。这个原理其实与人生有相互吻合之处。如果没有孔的话，热气就无法散出，水就会不断地由内向外溢出。就像压力锅一样，如果没有空隙就会不断发出哗哗的响声，稍微掀开就可以消除这种声音。总之，热气与压力都必须有适度的发散途径，过度累积就可能出现向外溢出或是爆炸的情形。

人也是这样，适当地发泄情绪是一种很好的方式。例如，一个人可以到大海边，面对辽阔的大海放声高歌、尽情发泄。此外，找亲朋好友倾诉也是发泄的好方式。

（四）控制情绪

我们要学会控制自己的情绪。我们常听人说："他真把我惹火了！"殊不知，这是他们对这件事情的态度惹自己生气，把自己的情绪开关拱手交给了别人。正如德国哲学家康德所说，生气是用别人的错误来惩罚自己。所以，有时我们需要控制自己的情绪。下面介绍一些控制情绪的小技巧。

1. 放松法

数数字。当你要发怒时，数1、2、3、4、5、6、7……，慢慢地数，一直数到不发火为止。有人说数到60的时候，一般有火也发不起来了。

2. 转移法

当你感觉你要发怒时，转移一下，如上厕所，转移一下注意力，返回时情绪也许会平和许多。

3. 拖延法

当你处于失控边缘时，拖延一下，如站起来给自己倒一杯水，或者把头伸到窗户外，看一看天气情况。通过拖延来降低自己情绪的"温度"，也是一种有效的"冷处理"方法。

4. 环境改变法

美好的环境对于人而言，虽然不能直接将人引入积极的情绪状态，但它对人的情绪调节有帮助作用。一般而言，较大的空间对于人总是有利的，通常人们都不喜欢过于拥挤的地方，外界空间的拥挤会导致人产生烦恼和压抑的感觉。由此可见，改变环境对于情绪的调节有一定的帮助。

❓ 学习思考

1. 如何理解一个人的情绪不是由客观事物引起的，而是由自己控制的？在学习了情绪ABC理论以后，你会如何处理自己的不良情绪？
2. 当你出现负面情绪时，可以通过哪些方法进行调整？
3. 大学生应当如何管理自己的情绪，学做情绪的主人？

课堂活动

情绪体验练习

1. 要求每个学生说出大学生中常见的情绪，并将其写到黑板上。
2. 让学生从黑板上列出的各种情绪中选出一种，用表情或体态表现出来，看大家是否能猜出这种情绪。
3. 讨论：为什么每个人的情绪表达方式不同？我们怎样才能知道别人的情绪？我们如何才能让别人知道我们自己的情绪感受？

推荐阅读

1. 《让你快乐起来的心理自助法》

作者：[美]阿尔伯特·艾利斯

出版社：中国人民大学出版社

每个人的心里都住着两个"我"：一个是真实快乐的"我"，一个是悲伤的"我"。在你烦恼时，你有没有想过，只有自己才能感受自己的烦恼，但是也只有自己才能让自己远离烦恼。因此，如果你具有让自己烦恼的能力，那么同时也具有了让自己快乐的能力。而且，在你远离烦恼的过程中会发现，你以前所认为的"我受不了"或是"糟透了"的事情，都不过是一片浮云。与其让自己的生命在烦恼中度过，不如让自己快乐起来，享受生活！

2.《中国人你为什么爱生气》

作者：曾仕强

出版社：广东经济出版社

当今，有些人的情绪似乎发展到了一动就怒、一点就着的程度。人的一生都与情绪有关系，一生都要同情绪打交道。当有糟糕的情绪时，我们应该怎么办？其实，情绪本身并无好坏之分，有情绪并不一定是坏事，关键要看我们如何管理自己的情绪。管理情绪只有一条规则：观念正确，情绪稳定。管理情绪的最高境界是做到恰到好处。

心理测试

情绪稳定能力测试

请仔细阅读以下题目，并根据你的实际情况选择相应的选项，将其填入括号内。

1. 觉得自己有能力克服各种困难。（　　）

    A．是的—2 分　　　B．不一定—1 分　　　C．不是的—0 分

2. 猛兽即使被关在铁笼里，你看见它也会惴惴不安。（　　）

    A．是的—0 分　　　B．不一定—1 分　　　C．不是的—2 分

3. 如果到一个新环境，你要（　　）。

    A．把生活安排得和从前不一样—0 分

    B．不确定—1 分

    C．和从前相似—2 分

4. 在你的一生中，你一直觉得能够达到预期的目标。（　　）

    A．是的—2 分　　　B．不一定—1 分　　　C．不是的—0 分

5. 在小学时敬佩的老师，到现在仍然令你敬佩。（　　）

    A．是的—2 分　　　B．不一定—1 分　　　C．不是的—0 分

6. 不知为什么，有些人总是回避或冷淡你。（　　）

    A．是的—0 分　　　B．不一定—1 分　　　C．不是的—2 分

7. 你虽善意待人，却常常得不到好报。（　　）

    A．是的—0 分　　　B．不一定—1 分　　　C．不是的—2 分

8. 在大街上，你常常故意躲避不愿意打招呼的人。（　　）

    A．极少如此—2 分

    B．偶尔如此—1 分

    C．经常如此—0 分

9. 在你聚精会神地欣赏音乐时，如果有人在旁边高谈阔论，你会（　　）。

    A．仍能专心听音乐—2 分

    B．不能专心并感到恼怒—0 分

    C．介于 A、B 之间—1 分

10. 不论到什么地方，你都能清楚地辨别方向。（　　）

A．是的—2分　　B．不一定—1分　　C．不是的—0分

11．你热爱所学专业和所从事的工作。（　　）

A．是的—2分　　B．不一定—1分　　C．不是的—0分

12．生动的梦境常常干扰你的睡眠。（　　）

A．经常如此—0分

B．偶尔如此—1分

C．从不如此—2分

13．季节和气候的变化一般不会影响你的情绪。（　　）

A．是的—2分

B．不是的—0分

C．介于是与不是之间—1分

【结果解释】

17～26分：情绪稳定。你的情绪稳定，性格成熟，能面对现实。通常能以沉着的心态应对现实中出现的各种问题，行动充满魅力，有维护团结的愿望和能力。有时也可能由于不能彻底解决生活中的一些难题而进行自我宽慰。

13～16分：情绪基本稳定。你的情绪有变化，但不大。能沉着应对现实中出现的一般性问题。然而在大事前面，有时会急躁不安，不免会受到环境的支配。

0～12分：情绪激动。你情绪变化较大，容易产生烦恼。通常不容易应对生活中遇到的各种阻挠和挫折，容易受环境的支配而心神不定。不能面对现实，常常焦躁不安、身心疲惫，甚至失眠。

第五章

大学生人际交往

导言

戴尔·卡耐基曾说，一个人事业的成功，只有 15%靠专业技能，其他 85%要靠人际关系和处世技巧。人际关系是人的基本需求，良好的人际关系是一个人获得快乐和成功的重要因素。处于由学校向社会过渡的大学生更需要发展人际交往的能力，掌握人际交往的技巧，消除人际交往过程中的困扰，以便更好地融入社会生活。通过本章学习，可以认识到良好的人际关系对大学生身心发展具有重要意义，熟悉人际交往的理论，掌握人际交往与沟通的技巧和方法，学会利用人际资源在合作和竞争中实现双赢。

本章知识点

1. 人际关系的含义、发展阶段、功能及人际沟通分析理论（PAC）；
2. 大学生人际交往的特点及其影响因素；
3. 大学生人际交往中常见的问题以及如何掌握人际交往的技巧和方法。

第一节 人际关系概述

一、人际关系的含义

在学习本节内容前，请先回答以下三个问题：

第一个问题，你有没有朋友？如果有，他是谁？你为什么称他是你的朋友？

第二个问题，请写出在你成长过程中对你影响最大的人，可以列举三个人。

第三个问题，当你在生活、学习中遇到困难的时候，你最可能对谁说？为什么是这个人？

有人说，人际关系是指人与人之间的关系，这不完全对，因为人与人之间的关系有很多种，如政治关系、经济关系、劳动关系及职业关系。心理学中的人际关系是指人与人之间由于沟通而产生的一种心理关系，它主要表现为沟通过程中人与人之间的心理距离，反映人们寻求爱和归属等需要满足的心理状态。人际关系是由一定的群体在长期相互交往的基础上，经过认知调节、感情体验、行为交往而形成的。人际关系由认知、情感、行为三种成分构成。认知成分反映了个体对人际关系状况的认识，是人际关系知觉的结果，是人际关系形成、发展和改变的基础。情感成分是交往双方在情感上的满意程度和亲疏关系，是人与人的交往过程相联系的一种体验，它反映出人们对交往现状的满意程度。行为成分是指交往双方外显的行为表现，如语言、手势、举止、表情等表现个性和传达信息的行为因素，它是建立和发展人际关系的交往手段与形式。

从心理联结的不同性质看，人际交往不外乎以下三大类：

1. 以感情为基础的人际交往

这类人际交往的特征是人与人之间的心理联结是靠感情的。进而从感情性质的不同又区分为两种：一种为亲情交往，指亲子间、手足间的人际交往；另一种是友爱交往，指朋友间的友谊与爱人间的爱情关系。

2. 以利害为基础的人际交往

这类人际交往的特征是人与人之间的心理联结靠当事人经济的、社会的、权力的、政治的各方面的利害得失。社会上一切"交易"式的活动都是以利害关系为基础的。

3. 缺乏任何基础的陌路交往

这类人际交往存在于路人之间，彼此间不存在心理联结。

人际交往是人的社会需要是否满足的心理状态的反映，人际交往的疏密是以人的社会心理需要是否能够获得满足为依据的，其发展变化也决定于交往双方社会心理需要的满足程度。不同的人社会需要是不一样的，即使相同的需要也可能有程度上的差异，这体现了人与人在交往过程中具有相互选择性。相互选择的结果是人际交往既有或友好、或信赖、或喜欢、或亲近等积极关系，也有或冷淡、或疏远、或反感、或厌恶等消极关系，甚至是敌对关系。

扩展阅读

一个人可以单独待多久

美国心理学家沙赫特·斯坦利曾经做过一个实验，证明了人际交往对人们生存的重要性。在实验中，他以每小时15美元的酬金聘人待在一个封闭的小房间里。房间里只有一桌、一椅、一床、一马桶、一灯，除此之外没有其他物品。一日三餐有人送至房门底下的小洞口，住在里面的人只要伸手就可以拿到食物，送餐的人不和里面的人接触。一共有五位大学生参加了这个实验。结果有人在房间里只待了两个小时就受不了了，要求放弃实验，而有人却待了八天。这个待了八天的人出来以后说："如果让我在里面再多待一分钟，我就要发疯了。"由此实验可见，一个正常的人不能独处太久，人际交往不仅是必需的，而且是非常重要的。

二、人际关系的发展阶段

一般来说，良好人际关系的建立和发展，从交往阶段发展的角度来看，需要经过定向阶段、情感探索阶段、感情交流阶段和稳定交往阶段共四个阶段。

（一）定向阶段

定向阶段包括对交往对象的注意、抉择和初步沟通等多方面的心理活动。在熙熙攘攘的人群中，一个人并不是与任何人都能建立良好的人际关系的。在建立人际关系前，个体通常对人际关系的对象有着高度的选择。通常情况下，只有那些具有某种会激起人们兴趣特征的人，才会引起个体的特别注意，注意也是选择，它本身反映着某种需要倾向。例如，在一个集体里，我们不可能与所有的人保持相等的距离，总有亲近的和疏远的，这就是选择。与注意不同，选择是理性的决策，人们究竟选择谁作为交往对象并与其保持良好的人际关系，往往要经过自觉的选择过程。初步沟通是个体在选择一定的交往对象以后，试图与该对象建立某种联系的实际行动。在初步沟通的过程中，谈话只涉及自己表面的信息。

（二）情感探索阶段

在这一阶段，随着双方共同情感领域的扩大，双方的沟通内容也会越来越广泛。自我暴露的深度与广度也逐渐增加。双方的话题仍避免触及对方的私密领域，自我暴露也不涉及自己隐私的方面。尽管在这一阶段，双方在关系上已开始有一定程度的情感卷入，但双方的交往模式仍与定向阶段类似，都希望给对方留下良好的印象，以便以后的关系能够顺利发展。

（三）感情交流阶段

当人际关系发展到感情交流阶段时，双方的交往性质开始出现实质性变化。此时，双方在人际关系上的信任感、安全感都已经得到确立，因而谈话也开始广泛涉及自我的许多方面，并有较深的感情卷入。如果人际关系在这一阶段破裂，将会给双方带来相当大的心理压力。在这一阶段，双方的表现已经超出正式交往的范围，此时，双方会相互提供真实的评价性的反馈信息和建议，彼此进行真诚的赞美和批评。

（四）稳定交往阶段

在这一阶段，双方心理上的相容性会进一步增强，自我暴露也更为广泛和深刻。此时，双方已经可以允许对方进入自己高度私密的个人领域，分享自己的生活空间和财产。如果双方都发现对方有不可容忍的行为，那么在求大同存小异的基础上，双方的友谊是可以继续发展的。

三、大学生人际交往的作用

交往是大学生健康成长的基本条件。一个人的成长、发展、成功、成才都是在人际交往中完成的，一个人的喜怒哀乐也都与人际关系有关。美国人本主义心理学家马斯洛认为，人人都具有这样一种基本需要：需要归属于一定的社会团体，需要得到他人的爱与尊重。这些社会需要是与吃饭、穿衣等生理需要同等重要的且是不可缺失的；若得不到满足，人将会丧失安全感，心理健康也会受到影响。

大学阶段是人生发展的重要阶段。一方面，大学生离开家庭，需要独立面对新的生活和环境以及挫折与挑战；另一方面，大学生正处于特殊的生理、心理发展阶段，是从幼稚走向成熟的过渡期，他们情绪不稳定，与他人易产生矛盾，往往更加渴望和谐的人际关系。所以，人际交往对于大学生的成长、发展和成才就像雨露阳光一样重要。

（一）社会角色行为的学习

婴儿一开始只会吃、睡、啼哭，全靠大人悉心照料。随着时间的推移，在大人的帮助下，婴儿逐步学会了爬、走、说话及与别人交往，并掌握了社会生活的准则，也就由一个自然人变成了一个社会人，这个过程就是社会化。人只有生活在一定的人际关系中成为社会化的个体，才能具有完整的人格和品行，才能学习社会角色行为。社会化的目的是获得社会角色，每个人都处在角色网络之中，都要进行人际交往。如果一个人的言行与自己的社会角色不符，在社会生活中将很难被人接纳。

（二）心理健康需要

离开了人群的人，就会变成一头"野兽"。为了生存和发展，一个社会人不仅需要合群，还需要通过人际交往来满足身心健康的需要。人是社会性动物，其自我意识和各种智能都是社会性的产物。人只有置身于人际环境中，通过社会获得支持性的信息，才能不断得到发展。心理学家曾从不同的角度进行了大量研究，结果都证明：心理健康水平越高则个性越健康，与人交往越积极主动，其人际关系也越融洽。马斯洛发现，心理健康水平高的"自我实现者"都可以很好地接纳别人，与别人的关系也比一般人要融洽。他们对别人有更强烈、更深刻的友谊和更崇高的爱。如果人建立了良好的人际关系，就会产生心理安全感，对人更加信任、宽容。具有归属感的人更容易从朋友中得到理解和支持，特别是在情绪不好的时候，有人倾诉对于心理健康有积极的作用。爱的获得与给予，更离不开人际交往。

（三）信息交流与互补

人际交往包括人们之间的一切互动过程，其中信息沟通是重要内容，即人与人之间在诸如情感、意向、思想、价值等方面的理解与沟通。人与人之间的接触与交往，不仅是相互间的关系，更重要的是信息的交流。个人对客观世界的认识、兴趣、经验和体会，往往在交往中自觉或不自觉地流露和表达出来，并传递给周围的人。在当今的信息时代，大学生在交往过程中获得的信息，对其学习、生活都会起到积极的作用。交往中形成的良好的心理共鸣，可以对大学生产生激励作用，使大学生间彼此团结，培养健康的情绪，养成文明的习惯，促使大学生把精力放在学业上，共同进步。显然，一个不勇于敞开心扉、不善于交际的大学生，难以适应复杂多变的现代社会，既不能通过人际交往获取和占有信息，也不能得到他人的理解和支持，难以在激烈的竞争中取胜。所以，人际交往能力是现代人应具备的重要素质。

（四）品质和经验的获得

一个人的心理品质是在人际交往中形成、巩固和强化起来的，一个人的交往能力和技巧同样是在与人交往中发展和巩固起来的。人际交往是一门很复杂、很重要的学问，无论我们将来从事什么职业，都必须学会为人处世。在现实生活中，人际关系处理得好、人际交往和谐的成员，会对这个团队中的其他成员起到一种向心的作用，对团队其他成员产生积极向上的影响，而且每个成员都会在人际互动中学会相互理解、接纳和包容。这些经验的取得对大学生将来就业、发展以及成功影响深远。

（五）自我完善的一面镜子

人际交往是个体社会化的程序，也是自我认知和自我评价的必经之路。个体从与他人交往以及与他人比较中认识自我，这就是我们常说的"以人为镜"。在人际交往中，怎样"以人为镜"是自我完善的关键，"以人为镜"建立在人际知觉的基础上。人际知觉需要个体会倾听、会观察、会分析、会判断，从而得知自己的言行对别人和环境的影响，以及自己在别人心目中的形象，继而再改变自己的言行，塑造自己的人格。

> **扩展阅读**
>
> **在人际交往中，为何常感到自己被忽视**
>
> 人际交往在现代人的日常生活中十分重要。良好的人际交往能够满足个体的人际交往需要。然而，随着生活节奏的加快，一种现象渐渐浮现于很多人的人际交往过程中——被人忽视。
>
> 被人忽视是一种怎样的体验呢？相信大多数人都经历过，最直观的感受就是倍感失落，没有存在感，好像全世界都抛弃了自己。从心理层面上来讲，这是想要引起他人关注或亲近他人的内在需求没有被满足所造成的。这种情况一旦发生，就会使人产生多种不良的社交情绪：外归因的人会愤怒、嫉妒、埋怨他人，而内归因的人则会委屈、内疚、封闭自己，严重的甚至会产生社交恐惧症。由此可见，这种因被人忽视而引起的心理现象需要引起大家的关注，避免这种心理所带来的不良情绪及行为影响。
>
> 当你非常真诚地给某人发了信息，却发现对方没有及时回复甚至毫无回应时，请不要埋怨对方的冷漠，他可能正忙得毫无头绪，每个人都有自己的工作，无暇顾及也在情理之中；当你发现你不主动联系别人，也没有人主动联系你时，也不要患得患失、自怨自艾，因为这不是被人忽视，而是大家都在有选择地交际。
>
> 其实，这种被人忽视的感觉还有可能是我们的主观认识，而非真正的客观存在。在人际交往中，对方没有关注你，可能是你们还没有达到相互关注的阶段。人际关系的建立与发展需要经过定向阶段、情感探索阶段、感情交流阶段、稳定交往阶段。前两个阶段是个体在人际交往初期确定是否要深入交往的前期铺垫，如果关系停留于此，是不足以引起对方关注的，所以自己就会产生被人忽视的错觉。

四、人际沟通分析理论

加拿大心理学家艾瑞克·伯恩提出了人际沟通分析理论。该理论认为，个体的个性由三种比重不同的心理状态构成，分别是 Parent（父母）、Adult（成人）、Child（儿童）状态，简称人格结构的 PAC 理论。PAC 理论把个人的"自我"划分为"父母""成人""儿童"三种状态，这三种状态在每个人身上都交互存在。

"父母"状态以权威和优越感为标志，通常表现为统治、训斥等家长制作风。当一个人的人格结构中 P 成分占优势时，这种人的行为表现为凭主观印象办事，独断专行，滥用权威，这种人讲起话来总是"你应该……""你不能……""你必须……"。

"成人"状态表现为注重事实，善于进行客观、理智的分析。这种人能从过去积累的经验中估计各种可能性，然后做出决策。当一个人的人格结构中 A 成分占优势时，这种人的行为表现为：待人接物冷静、慎思明断、尊重别人。这种人讲起话来总是"我个人的想法是……"。

"儿童"状态表现为像婴幼儿般冲动、服从和任人摆布。一会儿逗人可爱，一会儿乱发脾气。当一个人的人格结构中 C 成分占优势时，这种人的行为表现为遇事畏缩、感情用事、喜怒无常、不加考虑。这种人讲起话来总是"我猜想……""我不知道……"。

以上三种个性心理状态的表现如表 5-1 所示。根据 PAC 理论，人与人相互作用时的心理状态有时是平行的，如父母—父母、成人—成人、儿童—儿童。在这种情况下，对话会无限制地继续下去。如果遇到相互交叉作用，出现父母—成人、父母—儿童、成人—儿童状态，人际交流就会受到影响，信息沟通就会出现中断。

表 5-1　PAC 理论中三种个性心理状态的表现

状态	表现
Parent（父母）	权威、优越感、命令、指责、呵护
Adult（成人）	客观、理智、成熟、稳重
Child（儿童）	情绪化、任性、撒娇、服从

从 PAC 理论来看，人与人之间的交往就是各自的"三我"之间的交往。最理想的相互作用是成人—成人。一个心理健康的人是能在恰当的时间和地点使用恰当的自我状态的。

第二节　大学生人际交往的特点及影响因素

一、大学生人际交往的特点和类型

大学生人际交往主要是指大学生在校期间与有关个体或群体相处及交往形成的心理关系，是大学生学习阶段中在时间和空间上最可能形成的人际交往。这种心理关系的建立，对大学生的身心成长与发展具有举足轻重的作用。在大学生的人际交往中，最主要的是同学关系、师生关系及家庭关系等，而宿舍关系是大学生的一种特殊的人际交往，对大学生直接和间接的影响都相当大。

1. 大学生人际交往的特点

大学生人际交往是大学生日常生活、学习和工作的背景和条件，具体表现为人际相处和人际交往两个方面。之所以将大学生人际交往区分为人际相处和人际交往，是因为大学生出现这两种人际交往障碍的成因、情形往往不同,矫正的方法也不同。人际相处是指大学生能否在较长时间内与周围人共同生活,形成融洽或紧张的相处关系。人际交往是指大学生在日常生活中与周围人的相互交流和往来,以适应或存在障碍的形式表现出来。当然大学生的相处过程离不开交往,交往过程也无法避免相处,在相处与交往的交互中构成大学生的人际交往。研究发现,大学生认为最佳的交友方式是先认识,再进行深入了解,甚至在经过考验的基础上相互信任,以诚相待。大学生的人际交往呈现出以下特点。

(1) 交往意愿强烈,交往方式开放

在中学阶段,由于高考带来的学习压力以及交往范围的限制,使学生没有更多的时间和精力进行人际交往。进入大学,学习的压力突然减小,压抑的交往需求爆发出来,大学生迫切需要在大学这个更为广阔的空间里结识更多的朋友,交流更多的信息,接受更多的新思想、新观念,交往愿望异常强烈,交往方式主动开放,交往频率很高。面对充满新鲜感的大学生活,大学生的人际交往积极、主动,频繁参加社团、聚会、文体及娱乐活动,结伴出游,充分利用互联网和现代通信工具经常沟通、倾诉情感。

(2) 交往追求平等,交往范围扩大

大学生更多地喜欢与同龄人交往,尤其喜欢与个人阅历、社会经验、知识能力、思想观念、行为方式等大致相似的同寝室、同班级、同乡的同学交往,心理上追求平等和宽松。即使与老师等成年人交往,也要求人格平等和心理相容。交往范围已跨越专业和校区,扩大到所有可以认识的同学。当然这种交往更多的是只有广度而缺乏深度,人际交往呈现"广泛交友,谨慎交心"的特点。许多大学生都有的一种心理体验是同学交往正常,人际交往也不错,但感觉缺少能够互诉衷肠、同甘共苦的知心朋友,心里有话没有地方去说,较深层次交往的需要没法满足,内心有时不免感到孤独和无奈。

(3) 交往注重情感,情趣功利并存

大学校园文化环境是丰富多彩的,大学生活又是浪漫而宽松的,大学生处于情感丰富而激荡的年龄阶段,因此在交往时讲究志同道合,男同学更强调交往兴趣的一致性,女同学则更注重性情的相合性,情感互容、兴趣相投是影响他们交往的主要因素。但市场经济的发展也给大学生的交往动机注入了某种功利性色彩,使交往原因复杂化。大学生人际交往在注重情感交流的同时,也注重自身利益的实惠性,呈现出情感与功利交往并重的趋势。虽然大学生对一切从个人利益出发、过分强调"实惠"的庸俗化交往倾向仍然持有明显的批评态度,但学业上互助、生活中互惠等目的性交往也具有一定的普遍性。

(4) 交往挫折难耐,交往自评不高

许多大学生对大学里的人际交往有着较高的期望,充满了理想色彩,希望找到志趣相投、思想一致、感情相通的真正朋友,希望朋友之间无话不谈,一旦在交往过程中遇到障碍,出现不协调,常感到极度痛苦与失望。若发现对方有什么事没有告诉自己,就觉得对方不够朋友,甚至有被欺骗、受伤害之感。不少大学生对自己现实的人际交往感到不满意,认为与自己的预期要求还有较大差距,常用理想化的眼光来衡量现实交往的结果。

2. 大学生人际交往的类型

大学是一个浓缩的"小社会",存在类型各异的人际关系。无论是绚丽多彩的校园生活中,还是日常的人际交往中,人际关系都为大学生的生活奠定了色彩基调。大学生人际关系主要有同学关系、室友关系、朋友关系、父母关系和网络关系。

(1) 同学关系

同学关系主要是指班级和院系内学生之间的关系。这种关系是大学生最基本、最重要、最稳定的人际关系之一。大学生尤为重视同学关系,更愿意将同学的行为作为参照标准,更在意同学对自己的评价,更看重同学的肯定和认可。多数大学生远离家庭、离开父母,来到一个崭新的环境,首先需要获得的是归属感。随着大学生的成长,特别是在青春期,大学生逐渐把被同龄人和身边的团体接纳当作获得归属感的重要方式。大学生在人际交往中更注重情感成分,希望把同学关系发展成朋友关系,多交朋友,不管是一般的朋友还是知心朋友,这样在自己遇到困难和挫折时,就会有强大的社会支持。

(2) 室友关系

室友关系是大学生会产生相对集中的纠纷、矛盾的一种人际关系。个体的行为习惯、人格特征在室友关系中彻底呈现出来,在这些方面存在较大差异的同学之间不可避免地会产生矛盾。晚睡或早起的学生与入睡困难的学生之间,乱放杂物的学生与很爱整洁的学生之间,要午休的学生与不午休的学生之间,喜欢热闹气氛的学生与喜欢安静环境的学生之间,都可能相互误解、讨厌、反感和敌视。住上下铺的学生之间更容易出现矛盾。有的学生不喜欢别人坐自己的床铺,有的学生不喜欢别人用自己的东西,如果某些学生不够注意这些细节,就容易引起室友之间的不愉快。

(3) 朋友关系

这类人际关系超越了同学关系或室友关系,可以是同性朋友,也可以是异性朋友。大学生的朋友关系是那些有共同兴趣爱好、在关键时刻可以提供帮助的朋友。朋友关系是一种比较密切的人际关系,朋友对个体的影响可以超过家长或教师。大学生往往存在理想化的朋友观念,认为朋友就应该亲密无间,绝对以双方的利益为重。实际上,保持适度的时空距离有利于朋友关系的巩固和发展。不过,随着时空距离的增大,朋友关系也可能逐渐疏远。

(4) 父母关系

父母关系是一个人最先接触的人际关系,并且贯穿一个人的一生。父母是孩子交往学习的第一任老师,在与父母的交往中,孩子同时学会了如何与他人交往。家庭成员之间人际互动的心理态度和行为方式会对子女产生潜移默化的影响,决定他们对人际关系问题最基本的价值取向,直接影响他们在与他人交往中的行为反应模式。

(5) 网络关系

大学生是应用网络最广泛的群体之一,网络为大学生提供了广阔的人际交往平台,相当一部分大学生选择通过网络来寻找朋友。但网络毕竟只是虚拟的交流空间,网络交往不能替代现实交往。部分大学生过于关注网络交往,反而忽视了现实交往。例如,有的学生在遇到问题时,会在网上寻求帮助,这在一定程度上导致自我封闭,降低了与周围群体交往的能力。尽管网络交往方便、快捷、简约,特别是对于那些不善交往的人来说,以这样的方式更容易与他人建立联系,但这也为他们编造了回避现实人际接触的理由。

二、影响大学生人际交往的主要因素

（一）空间距离

俗话说"近水楼台先得月""远亲不如近邻"。空间接近性是形成密切人际关系的一个重要条件。空间距离越近的人群，就越容易发生人际交往，如同班同学、同桌、同寝室，不仅容易交往，而且交往频率高。因接触机会多而相识，因相识而彼此吸引，容易形成共同话题、共同兴趣爱好。但有时，空间距离过于接近，交往过于频繁，反而容易造成摩擦和冲突，影响人际关系的发展。所以空间距离不是形成良好人际关系的决定因素，只是一个必要条件，而非充分条件。

心理学家研究发现，人与人之间的空间距离可以分为以下四个区域。

亲密距离（0～0.64米）：这是人际间最亲密的距离，只能存在于最亲密的人之间，彼此能感受到对方的体温和气息。就交往情境而言，亲密距离属于私下情境，即使是关系亲密的人，也很少在大庭广众之下保持如此近的距离，否则会让人不舒服。

个人距离（0.46～1.2米）：这是人际间稍有分寸感的距离，较少有直接的身体接触，但能够友好交谈，让彼此感受到亲密的气息。一般来说只有熟人和朋友才能进入这个距离。在人际交往中，个人距离通常是在非正式社交情境中使用的，在正式社交场合则使用社交距离。

社交距离（1.2～3.6米）：这是一种社交性或礼节上的人际距离，也是我们在办公室中经常使用的距离。这种距离给人一种安全感，处在这种距离中的两个人，既不会怕受到伤害，也不会觉得太生疏，可以友好地交谈。

公众距离（3.6米以上）：一般来说，演说者与听众之间的标准距离就是公众距离，此外明星与粉丝之间也是如此。这种距离能够让仰慕者更加喜欢偶像，既不会觉得遥不可及，又能够保持神秘感。

扩展阅读

人际交往的距离

两只困倦的刺猬由于寒冷而拥在一起，可它们各自身上都长着刺，所以分开了一段距离，但又冷得受不了，于是又凑到一起。几经折腾，两只刺猬终于找到了一个合适的距离：既能互相获得对方的温暖，而又不被对方所伤。这个所谓的"刺猬法则"，就是安全距离的原理。动物用自己的方法标识自己的领地，人类在进化过程中也传承了这种意识。人与人之间有着看不见但实际存在的界限，这就是个人领域的意识。

心理学家做过这样一个实验：在一个刚刚开门的大阅览室里，当里面只有一位读者时，心理学家进去坐在他（她）旁边。这个室验重复进行了80人次，结果表明，没有一个被测试者能够容忍一个陌生人紧挨着自己坐下。当心理学家坐在他们身旁后，很多被测试者会默默地移到别处坐下，有人甚至明确地问："你想干什么？"

这个实验给出了一个结论：没有人能容忍他人闯入自己的空间。人与人之间需要保持一定的空间距离，即使最亲密的两个人也是一样。任何一个人都需要在自己的周围有一个能掌控自我的空间，这个空间就像一个充满了气的气球一样，如果两个气球靠得太近，互相挤压，最后的结果必然是爆炸。这也就是为什么两个本来关系密切的人，越是形影不离就越容易爆发争吵。

（二）态度相似性

"物以类聚，人以群分"，这说明相似性是建立良好人际关系的基础。人们倾向于喜欢在某方面或多方面与自己相似的人，包括思想、信念、价值观、道德评价的一致或相似。个体之间兴趣、爱好的一致以及年龄、学历、社会地位、职业等方面的相似，都会让彼此间的关系较为融洽。

（三）需求互补性

需要和满足需要的期望是推动人们相互交往的根本原因，也是人际关系的动机和目的。良好人际关系的形成取决于交往双方彼此满足需要的方式和程度。两个性情不同的人却能和谐相处，这就是需求互补性。个体重视虽与自己不同却能与自己互补的朋友，因为彼此可以取长补短、各得其所。互补因素在婚姻生活中更为突出，互补有助于爱情的巩固。因此，当看到自身所缺而对方擅长的某种特征时，个体就会不自觉地产生好感。

（四）外表与人格品质

"爱美之心，人皆有之"，一个人的长相、穿着、仪表、体态、人格品质、能力往往是构成人际吸引的重要因素。

1. 外表

个体总是倾向于结交外表美丽且心灵也美的人。如果一个人没有心灵美，则外表再漂亮也难以吸引别人。人的长相是很难改变的，但道德品质是靠自身修养形成的。

2. 人格品质

人们对乐观开朗、助人为乐、富于幽默感、有进取精神的人非常倾慕，因为与这种人相处，能给人带来快乐。1968 年，在美国心理学家安德森进行的一项研究中，将 555 个描绘个性品质的形容词列成表格，让大学生按照各自喜欢的程度由高到低排列。结果显示，大学生最喜爱的人格品质前 10 名分别是：真诚、诚实、理解、忠诚、真实、可信、聪慧、可依赖、有头脑、体贴；大学生最厌恶的人格品质前 10 名分别是：古怪、不友好、敌意、饶舌、自私、狭隘、粗鲁、自负、贪婪、不真诚。尽管安德森进行研究的时间早在 1968 年，但他的发现与当代人的选择倾向仍有高度的一致性，并且对大学生也有重要的启发意义。表 5-2 列出了影响人际关系的主要人格品质。

表 5-2　影响人际关系的主要人格品质

积极品质	真诚、诚实、理解、忠诚、真实、可信、聪慧、可信赖、有思想、体贴、热情、善良、友好、快乐
中间品质	固执、刻板、大胆、谨慎、易激动、文静、冲动、好斗、腼腆、羞怯、天真、好动
消极品质	古怪、不友好、敌意、饶舌、自私、粗鲁、自负、贪婪、不真诚、不善良、不可信、恶毒、虚假

3. 能力因素

人们都比较喜欢聪明能干的人，觉得与能力强的人结交是一种幸福并为此感到自豪。为此，不少人常与有某种特殊才能的人结为朋友。但研究发现，群体中最有能力的成员，往往不是最受喜爱的人。才能与被人喜爱的程度，在一定限度内成正比，但当某人的才能超出一定范围，他人可望而不可即时，他人就会感到一种压力，并倾向于逃避或拒绝与这种人交往。研究发现，一个很有才华但又有些小缺点的人，反而更受他人喜欢。

三、人际交往的心理效应

社会心理学研究表明，在人际交往中，个体对交往对象的认知、印象、态度及情感等，都会直接影响交往的正常进行。然而，由于种种原因，交往过程中的人际认知往往会出现这样或那样的偏差。

（一）首因效应

首因即最先的印象，或称第一印象。在人际交往中，个体往往注意最开始接触到的细节，如对方的表情、身材、容貌等，而对后来接触到的细节不太注意。这种由第一印象形成的最初印象及其对后来信息的影响，就是首因效应。

首因效应是大学生在交往活动中一种比较常见的现象。客观地说，首因效应在交往活动中有一定的作用，这就是我们常说的"先入为主"，它影响着今后交往活动的深入进行。当然，第一印象也不是不可改变的。虽然第一印象产生的信息是有限的，但由于人的认知具有综合性，完全可以把这些不完全的信息贯穿起来，用思维填补空缺，形成一定程度的整体印象。

在现实生活中，个体要控制"以貌取人"的心理，不要只片面地关注对方的外貌，而要更多地关注对方的道德品质、家庭责任感、智慧才能、双方之间的性格特点、能否长久亲密相处等问题。相反靠漂亮的外表产生的爱情是短暂的，随着岁月的流逝，爱情也会随着外貌的衰老而消失。正如歌德所说，外貌美只能取悦一时，内心美方能经久不衰。

（二）近因效应

近因即最后的印象。近因效应是指最后的印象对人们的认知产生的影响。最后留下的印象，往往是最深刻的印象，这也就是心理学上所阐释的后摄作用。首因效应与近因效应不是对立的，而是一个问题的两个方面。在大学生的人际交往中，第一印象固然重要，最后的印象也是不可忽视的。一般而论，在对陌生人的认知中，首因效应比较明显；而对熟识的人的认知中，近因效应比较明显。这就告诉我们，在与他人交往时，既要注意平时给对方留下的印象，也要注意给对方留下的第一印象和最后印象。

（三）光环效应

光环效应又称晕轮效应，是指在人际交往中，人们常将对方所具有的某个特性泛化到其他有关的一系列特性上，从局部信息形成一个完整的印象，即根据最少量的情况对他人做出全面的评价。

光环效应是一种以偏概全的主观心理揣测，其错误在于：第一，它容易抓住事物的个别特征，习惯以个别推及一般，就像盲人摸象一样，以点代面；第二，它把并无内在联系的一些个性或外貌特征联系在一起，断言有这种特征必然会有另一种特征；第三，它说好就全都肯定，说坏就全部否定，这是一种受主观偏见支配的绝对化倾向。总之，光环效应是人际交往中对人的心理影响很大的认知障碍，个体在交往中要尽量地避免光环效应的影响。

（四）投射效应

投射效应是指在人际交往中，认知者在形成对别人的印象时总是假设他人与自己有相同的倾向，即把自己的特性投射到其他人身上。有的人会相信，自己的爱好与大多数人是一样的。如果自己喜欢玩电脑游戏，那么别人也喜欢玩电脑游戏。

一般说来，投射可分为两种类型：一种是指个体没有意识到自己具有某些特性，而把这些特性加到了他人身上；另一种是指个体意识到自己的某些不称心的特性，而把这些特性加到他人身上。值得注意的是，后一种投射往往会把自己某些不称心的特性，投射到自己尊敬的人、崇拜的人身上。其逻辑是"他们有这些特性照样有着光辉的形象，我有这些特性又何妨"。个体通过这种投射重新评价自己的不称心的特性，以求得心理上的暂时平衡。

（五）定势效应

定势效应是指由于个体头脑中存在着某种想法，而影响自己对他人的认知和评价。在人际交往活动中，当个体认知他人时，常常会不自觉地产生一种有准备的心理状态（出现原有的某种想法），并从这种心理状态出发，按照事物一定的外部联系进行认知和评价，于是产生了定势效应。定势效应在某种条件下有助于我们对他人进行概括性了解，但往往会产生认知偏差。

（六）刻板印象

刻板印象是社会上对于某一类事物或人物的一种比较固定、概括而笼统的看法。它主要表现为：在人际交往过程中，机械地将交往对象归于某一类人，不管他是否呈现出该类人的特征，都认为他是该类人的代表，进而把对该类人的评价都强加于他。刻板印象作为一种固定化认识，容易产生使人偏差，造成"先入为主"的成见，阻碍人与人之间深入、细致的认知。例如，有的男生认为女生心细、胆小、娇气；有的女生则认为男生心粗、胆大、傲气。

扩展阅读

请摘下你的有色眼镜

说到"先入为主"，不妨看这样一个历史事件。公元前110年，汉武帝登嵩山，在嵩山脚下双溪河北岸的密林中，见到了一棵他从未见过的大柏树，就高兴地封它为"大将军"。往北走了十几米，又见到了一棵更大的柏树，就只好封它为"二将军"。随从的大臣们进谏说："陛下，这棵柏树比那棵大得多啊！"汉武帝也知不太合理，但为了脸面，就说："先入者为主。"往北又走了几十米，又见到了一棵更为高大的柏树，汉武帝将错就错，说：

"再大你也只能是三将军!"大臣们面面相觑,但金口玉言,无法更改,也只好如此了。

古人如此,今人又何尝不是呢?这些人不是一分为二地看问题,也不知晓他人成长前行的脚印,更没有看到他人付出的辛劳。其实,任何生命都是有张力的,就看有没有表现自身张力的舞台或机会,有人年轻有为,有人大器晚成。很多人之所以思想矛盾,烦恼丛生,就是因为不想改变自己,不愿接受现实,一味执拗,一意孤行,无法摆脱"先入为主"的泥潭。

四、自证预言

古希腊神话中,塞浦路斯国王皮格马利翁是一位著名的雕刻师,他用象牙雕了一尊美丽的少女像。由于雕像太逼真了,他竟然爱上了自己的这个作品,天天端详这座雕像。终于,一片痴情换来了回报,在他的凝视下,这尊雕像最后竟然变成活人,并成为他的妻子。在心理学中,这被称为"皮格马利翁效应"。这种效应是指人们所具有的信念、成见和期望对所关注的对象产生的影响,它是被美国著名心理学家罗森塔尔等人发现的,所以也称为"罗森塔尔效应"。

罗森塔尔等人于1968年做过一个著名实验。他们来到一所小学,在一至六年级各选三个班的儿童进行"预测未来发展的测验",然后实验者将认为有"优异发展可能"的学生名单通知教师。其实,这个名单并不是根据测验结果确定的,而是随机抽取的,它是以"权威性的谎言"暗示教师,调动了教师对名单上的学生的某种期待心理。八个月后,再次智能测验的结果发现,名单上的学生的成绩普遍提高,教师也给了他们良好的评语。这个实验取得了奇迹般的效果,通过教师对学生心理产生潜移默化的影响使学生取得教师所期望。教育实践也表明:如果教师喜爱某些学生,就会对他们抱有较高期望,经过一段时间,学生感受到教师的关怀、爱护和鼓励,常常会以积极的态度对待教师、对待学习和对待自己的行为,学生更加自尊、自信、自爱、自强,产生一种积极向上的激情,这些学生常常会取得教师所期望的进步。

上述效应,在心理学中被称为"自证预言",它是指在有目的的情境中,个人对自己的预期常在自己以后的行为中得到应验。"罗森塔尔效应"是教师对学生的预期,在学生自己的行为结果中得到应验的效应。"自证预言"也会发生在个人对自己的预期上,作为一种心理力量的暗示在起作用。如果一个人坚信"天生我才必有用",最终他可能走向成功;如果一个人总是怀疑自己精力不济,那么很可能他的身体状况真的越来越糟。医学上发现,如果病人预期自己的病情较轻,那么他在治疗的过程中就比较容易康复;反之往往较难康复。可见,"自证预言"的效果可以是正面的,也可以是负面的。在实际生活中,我们应该多发挥"自证预言"的正面效应。

扩展阅读

骗子最喜欢利用的三种心理弱点

即将踏入大学的18岁山东临沂女孩徐某某,接到发放奖学金的诈骗电话,被骗走了上大学的费用9900元。得知被骗后,徐某某郁结于心,最终不幸离世,令人惋惜。频频出现的被骗悲剧是什么原因造成的?

1. 不容置疑的"权威"

为什么学生最容易受骗?因为他们比较信任权威,感觉权威是不容

置疑的。教师和家长很少教导孩子应该怎样坚持自己的意见和立场，导致当骗子假装成学校公务人员以发放奖学金为名行骗时，他们很难怀疑。

2. 有求必应的"好人"

另外一种常见的骗术是向人们请求帮助，这让那些不知道如何拒绝别人的"好人"吃尽苦头。最近有一则新闻：骗子在火车站谎称自己是大学生，钱包被偷，没钱买车票，因而向路人求助，并称自己父母会用支付宝还款。骗子拿走了现金，却用假的还款截图迷惑帮助者，当帮助者发现钱没收到时，骗子已经逃之夭夭。

3. "自我"的人

"自我"的人固执地坚持自己的立场，执着于自己的感觉，忽视其他所有的存在，很难分辨眼前发生的是真还是假。常见的骗术——"中奖"就是利用了这种"自我"的心理。骗子利用"中奖"挑动人们的情绪，使人们的注意力专注于"大奖"上面。相比于"大奖"，所付出的税、邮费之类的"小钱"都是可以忽略不计的。于是人们把这些"小钱"送给了骗子，"大奖"却没有到手。我们也经常在路边遇到此类骗局，如骗子设摊位戏卖某些东西，拿真货给我们检查。当我们觉得占了便宜时，骗子会把真货换成假货。除了利用我们的贪欲，骗子还会利用其他事情挑动我们的情绪，如冒充我们身边的熟人，谎称熟人发生危险需要向我们借钱等。如果我们深信自己在面对各种情况时的感受，很少对自己的感受产生怀疑，就很容易在骗子的表象面前中招。

防止上当受骗，要坚定立场，避免盲目信任权威，学会拒绝别人；同时要实事求是，坚持为自己负责，不能因为对方的压力就按照对方的要求行动，尽可能实事求是，寻找事实依据，不能只凭一腔热情就从口袋中掏钱。

小调查

在生活中你是一个容易上当受骗的人吗

你是否发自内心地敬重权威，只要是权威发出的声音就一贯执行，很少质疑？

你是否很难拒绝别人，即使不同意别人的意见也很少坚持，常常牺牲自己的利益来满足别人，被公认为"好人"？

你是否非常在意自己的情绪（感觉）、想法，从而忽略周围的存在，常被别人评价为很"自我"？

如果你有上面的特性，那么你就要注意了，你有可能成为骗子的行骗对象！

第三节 大学生人际交往问题及调适

一、大学生人际交往中存在的主要问题

大学生青春洋溢、充满活力，他们往往有着强烈的交往愿望，希望能够与其他人一起分享自己的体验和感受，同时也非常希望友谊能够长久。但是，由于多方面的原因，大学生在人际交往中往往存在一些问题。

（一）缺乏交往的勇气和信心

虽然有些学生有强烈的与同学交往的愿望，希望自己能够有一些知心朋友，但是个性、家庭背景、生活环境等多方面的不同往往使得一些大学生缺乏交往的勇气和信心。这些大学生总是担心自己在交往中不会被别人接纳，因此他们往往在人际交往中处于被动地位，不能主动与同学交流自己的想法、分享自己的快乐。甚至有些大学生对人际交往存在一定的恐惧心理和不同程度的交往焦虑。与同学、教师缺乏正常交往，会给这些大学生的学习和生活带来很多烦恼。

（二）不愿与他人交往和相处

有些大学生受到成长环境的影响，自高自大、孤芳自赏，他们瞧不起别人，很少顾及别人的感受，也缺乏与别人合作的精神。他们通常以自我为中心，对周围的人和事从不关心。还有的大学生由于自卑、害羞、多疑、敏感等，从小就不善言辞，总觉得与人交往是比较麻烦或困难的事情，对别人缺乏必要的信任与理解，总希望独来独往。人与人只有相互帮助、相互支持才能生活得更美好。不愿意与别人交往、相处势必会给他们的身心健康以及个人生活带来问题。

案例分析

她为何害怕与别人身体接触

小文今年19岁，是一名大二学生。从去年开始，小文就发现自己有一个奇怪的毛病，那就是不能和别人有任何身体接触，无论是多好的朋友，只要别人的身体一触碰到她，她就会浑身发抖不舒服，本能地想要逃避。就在几天前，小文的同学——一个性格外向、活泼开朗的女孩，因为一件高兴的事情，紧紧地拥抱了她一下，小文就吓得浑身发抖，从此小文就不搭理那个女孩了。小文不仅不能和别人有身体接触，有时看到班里谈恋爱的恋人之间有一些亲密举动，她的内心都会产生一种排斥和反感。为此，小文总是离别人远远的，担心别人的身体会碰到自己。即使是好朋友之间，小文也不敢与她们近距离接触，想尽办法躲避与她们身体接触。小文的这种过度焦虑既影响了她的正常学习与生活，也让交往变成一种沉重的心理负担。

心理分析

小文不仅在身体上抗拒别人，在内心深处也不愿意与他人交往，小文具有社交焦虑倾向。社交焦虑是一种与他人交往时感到不舒服、不自然、紧张甚至恐惧的情绪体验。研究发现，家庭因素、充满压力的学习和生活及自身的个性特征等都可能导致青少年产生社交焦虑。

（三）缺乏交往的技巧和方法

人际交往是一门学问，也是一门艺术。很多大学生愿意与他人交往，希望多一些朋友，但是由于缺乏必要的人际交往的技巧和方法，往往事与愿违。在与他人交往的过程中，有的大学生过于生硬、刻板、木讷，有的大学生不注意沟通的技巧、方法和原则，显得过于热情，还有的大学生不注意时间和场合乱开玩笑，对别人不尊重，甚至过于自我暴露。他们虽然有与他人交往的美好愿望，但是往往无法收获长久的友谊。

（四）沉溺于网络交往，忽视现实交往

网络交往打破了时空限制，为大学生的人际交往提供了一种新的途径和体验，它扩大了大学生的交往范围，满足了他们多样化的交往需要。网络具有匿名性、虚拟性等特点，这使得一些大学生沉溺于网络交往，渐渐忽视现实交往。特别是当一些大学生在现实生活中受到挫折和打击时，他们往往不愿意寻求周围同学和朋友的帮助，而是通过网络获得帮助、关心，甚至通过网络发泄以寻求心理的慰藉和平衡。虽然这种形式的交往在一定程度上可以帮助大学生渡过心理上的难关，但是长此以往，在现实生活中的交往机能将逐渐退化。因此，长期沉溺于网络的大学生在现实生活中往往会有一定的人际交往困惑。

扩展阅读

不做"低头族"

在当今的移动互联网时代，人际交往和人际关系到底发生了怎样的变化？移动互联网究竟是创造了亲密关系，还是增加了人际隔阂？

上网替代了部分现实的人际交往

人们的时间是有限的，当人们将大部分的时间和精力都专注于上网时，也就相应地缩短了现实人际交往的时间。在那些本可以增进人际交往、拉近人与人之间距离的场合，如同学聚会等，由于人们只顾低头玩手机，聚会往往气氛沉闷、冷场，久而久之，也就增加了人与人之间的隔阂。

调查显示，在课间休息时，42%的学生选择"自己一个人玩手机"，而不是和同学、老师交流；在宿舍休息时，30%的学生选择"使用手机上网打发时间"，而不是和室友聊天。可见，上网取代了很多本该与他人交往的时间，替代了部分现实的人际交往，降低了人们在现实人际交往过程中的主动性和参与度。

网络交往会导致社交能力下降

在我们身边有这样一类人，他们平时性格内向、不善言谈，但在网络里却格外健谈，这是网络的虚拟性带来的"好处"。在虚拟的网络世界里，人们可以避免在面对面交往时产生的焦虑。通过网络，人们可以扮演自己想要成为的样子。

但是，人们在现实中的社交能力并没有因此得到提高。随着人们花在网络上的时间越来越长，相应的面对面的社交行为就会减少，人们的社交能力就会下降。

互联网是一把双刃剑，我们应该更多地通过互联网去获取信息资源，帮助自己更有效地解决学习、工作和生活中的问题，获得更多参与社会生活的机会，与他人建立更多、更

紧密的联系,从而促进自身心理健康水平的提高。要避免仅仅把互联网作为实现人际沟通和获得情感支持的渠道,防止形成病理性的互联网使用模式,以减少相关的社会、心理健康问题和人际隔阂。

二、大学生的寝室人际关系

和谐融洽的寝室关系是每个住宿学生都渴望的,然而很多时候,寝室关系往往不如我们所愿。研究发现,70.5%的学生曾因为寝室矛盾而感到烦恼,67.6%的学生曾想调换寝室。寝室矛盾的问题困扰着绝大多数的住宿学生。我们先看几个关于寝室矛盾的例子。

案例一

大一新生小陈最近心情很糟,因为同寝室的几个男生都迷恋网游,每天一回到宿舍,室友就会组队开战。因为是团队游戏,免不了交流,但是随着游戏中战况越发激烈,室友们的嗓门也逐渐放开了:"打主宰啊,快打啊!""救我,快救我!"不玩游戏的小陈总是被吵得很烦。白天忍忍也就过去了,大不了去教室、图书馆。可是到了晚上要睡觉的时候,麻烦就更大了。小陈有早睡早起的习惯,而室友经常玩到深夜还不睡,虽然他们会比白天时的声音小一些,但是睡眠本来就轻的小陈还是会被吵醒。有一天,小陈在睡梦中又被室友的吼声给惊醒了,他再也遏制不住怒气,一拳砸在了寝室的柜子上……

案例二

小敏很在意个人卫生,或者说有点洁癖。小敏一直祈祷室友都是她这样爱干净的人,可是偏偏她就和小灵分到了同一个寝室。小灵经常把寝室弄得一团糟,自己的东西到处放,从不收拾整理。除此之外,小灵还很爱使唤人,经常叫其他室友帮她从食堂带饭、去超市买东西,并觉得这是理所当然的。她总说,"反正你们也是要去的。"而到有人找她帮忙做一些小事时,她却百般推脱。有一次,小灵从外边回来,随手把外套放在了小敏的桌子上,小敏看到后二话没说,直接把衣服扔到小灵的身上……

案例三

小芳最近在寝室里总是感到很压抑,因为她发现寝室里的人际关系太复杂了,寝室里四个女生形成了大大小小的圈子,与她设想的大家都能很愉快地相处的寝室氛围有着不小的差距。而且因为小芳是外地生,寝室里的本地室友都不怎么跟她一起玩儿,唯一同样是来自外省的小红就成了她的依靠。可是,最近小芳发现小红开始和其他室友走得越来越近,一块儿去吃饭,一块儿去逛街。终于有一次,小芳责问小红为什么越来越疏远自己。小红也很直白,说:"你天天黏着我,让我感觉很累,我也要有我自己的生活。"两人为此大吵了一架……

通过上述三个例子,不难看出发生寝室矛盾有很多原因。共同居住在同一个小环境下,难免会因为各种各样的问题出现矛盾。其实,如果用心分析,就会发现寝室关系所共有的一些特点和规律,从而也有一些避免寝室矛盾的办法和策略。

(一)提高自身素养

通过以上三个例子我们不难看出,寝室中因为个人作息习惯和卫生习惯等不同,很容易发生矛盾。作为独生子女的一代，很多学生在家里习惯由着自己的性子来，但是在寝室这个集体环境中，就要有所注意。个人习惯本身没有对错之分，有些人就是习惯早睡早起，有些人则习惯晚睡，但是大家一定要注意，尽量不要因为个人习惯而影响和妨碍到其他人。早睡的人不要因自己的早睡而要求寝室提前熄灯，晚睡的人也要注意在有人睡觉时要轻声细语。

（二）学会理解和包容

寝室作为集体环境，即使大家都很注意自身的言行，也难免会有小摩擦，这时就需要室友间的理解与包容了。每个人都是独特的个体，有着自己的成长经历，自己的性格和好恶不可能与所有的室友都十分契合。对于一些非原则性问题，大家可以不必那么放在心上。如果大家都本着"自己绝不吃半点亏"的想法，那么寝室关系只会越来越糟，而包容与理解可能会使对方反思和改变。除了包容，大家还可以以更加开放的心态来对待每位室友，不因一些地域差异、性格习惯的不同而有意疏远某人。

（三）控制情绪，合理沟通

有些时候，某些人确实有对自身问题不自知的情况，例如，案例二中的小灵随处乱放东西，但小敏朝小灵扔衣服的做法也是不可取的。在此之前，如果她们好好沟通一下，问题就有可能避免，案例三中的情况也是如此。为什么寝室里大家很难开口去沟通呢？原因有二，一是很多人觉得对方应该能理解自己的意思，毕竟自己都把情绪发泄出来了；二是很多人觉得不知道怎么沟通，怕没有效果或是争吵起来。其实很多时候，对方并不知道我们的内心所想，良好的沟通是很有必要的。例如，可以采用三段式的沟通技巧，即"说事实，说感受，说期望"。以小敏的情况为例，她可以先控制一下自己的愤怒情绪，平和地与小灵沟通，说："小灵，你又把衣服放在我桌上了，我是一个比较在意整洁的人，你这样做让我觉得有些不舒服，希望你能体谅我的习惯，以后尽量把东西放在自己的地方，好吗？"相信经过这样真诚的沟通，小灵也会有所改变的。

三、大学生如何建立良好的人际关系

（一）掌握人际交往的原则

人际关系作为心理关系，关注的是人们在相互交往过程中心理关系的亲密性、融洽性和协调性的程度，而这种心理上的亲密性、融洽性和协调性的程度又是与个体在交往过程中需求被满足的程度紧密联系在一起的。因此，良好人际关系的建立、变化与发展在本质上取决于双方在交往过程中需求被满足的程度。一般来说，个人对于能够满足自己需求或能够帮助自己的对象，一般采取欢迎或喜爱的态度，而对于阻碍自己的需要和达到目的的对象，则多半采取回避或厌恶的态度。因此，在人际交往中关注别人的需求，遵循交往的原则，是与他人和谐相处的基础。

1. 尊重原则

被尊重是每个人最基本的心理需要。在马斯洛的需求层次理论中，尊重的需要是人的五大基本需要之一，它分为自我尊重与社会尊重两个方面。海伦·克林纳德认为，所有人都有一种被尊敬、被接受的基本心理需要，当这种需要不能被满足时，人们就会被强烈的动机所驱使去实现这种需要。

在现实生活中，因伤害他人自尊导致人际冲突是比较普遍的，但多数是无意的，即不是故意去伤害他人的尊严。人与人之间是平等的，虽然个体成长的环境不同、能力不同，但他们的人格是平等的。人格平等是社会赋予每个人的权利，只有在这个前提下，每个人才会在与他人相处时，尊重他人的观点、信仰、习惯甚至是感受，也就是尊重他人的人格，并因此成为一个受欢迎的人。那么在人际交往中怎样做才能尽量避免无意伤害他人尊严情况的发生呢？十分重要的一点是学会经常去注意他人，了解他人的背景、喜好、习惯、情绪及禁忌。例如，当你发现某个同学因父母离异而心情不好时，就不要在他（她）面前大谈你的家庭如何幸福，父母如何疼爱你。被注意就会感到被重视，也就会感到被尊重。因此，在人际交往中，尊重他人体现了一个人内在的素质与修养，并因此让我们成为一个受欢迎的人。

扩展阅读

学会尊重人

生活里很多人喜欢和相熟或不甚相熟的人开玩笑，有的玩笑不管有意无意都很伤人，当事人因此翻脸的并不在少数。但这些始作俑者却很少想过每个人心里都是有自尊底线的，如果这个底线被触碰，那么就会让人非常不舒服。

其实，每个人都有尊严，这是人与生俱来的品性。人本能地会不顾自身安危来捍卫它，也有人会理性地对待践踏自己尊严的人；但很多时候，即便修养再好的人也很难保证头脑不会发热。所以，不要自以为是地觉得别人的人格可以肆意践踏，更不能随便践踏别人的自尊；要知道，只有尊重别人，才能换来别人对你的尊重，这是一个等量交换。

2. 互利原则

互利是人际交往的互惠吸引律决定的。即在与人交往的互动中，无论个体还是集体，其积极性都受期望获得的报偿所支配。在人际交往中，估计得到的报偿概率越大，吸引力就越大；受益与付出的比值越大，吸引力就越大；越接近预期报偿，吸引力就越大。互惠吸引力在人的现实交往中又表现为感情互慰、人格互尊、目标互促、困境互助、过失互谅等多种形式。人际关系是一种建立在心理接触基础上的社会关系，大学生的人际交往过程也是相互获得需求满足的过程。古人云：来而不往非礼也。也就是说，有来有往才是合乎礼仪的。如果在交往中一方只获取不给予，交往关系就不能维持很久，互利性越高，交往关系就越稳定、越密切，互利性越低，交往关系就会越疏远。

如何在交往中做到给予，其实这是很容易的，例如，当别人和你说话的时候，倾听就是给予；当别人和你打招呼的时候，点头和微笑就是给予；当别人心情不好的时候，一句问候就是给予；当发现别人优点的时候，一句赞美就是给予。给予别人所需要的就是互利。

我们不仅要用眼睛,也要用心经常去注意他人,避免因不知如何去给予而导致得不到对方的回应。和谐人际关系对每个大学生的成长都是非常重要的。当今社会,如果一个人拥有良好的人际关系,他也就比别人拥有了更多的机会和支持,才能在一个宽松和谐的集体环境中,更好、更充分地展示自我,最大限度地发挥自己的才能,实现人生的价值。

3. 宽容原则

每个人都有不同的性格和爱好,因此个体在与他人交往时既不能用一种标准去要求他人,也不能太苛求他人,要学会宽容,求同存异。不宽容他人也同样得不到他人的宽容。要想宽容他人,就先要理解他人,个体应学会设身处地为他人着想,要真正理解他人,就要多交流,深入了解各自的性情、爱好和价值观念,这样才不至于在出现问题后无端猜疑,引发不必要的纠纷,这样有利于形成宽容、和谐的交往气氛。

4. 诚信原则

朋友间的交往应该言而有信,轻易许诺却失信于人,会给人一种极强的不信任感,会给人感觉你习惯于开"空头支票"。缺乏诚意的交往,是人际交往中的大忌。

扩展阅读

每个人都有两扇门

每个人都有两扇门,即善良之门和邪恶之门。

为人友善的王阿姨去商场买家具,商场免费送货上门。搬运工把选好的家具抬上板车时,累得满头大汗。王阿姨很感动,心想:他赚点辛苦钱也不容易,等家具送到家后,给他20元钱辛苦费。可是没料到半路上,这名搬运工就把板车停了下来,对王阿姨说:"从商场到你家这么远,你得给我20元钱",并摆出一副不给钱就不走的架势。王阿姨生气地说:"这家具我不要了,你把它拉回去,我要退货。"搬运工一听要退货,只好乖乖地把家具送到阿姨家。因为一直在气头上,王阿姨连水都没叫他喝一口。

如果搬运工老实做人、踏实送货,就可以得到20元钱,可是他的无理要求使王阿姨那扇善良之门关闭了。在现实生活中,有的人总抱怨别人自私刻薄,但是很多时候,别人的不友好是自己一手造成的。对于善良的人,他偶尔也会开启邪恶之门,而对于邪恶的人,他偶尔也会开启善良之门。

一个女孩深夜独自回家,被歹徒跟踪了很长一段距离,女孩非常紧张,在歹徒离自己越来越近的时候,她转过头很认真地对歹徒说:"大哥,您能送我走过这条巷子吗?我一个人很害怕。"女孩的话一下触动了歹徒内心最柔软的情感,有人如此相信他,他内心充满温暖和感动,于是悄悄把匕首装进兜里,护送女孩走过了那条漆黑的巷子。

特雷莎修女说,普天之下,没有我不喜爱的人;普天之下,没有我不信任的人;普天之下,没有我不原谅的人。在她眼里,所有的人都是好人,她真心爱护身边的每个人,也因此,她身边所有的人都被她感化而对她开启了善良之门,给予她无限的尊重和爱戴。虽然我们无法达到她那么高的境界,但是我们至少要明白,当周围人对我们不友善时,这其中可能也有我们自己的责任和原因。

(二)人际交往的方法与技巧

1. 主动与他人交往

在人际交往中,很多人都缺乏主动性,总是被动地期望他人先接纳自己。缺乏主动性往往出于两种原因:一是自信心不足,害怕主动后得不到期望的回应而丧失自尊。实际上,由于人人都有交往的需要,主动的人得不到回应的情况是很少的。不仅如此,主动还极容易使他人产生好感。特别是在双方都处于新环境时,并且都需要人际支持的情况下尤为如此。二是对人际关系有许多误解,如认为先同他人打招呼就低人一等,想请他人帮忙又害怕他人嫌麻烦等。交往并不取决于机会的多少,而主要问题在于交往方式。

2. 树立良好的第一印象

第一次与他人交流、交往留下的印象非常重要。如果第一印象鲜明、深刻,它将有力地影响甚至决定以后的交往。有许多方法可以帮助我们在与人交往中建立良好的第一印象,例如,微笑,多提别人名字,对别人的谈话感兴趣,谈话符合别人的兴趣,做个耐心的倾听者,良好的移情能力,多帮助别人。在日常生活中,个体要有意识地给他人留下良好的第一印象。

3. 掌握批评的艺术

在人际关系中,当发现别人错误时,提供反馈的信息是很必要的,但如果方式不当,会激起别人的自我防卫,甚至招来敌意。此时,行之有效的方法是:从真诚的称赞开始;不可用批评来表现自己的优越感;要提到自己的错误,以此间接地提醒别人自我纠正;不要急于给对方提供结论,让对方自己得出结论。

扩展阅读

你会为别人纠错吗

在人际交往中,我们会碰到形形色色的人,帮别人纠错,有时是出于职责所需,有时是出于朋友的关心。可是,如果我们因为说话的方式不恰当,可能就会被人误解。因此,如果我们把话说得委婉含蓄,表达方式人性化,那么纠错就容易让对方接受。这样既不会伤了和气,又达到了纠错的目的,人际关系也会显得和谐。

在超市,一位中年女子在挑选青菜时,把黄叶或看上去不顺眼的菜叶子都摘掉了。站在一边的营业员看着眼前这位挑剔的顾客,很不舒服。顾客的这种做法,也不符合商场经营的规定。于是,她走上前,面带微笑对这位中年女子说:"您挑菜的时候,小心点,别把菜叶碰掉了。"中年女子听了营业员的话,不好意思地说:"我知道了。"然后,挑菜时就没再去摘菜叶了。

面对顾客的错误,营业员纠错是职责所在。针对这位中年女子做的事情,营业员只是

说"小心点,别把菜叶碰掉了",丝毫没有责备的意思,没有说她存在什么错误,并且用词巧妙,提醒她别把菜叶"碰掉"而不是"摘掉",语气相当委婉。这位中年女子当然听得出营业员是在为自己的行为纠错,所以中年女子立即改正了。

营业员用恰当的语言既表达出禁止这位中年女子摘菜叶的意思,又没有得罪她,并且使得对方能及时纠错,显示了语言的魅力。在日常生活中,当我们为别人纠错时,要洞悉谈话的情景和宗旨,随机应变,尽量委婉含蓄,善意表达;让对方易于接受,从而达到纠错的目的,做到两全齐美,和谐共处。

学习思考

1. 如何用你所学到的人际交往技巧处理寝室内的人际关系?
2. 试着用人际交往的基本理论分析你自己体会最深的一次人际交往经历。
3. 尝试与十个陌生人打招呼并与同学分享个人体验。

课堂活动

我说你画

1. 活动目的

让学生体会沟通的重要性,体验有效的信息沟通要素,包括准确表达、用心聆听、思考质疑、澄清确定等。

2. 活动道具

两张样图,每人一张白纸、一支笔。

3. 活动程序

(1)第一轮请一个学生上台担任"传达者",其余学生都作为"倾听者";"传达者"观察下图两分钟,然后背对全体"倾听者",下达画图指令。

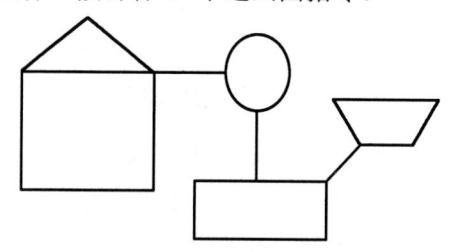

(2)的"倾听者"根据"传达者"的指令画出样图上的图形,"倾听者"不许提问。

(3)根据"倾听者"画的图,请"传达者"和"倾听者"谈自己的感受。

(4)第二轮再请一个学生上台,可以一直看着下图,并面对"倾听者"传达画图指令,允许"倾听者"不断提问,看看这一轮的结果如何?

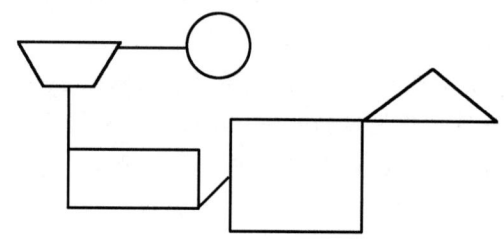

(5) 请"传达者"和"倾听者"谈自己的感受,并比较两轮过程与结果的差异。

4. 注意事项

(1) 第一轮与第二轮两张样图构成的基本图形一致,但位置关系有所区别。

(2) 两轮中的"传达者"可以为同一人,也可以为不同的人。

(3) 邀请"倾听者"谈感受时要选择有代表性的学生,如画得比较准确的和画得特别离谱的,这样便于分析造成不同结果的多种因素,从而找到改进的主要方法。

推荐阅读

1. 《人性的弱点》

作者:[美]戴尔·卡耐基

出版社:中国友谊出版公司

本书作为一本实用的人际关系著作,从人性本质的角度挖掘了潜藏在人们体内的弱点,使人们充分认识自己,并不断改变自己,从而能有所收获,直至取得成功。作者讲述的许多普通人通过奋斗获得成功的真实故事,激励了无数陷入迷茫和困境的人,帮助他们重新找回自己的人生世界。

2. 《FBI微表情心理学》

作者:金圣荣

出版社:民主与建设出版社

人的各部分肢体动作和面部表情都有它传递情绪、体现性格特征等信息的方式。所以,要想全面深入地了解他人,对各方面都不能疏于观察。也许正是他的一个眼神,或者一个下意识的手势或某个不经意动作,就会让我们捕捉到有价值的信息,从而帮助我们进行分析和判断。

心理测试

大学生人际关系综合诊断量表

这是一份大学生人际关系综合诊断量表,共有28个问题,每个问题都有"是"(打√)或"否"(打×)两种答案。请你根据自己的实际情况如实回答,并将答案填写在括号中,答案没有对错之分。

1. 关于自己的烦恼有口难开。(　　)
2. 与陌生人见面感觉不自在。(　　)
3. 过分地羡慕和嫉妒他人。(　　)
4. 与异性交往过少。(　　)
5. 对连续不断的谈话感到困难。(　　)
6. 在社交场合感到紧张。(　　)
7. 时常伤害他人。(　　)
8. 与异性交往感觉不自然。(　　)

9. 与一大群朋友在一起常感到孤寂或失落。（　　）
10. 极易感到窘迫。（　　）
11. 与他人不能和睦相处。（　　）
12. 不知道与异性相处如何适可而止。（　　）
13. 当不熟悉的人对自己倾诉生平遭遇以求同情时，自己常感到不自在。（　　）
14. 总担心他人对自己有什么坏印象。（　　）
15. 总是尽力使他人赏识自己。（　　）
16. 暗自思慕异性。（　　）
17. 时常避免表达自己的感受。（　　）
18. 对自己的仪表（容貌）缺乏自信。（　　）
19. 讨厌他人或被他人讨厌。（　　）
20. 瞧不起异性。（　　）
21. 不能专注地倾听。（　　）
22. 自己的烦恼无人可倾诉。（　　）
23. 受别人排斥与冷漠。（　　）
24. 被异性瞧不起。（　　）
25. 不能广泛地听取各种各样的意见、看法。（　　）
26. 自己常因受伤害而暗自伤心。（　　）
27. 常被别人谈论、愚弄。（　　）
28. 不知如何更好地与异性交往。（　　）

【评分方法】

回答"是"的题目记 1 分，回答"否"的题目记 0 分。

【结果解释】

总分 0～8 分。说明你与朋友在相处过程中困扰较少。你善于交谈，性格开朗，关心别人，对周围朋友很好，愿意与朋友在一起，朋友也都喜欢你，你们相处得不错。

总分 9～14 分。说明你与朋友在相处过程中存在一定的困扰，你的人缘一般，与朋友关系时好时坏，你们的关系经常处于起伏变动之中。

总分 15～28 分。说明你与朋友相处时存在严重困扰。如果分数超过 20 分，则表明你的人际关系困扰程度很严重，而且在心理上出现较为明显的障碍。你可能不善交谈，也可能是一个性格较孤僻的人，或者有明显的自高自大、讨人嫌的行为。

第六章

大学生恋爱心理

导言

随着大学生身心发育的日渐成熟，男女生交往和接触的增多以及环境因素的影响，大学生对爱情的渴望自然萌发。目前，恋爱现象在大学校园已十分普遍，爱情已成为大学生关注的话题之一。然而，恋爱问题恰恰是大学生最感困扰的问题之一，爱情既可以是醇美佳酿，令人感到莫大的幸福和享受，也可以是涩涩苦果，给人带来无穷的烦恼和痛苦。

本章知识点

1. 爱情的含义、爱情三角理论和类型、爱情的发展阶段；
2. 大学生的恋爱特点、大学生恋爱中常见的心理问题及如何培养爱的能力；
3. 性心理与性心理健康的含义、大学生的性心理发展阶段、大学生常见的性心理困扰、大学生常见的性心理障碍以及如何树立健康的性观念。

第一节 爱情究竟是什么

一、认识爱情

（一）爱情的内涵

爱情是人们情感中最美妙的体验之一，是人们成长经历中基本而又精彩的部分。它是神奇的，在为人们带来幸福的同时也会带来很多困扰。那么，什么是爱情呢？爱情是一对男女之间建立在性需要基础上的一种强烈的内心情感体验，是基于一定的社会关系和共同的生活理想，在各自内心形成的对对方最真挚的倾慕，并渴望对方成为自己终身伴侣的最强烈的感情。爱情是美好、神圣而又神秘的情感，这使得正处于青春期的大学生向往。然而，由于各种客观与主观原因，大学生的恋爱普遍存在着盲目性和不稳定性，大学生会存在这样或那样的困惑：我们之间的爱情是真爱吗？如何分清我对他的感情是爱，还是仅仅是因为我需要他？

心理学家弗洛姆将人们眼中的爱情区分为成熟之爱和童稚之爱，他认为只有成熟之爱才是真正的爱。成熟之爱指的是"因为我爱你，所以我需要你"；而童稚之爱指的是"因为我需要你，所以我爱你"。这两句话看起来好像只是顺序有别，其实它们有着截然不同的意义。一方面，成熟之爱就是真正的爱，其本质是给予而非获取。"因为我爱你，所以我需要你"意味着"我爱你，我愿意为你无条件地付出，用心滋养我们的爱情，我需要和你一起分享我生命中的美好时光，分享爱情的甜蜜。同时，我尊重你的选择。当你需要独处的时候，我也能照顾好自己，而不是强迫你抽时间关注我。当你需要我陪伴时，我愿意全心全意和你在一起。即使有时候我无法做到，但我的爱与祝福会和你在一起"。而童稚之爱的本质是索取，"因为我需要你，所以我爱你"。这意味着因为我很孤单寂寞，所以我需要你安慰我，给予我支持，让我的感觉好一些，或者因为我需要你的高薪来满足我，所以我才爱你。这种爱不是真正的爱情，只是假借爱的名义向别人提出要求，束缚了对方的自由。此时，爱情就变成了一种交易，当自己的需要无法得到满足时，抱怨、指责便会产生，认为对方辜负了自己，让恋爱变成沉重的负担，恋爱关系便可能终止。另一方面，在成熟之爱中，"我爱你"意味着"我爱你这个人，我爱你本来的样子，而不是理想中的你。我爱你所有的部分，既爱你的优点，也接纳你的不足。我爱你是希望你快乐，希望你能够自由地做自己，我不会要求你或强迫你满足我的需求"。当你正在追求某个喜欢的人时，或者你正在享受爱情的甜蜜时，请认真地问自己两个问题：我为什么爱他？我是爱他这个人，还是仅仅希望他满足我内心的需要？真爱禁得起等待，唯有真诚付出，才能收获真爱。

（二）爱情的特点

爱情作为人与人之间的一种特殊的社会关系，具有鲜明的特点。

1. 自主性

爱情是两个人的事情，真正的爱情必须建立在双方自愿的基础上，外界的干预而非双方自愿的情感不能称作真正的爱情。

2. 互爱性

爱情要建立在双方相互爱慕的基础上才能健康发展。一厢情愿的感情，如单相思、暗恋或放下自尊乞求来的感情都不能称为爱情。

3. 平等性

恋爱双方在地位上是平等的，没有高低贵贱之分。平等是爱情产生与发展的前提，那些因同情而施舍给对方、因感激而奉献自己、因崇拜金钱和权势而依附对方的感情，因道德约束而维系的名存实亡的婚姻都蕴含着不平等。平等性还体现为双方的感情付出相对平衡，恋爱双方在感情上享受的权利与履行的义务是对等的。反之，如果恋爱中的一方总是付出很多，而另一方安然享受，则可能付出多的一方会感到"多情反被无情恼"，进而给双方的感情带来伤害。

4. 专一性和排他性

爱情是恋爱双方相互爱慕的关系，必须是专一的、排他的。双方一旦确立了恋爱关系都希望自己是对方唯一的恋人，容不得对方与其他人有任何暧昧关系。爱情需要双方情感专一，排斥第三者的介入。但是，恋爱中的双方也要避免过分要求恋人、限制恋人的正常人际交往，甚至监视恋人的行踪等。因为这些行为看起来好像是对爱情的保护，其实质是对恋人的不信任，也反映了自己内心的安全感不足。

5. 持久性

有些学生追求轰轰烈烈、浪漫奢华的爱情，而不在乎这样的爱情是否长久。有一句话在大学生中比较流行："只求曾经拥有，不求天长地久"。其实，这是对爱情的误解。真正的爱情不仅有强烈、深厚的情感基础，而且有相伴永久、共度一生的愿望与追求。正如莎士比亚所说，真正的爱，非环境所能改变；真正的爱，非时间所能磨灭。当然，这需要恋爱双方相互支持，彼此滋养，不断丰富，加深双方的情感，让爱情随着岁月的流淌而不断升华。

二、爱情三角理论及类型

美国社会心理学家罗伯特·斯滕伯格提出著名的爱情三角理论，认为爱情由三个基本成分组成：激情、亲密和承诺。激情是指由于对方强有力的吸引，对对方产生的强烈、着迷的想法，在激情关系中，全身心投入。亲密是指由于喜欢对方，并渴望和对方一起建立更有凝聚力的和谐关系，渴望把自己的生活以坦诚、不设防的方式与伴侣共享的一种情感成分。虽然亲密没有激情强烈，但是当关系进展到这一步，拥有一份完美的两性关系成为一种可能。承诺是指爱情不仅是实际生活中的柴米油盐，还是心甘情愿的承诺，不管遇到什么困难，都不忘记曾经在婚姻殿堂里对爱情的宣誓，把热恋时的执着坚持下去，一直到永远。

激情是热烈的，亲密是温暖的，承诺是冷静的。激情、亲密和承诺共同构成了爱情，缺失其中任何一个要素都不能被称为爱情。上述三个成分共同组成一个三角形，随着认识时间的增长及相处方式的改变，三种成分的比例将有所改变，爱情的三角形会因其中所组成元素的增减，形状与大小发生变化。三角形的面积代表爱情的质量，面积越大，爱情就越丰富，三种成分结合在一起才是完美的爱。三种成分以不同的组合方式共同构成了以下七种不同的爱情形式，如图6-1所示。

（1）喜欢的爱：以亲密为主，没有激情和承诺。
（2）迷恋的爱：以激情为主，没有亲密和承诺。
（3）空洞的爱：以承诺为主，没有亲密和激情。
（4）浪漫的爱：有激情和亲密，没有承诺。
（5）伴侣的爱：有亲密和承诺，没有激情。
（6）愚昧的爱：有激情和承诺，没有亲密。
（7）完美的爱：激情、承诺和亲密都有。

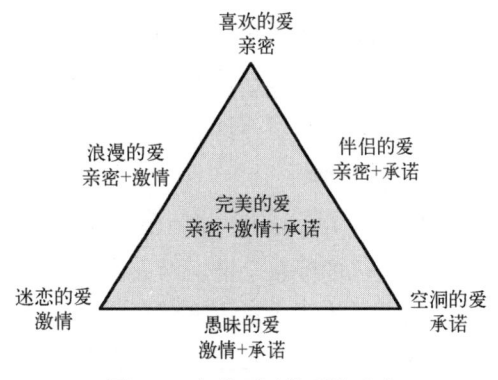

图6-1 七种不同的爱情形式

> **扩展阅读**

爱情与友情的区别

许多恋爱中的大学生可能存在着这样的困惑："我们之间的感情是友情还是爱情？""友情能发展成爱情吗？"这些看似简单的问题，在现实生活中却可能令人困惑。那么，我们该如何区分爱情和友情呢？爱情和友情都是世界上纯真而美好的感情。我们渴望真挚的爱情，同时也向往纯真的友情。爱情的建立往往需要友情的铺垫，但友情的发展结果并不一定是爱情。心理学家戴维斯认为，爱情和友情并不是截然分开的，爱情以友情为基础，但是爱情还包括诸如性冲动、排他性以及保护等关于激情和关怀的元素。也就是说，友情可以是多方面的，人们可以因不同的兴趣或在不同的情境中建立友情。例如，因喜欢绘画而拥有画友，因热爱旅游而拥有一起出行的朋友，因喜欢写作而拥有笔友等。友情不具有排他性，而爱情则是一对一的关系，具有专一性和排他性。爱情包含着激情的成分，双方不仅可以拥有心灵的相互滋养，也可以享有身体融合为一体的愉悦。

三、爱情的发展阶段

一般来说，大学生恋爱的发展要经历以下五个阶段：萌芽期、酝酿期、表白期、热恋期和平稳期。

1. 萌芽期

正如一首歌所唱的："只是因为在人群中多看了你一眼，再也没能忘掉你容颜。"在这个阶段，一方被另一方的言谈举止、仪表气质或者是品质、才能等深深吸引，感受到对方不同于他人的特殊魅力，于是爱情开始萌芽。

2. 酝酿期

一旦一方被另一方的魅力所吸引，大学生就会在心中酝酿一份美好的恋情。首先是美好的想象。大学生经常将自己喜欢的人理想化，这种理想的形象可能是影视作品中的人物，也可能是早期生活经历中的父母、亲近的人或其他人物形象的组合。通过想象，大学生对自己的意中人充满期待和渴望，并产生愉悦的情绪体验。其次是酝酿好感与恋情。在美好想象的基础上，大学生便开始想办法与对方接近，如通过看电影、散步、旅行、共同参加活动、在学习和生活中相互合作等方式来促进感情的发展。在这一阶段，人们常常会揣摩对方的心理，想办法让对方开心，考虑两人关系的发展等。这是一个充满浪漫想象并体验"辗转反侧是相思"的阶段。

3. 表白期

随着双方在接触过程中感情越来越深，其中一方便开始寻找适当时机，鼓足勇气向对方表达自己的爱慕之情，两人的关系进入恋爱阶段。此阶段是恋爱心理发展最为关键的时期。表白是为了向对方表明自己的心意，同时希望得到对方的爱。人们在表白时可能会惴惴不安。为了表白成功，使用恰当的方式是很重要的。

4. 热恋期

双方经过彼此爱慕、接受表白后，确立了正式的恋爱关系。随着感情进一步深化，双方会产生"一日不见如隔三秋"的眷恋之情。相恋的两个人因为爱到深处，会对未来充满向往和憧憬，常常会说出浪漫的话语或做出重要的承诺。双方更多通过肢体语言来表达爱，如拥抱、牵手、亲吻等。此外，热恋中的人往往会美化对方，用欣赏的眼光看待对方，甚至认为对方的缺点也具有独特的美感。

5. 平稳期

经过热恋的激情之后，恋爱心理趋于理性，炽热的感情降到常温状态，双方开始冷静下来，思考两个人在性格、价值观、生活等方面是否匹配，开始规划双方未来的生活和亲密关系的发展方向。有些大学生在恋爱过程中，会从第一阶段迅速跳跃到第四阶段，诸如人们所描述的"三分钟一见钟情，五分钟谈情说爱，七分钟私订终身"。由于双方相互之间缺乏了解，也没有深厚的感情基础，当激情过去之后，爱情可能就走到了尽头。

第二节 大学生的恋爱心理特点及常见心态

一、大学生的恋爱心理特点

随着社会思想观念的日益开放和学校对大学生恋爱问题的包容度不断提高，越来越多的大学生涉足爱河，当代大学生的恋爱观也产生了相应的变化。概括来讲，当代大学生的恋爱主要有以下特点。

（一）恋爱普遍化、低龄化

恋爱热在大学持续升温，过去是高年级大学生甚至是即将毕业的大学生才谈恋爱，现在有些大学生入学不久便开始谈恋爱，谈恋爱的年龄提前，年龄越小越容易陷入爱河。据调查，入校半年内谈恋爱的学生占全班总人数的10%，且比例随时间推移呈上升趋势。

（二）恋爱行为公开化

过去，大学生谈恋爱的方式深沉而含蓄，恋爱大多处于"地下活动"状态，常常不被人知。而现在的大学生恋爱方式由"秘密"转向"公开"，在表达感情方式上，感情外露。大学生恋人相处公开化，行为不再遮遮掩掩，出双入对，形影不离。

（三）恋爱浪漫色彩浓烈，不追求结果

以前的大学生把谈恋爱看得很严肃，选择恋爱对象也很慎重，没有一定把握不会轻易投入感情。而现在的大学生注重双方的情感体验，重视恋爱的过程，寻求感情的寄托，重视双方朝夕相处的甜蜜与温馨，很少或根本不谈婚姻、家庭。他们认为将来还很遥远，有的甚至出现"契约式"的恋爱。还有的大学生是为了获得一次人生的体验，为以后的恋爱、婚姻打下基础。

（四）恋爱的独立性、自主性增强

大学生知识水平高，并且已经普遍进入成年期，已形成了一定的世界观、人生观，对待问题有了自己独特的见解。同时，他们大多远离家庭，来自家长和老师的约束较少，因此对待恋爱问题的独立性和自主性较高。在他们看来，恋爱是两个人的事，他们要自己做主，不需要他人的干涉和指教。因此，一般情况下，在确定恋爱关系前，甚至恋爱以后，很多人都不会征求双方家长的意见。

（五）性观念的显著变化

大学生处于高知识阶层，接触的知识较多，视野也较为开阔，对待性问题也有自己的见解。越来越多的学生在思想上对性问题持较为开放的态度，对婚前性行为较为理解和宽容。据调查，虽然大学生普遍认为应对婚前性行为加以控制，但是当问及"对大学生同居的看法"时，许多人表示可以理解。

（六）新的恋爱方式产生

随着互联网的普及，网恋成为一种新的恋爱方式。互联网特有的便捷性、隐蔽性等优势让当代大学生很快接受了这一恋爱方式。特别是一些进入大学后刚刚接触到网络的大学生，往往由于自控能力较差而陷入网恋不能自拔。

（七）恋爱目的的功利性

近年来，一些大学生受到社会上功利思想的影响，其恋爱动机也不免沾染上这种思想。这些人把恋爱作为达到自己某种目的的途径。功利性恋爱现象的产生既与客观上的家庭经济条件、就业压力、社会影响有关，也与主观上个体的心理成熟程度有关。

由以上特点可以看出，由于社会价值观念的变化、大学生自身因素的影响以及高校对大学生恋爱观教育的滞后，当代大学生对于爱情内涵的认识还比较模糊，其恋爱观相对来说还不够成熟。

二、大学生恋爱中的常见心态

（一）光环心理

月朗星稀指的是在月亮非常明亮的夜空中，星星就显得比较稀少。但事实上，星星并没有减少，只不过是因为月亮太明亮了，掩盖住了星星的光亮。恋爱中的人很容易被爱情美好的光所蒙蔽，以至于看不到恋人身上的缺点和不足，即人们常说的"情人眼里出西施"。当然，出现这种情况的原因也并不完全是光环心理的作用，也包括相爱的双方刻意掩饰自己一些不足，但是起主要作用的还是光环心理效应。

（二）逆反心理

恋爱中最常见的逆反心理被称为"罗密欧与朱丽叶效应"，越遭到父母反对或家庭阻挠的爱情，陷入爱情的双方就表现得越坚决和紧密，越要坚决地在一起。面对"罗密欧与朱丽叶效应"，恋爱双方和他们的家人都应从中得到启示。对于大学生来说，如果父母极力反对，不妨理性地与父母交流一下看法，而不是把恋爱建立在"逆反""抗拒""维护自尊"上；家长在说服教育时也要注意方式方法，不要强行禁止，甚至当着众人的面羞辱他们，这极容易使事情向相反的方向发展。

除此以外，还有一些正在恋爱的大学生，一方为了获得另一方的欢心而不断去讨好取悦对方，最终却导致了相反的结果，反而使对方的态度开始冷淡，这也是逆反心理的表现。

（三）自卑心理

一些大学生在恋爱中总是觉得自己的条件不好，如有些女生认为自己不够漂亮、身材不够苗条，有些男生觉得自己身材不够健壮、表达能力欠缺，还有一些大学生认为自己学习成绩、个人修养等方面比较差，从而产生自卑心理。

三、大学生的恋爱动机

恋爱动机是个体产生恋爱行为的内部动力，由恋爱需要引起，并直接朝向恋爱目标。大学生的恋爱是在特定的求学阶段、在特定的校园环境中因在一起学习、生活，逐渐相互了解而产生的情感，这种情感相对来说较少带有功利色彩。然而，由于受到多元价值观的影响，大学生的恋爱动机呈现出多样性。常见的大学生恋爱动机有以下几种类型。

1. 爱情驱动

大多数大学生相信并追求美好的爱情，能够认真对待和处理恋爱中的各种矛盾。这些大学生基本上具备正确的恋爱观，能够理智地处理恋爱与学习之间的关系。

2. 追求浪漫

有些学生情感比较丰富，给爱情赋予了理想主义色彩，在恋爱中追求不食人间烟火的浪漫爱情，过于重视恋爱的形式，这很容易导致日后对现实婚姻感到失望。

3. 情感的慰藉

在大学生活中，繁重的学习任务、复杂的人际关系以及越来越严峻的就业形势，让很多大学生产生了较大的压力与孤独感。研究发现，没有谈恋爱的学生比谈恋爱的学生有更强烈的孤独感。因此，有些学生通过恋爱寻求感情寄托，排解寂寞、无聊的时光，期待在恋爱中满足内心对陪伴、温暖、关怀和理解的需要。然而这样的爱情却经不起时间的考验，反而浪费了美好的大学时光。

4. 随波逐流

有些大学生认为"大学生不谈恋爱，人生不完整"。看到学校食堂、图书馆、操场及课堂处处是恋人相依相伴的身影，或者周围同学一到周末就相约去看电影、逛街，让孤身一人的自己产生失落感、自卑感，为了显示自己的能力和价值，满足自己的虚荣心，只要找到一个聊得来的异性便匆忙加入恋爱者的行列。

5. 追求名利

有的大学生为了追求金钱、工作、名誉、地位、出国等而恋爱，认为找到一个好伴侣就可以少奋斗几年，把爱情当作一种商品。

6. 生理需求

处于青春期的大学生，随着性生理与性心理的成熟，对异性的渴求越来越强烈。性冲动成为大学生恋爱的主要动机。

以上几种恋爱动机中，除了爱情驱动，其他动机都违背了恋爱的真正目的。恋爱是为了寻求一个能与自己在人生道路上志同道合、同舟共济的终身伴侣，而绝不应该把恋爱作为改变自己社会地位的手段和交易，也不应将恋爱作为消磨时间、满足生理需求和虚荣心的工具。一旦个体将这些因素作为恋爱的主导动机，就会破坏爱情的品质、让爱情失真。当然，这并不是说在恋爱过程中不用考虑对方的家庭、经济状况等，只追求"不食人间烟火"的纯粹爱情。恋爱并不是空中楼阁，其目的是缔结婚姻、成家立业，需要一定的物质保障。因此，在恋爱过程中，适当考虑对方的职业、家庭、经济状况等外在因素是无可厚非的，但不能把这些因素作为恋爱的主导动机，这样就亵渎了美好的爱情。

> **扩展阅读**
>
> 爱情和喜欢有什么不同？
>
> 如果把爱情的历程描述为喜欢、爱慕、相爱"三部曲"，那么可以说喜欢是爱情的前奏，但是喜欢并不一定会发展为爱慕。下面这段话，或许能表达爱情与喜欢的关系。
>
> 当你站在爱的人面前，心跳会加速；但在喜欢的人面前，只会感到开心。
>
> 当你与爱的人四目交汇，你会害羞；但与喜欢的人四目交汇，你只会微笑。
>
> 喜欢一个人，有时盼着和他在一起；爱一个人，有时怕和他在一起。
>
> 喜欢一个人，希望他可以随时找到自己；爱一个人，希望可以随时找到他。
>
> 喜欢就是喜欢，很简单；爱就是爱，很复杂。
>
> 喜欢你，却不一定爱你；爱你，就一定很喜欢你。
>
> 喜欢很容易转变为爱；但爱过之后却很难再说喜欢。
>
> 喜欢是轻松而淡淡的心态；爱一旦说出了口就变成了一种誓言，一种承诺。

第三节　大学生常见的恋爱心理困惑与良好亲密关系的建立

一、大学生常见的恋爱心理困惑

（一）单恋

单恋是一个人的感情宣泄，并不是爱情。当个体想去求证对方是不是也喜欢自己时，才真正踏上爱情的征途。爱在心头口难开，除了担心现实因素，更多的人不敢承担被拒绝的后果和责任，学着表白，更要学习为自己的行为结果负责。

很多人不敢表白，是因为深陷在表白的心理误区中。

误区一：认为表达爱是一件羞耻的事情。实际上，表达对一个人的爱，是在向对方展现你的态度，说明你有承诺的能力，并不是一件羞愧的事情。对方是否接受，是对方享有的权利，正如没有人能剥夺你表白的权利一样，都值得尊重。

误区二：认为表白后只有两个后果，要么对方接受，要么连朋友都做不成。实际上，这只是一种主观想法，就算你们不能一拍即合，马上成为男女朋友，但是可以成为很好的异性朋友。也有可能对方只是觉得很突然，不知道自己对你到底什么感觉，对方需要时间理清自己的情感。

误区三：认为表白失败后会被拒绝和嘲笑。实际上，如果对方嘲笑你，说明他不尊重你，不值得你去爱，让你看清了对方的为人。个体的自尊和价值，不会因为别人的一句话而被贬低。总之，我们期待好的结果，但同时也要能接受最差的结果。

那么如何表白才是恰当的、合适的？

首先，做好表白的铺垫工作，了解对方的性格、兴趣、爱好等，先做对方的好朋友，让对方能感觉到你对他的好。

其次，练习表白，对于容易紧张的人来说，需要通过练习克服紧张情绪。

最后，挑选合适的场合，在合适的时间，真诚地表达你对他的爱，明确你的态度，询问对方的想法。只有具有诚意和尊重对方的表白，才能打动对方的心。

（二）三角恋

在寻求爱情的过程中，有些人会不禁陷入三角恋的旋涡。三角恋是指一个人同时与两个异性发展恋爱关系的现象。三角恋的发生表现为两种情况：一是双方确立恋爱关系后出现第三者；二是恋爱的一方几乎同时与两个或两个以上的异性建立恋爱关系。无论是哪种情形都会伤及双方甚至多方，使当事人的情绪受到严重的冲击。因此，应积极采取措施，尽快摆脱这种尴尬的局面。

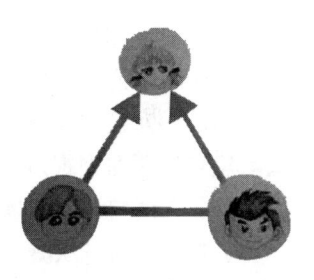

首先，个体应当正确认识爱情的选择性和排他性。真正的爱情应该是专一的，而不是多向的。个体都有这样的自然倾向，即在和异性接触的时候，会有和同性接触不一样的感受，而所有的爱情都是从这种好感开始的。个体有两种倾向，一方面，个体会对不同的人产生好感；另一方面，个体又要求爱情是专一的。因此，如果想要得到专一的爱情，就要克制自己的自然倾向，对自己的感情进行衡量，区分爱情和好感的关系，尽早做出取舍，逐渐淡化与第三方的感情联系。爱情应当有选择，但如果是在同时与几个对象都有了较为密切的交往、形成了恋爱关系后再进行选择，就混淆了选择与排他的界限。

其次，个体要冷静思考自己与恋爱对象的关系。如果你的恋人同时喜欢另一位异性，你要明确，人与人之间的吸引和喜欢不仅仅限于恋人之间，不要随意误解这种喜欢，而随便给恋人扣上花心的大帽子。你可以尝试与恋人坦诚沟通，看看他是否真的对第三方有了超出友情的感情，如果答案是肯定的，分析一下出现这种状况的原因，是否自己哪方面做得不好，如自己的言行不得体，对他不够热情和关心，或是你们的感情经不起考验。冷静分析之后，再与对方进一步沟通，看能否改变这种局面。假如事情已经到了不可挽回的地步，就需要较为平静地接受了。

爱情只能产生于两个人之间，三角恋注定是一个悲剧。如果被动地陷入三角恋的旋涡，仔细考虑一下这种恋情是否值得继续下去。三角恋不仅会伤害你的感情，而且会耗费大量的时间和精力。因此，要果断地终止与对方的恋爱关系，以免对自己的感情造成更大的伤害。

（三）异地恋

由于各种原因，大学生可能会面临异地恋。异地恋是指恋爱双方在一定的时间段内处于异地。例如，大学生恋爱的对象是其高中同学、老乡，而两人又各自在不同的地方上大学。由于恋爱双方没有太多的时间进行当面交流，于是处于异地的恋爱双方可能会出现相互不理解、相互不体谅等情况，进而容易发生各种矛盾和冲突，导致恋爱关系的破裂。因此，在异地恋中，恋爱双方都需要提升沟通能力，学会设身处地地为对方着想。当遇到矛盾和冲突时，恋爱双方都需要先冷静下来进行客观分析，并理性地解决矛盾和冲突。

（四）失恋

爱情是两个人的事情。你可以努力，但并不是说，你努力了就一定会有结果，因为你并不能左右另一个人的想法。从心理方面分析，失恋者进入了心理应激状态，好比剧烈的惊吓、各种沉痛的打击使人处于应激状态一般，导致这种应激状态的因素主要有以下三点。

一是情感世界失衡。爱与被爱是每个生命的本能需要。被爱的需要被暂时剥夺必然会引起个体痛苦的感受。失恋者想弄明白，曾经的付出怎么会是眼前的回报，但因果式推理难以诠释这种情感变化。

二是行为模式失重。最轻松的行为模式莫过于习惯化的生活。在思念与忘却之间挣扎，重新建立生活习惯很难，且需要一定的时间。可以先做大事后做小事，先做主要的后做次要的，如先调整运动、饮食、睡眠规律，再进行社交、娱乐等相关活动。

三是思想观念失尊。失恋者痛苦的程度主要与失恋后的想法有关。失恋者越是觉得失去自尊，越是痛苦不堪。自尊是自我存在的核心，失恋者常常在失去原有的爱之后认为自己无用，没有什么价值，产生强烈的自卑。

失恋之所以痛苦，是因为对方的心收了回去，而自己的心还不肯回来。消除失恋的痛苦关键是消除受伤的感觉开始新的生活，而不是怨天尤人。失恋就像一场病，如何才能让受伤的心尽快痊愈呢？

1. 不要哭太久

不要放纵自己哭泣。人一旦开始自怜便无法自拔，不要用眼泪挽留什么，因为当感情消失的时候，眼泪会让人厌烦。

2. 不要追问

也许你还在困惑、不甘心，希望他能给你一个合理的解释，好让你安心放手，但你要知道，有时候爱情离开是根本不打招呼的。

3. 不要联系

找其他人交流，不要给曾经的恋人打电话、发短信、发邮件等，杜绝与他发生任何联系，要学会忘记，学会独立面对生活。

4. 封存回忆

把所有和他有关的东西都封存好，等到有一天你能很平静地面对这段感情的时候再拿出来整理。

5. 过好每一天

也许日子变得漫长，每分钟都让你感觉呼吸困难，度日如年。但是，千万别放弃生活。定好目标，规律作息，用充实的工作和生活来填补心里的空虚，用成就感来弥补情感缺失。

6. 移情

很多失恋的男女会在这个时候投入另外一场恋爱，虽然短时间能迅速缓解内心的伤痛，让受伤的心能得到些许安慰，但不要贸然接受下一段感情，因为这时候的选择并不理智。移情不一定是爱上别人，而是敞开胸怀。你可以爱上植物、小宠物，也可以结交一个新朋友，认识一个新事物，追求一种新的生活方式。

总之，自我成长才是从根本上摆脱失恋痛苦的必经之路。宣泄过后，更重要的是肯定自己，提升自己。

扩展阅读

在朋友失恋时，如何安慰他

不管是什么原因的失恋，都需要一段时间去消化，不管是失恋的哪一方，都不会很轻易地走出来，毕竟这是一段关系的终结，是一个习惯的突然打破。失恋或者离婚，永远都不是人生的终结，只是人生的一段小插曲，也是成长的契机。如果我们的朋友失恋了，那么我们能做些什么才能让他顺利走出来呢？

陪伴。刚刚失恋的时候是最难熬，社会关系瞬间消失，这种心理落差的存在和习惯的被迫消失是很难承受的，这个阶段也是最需要陪伴的，我们只需要递纸巾、送水，保护他不伤害自己。在他需要拥抱的时候给他一个踏实的肩膀，就足以让他有力量支撑自己的生活。

倾听。作为朋友，不用喋喋不休的安慰，不用去讲道理，做一个安静的听众。听他讲述自己的过去，听他的抱怨甚至是发泄。他讲述的过程也是他自己梳理和不断修复心理伤痛的过程。我们扮演倾听者的角色就是为了让他能够很好地表达出来，帮助他完成情绪的梳理和修复。

默默关注、不打扰。失恋者进入下一个阶段，会思考很多，需要一个相对安静的环境梳理自己的思绪和心理状态，这是他成长的过程。我们要做的是默默关注，不要因为过度的关心而扰乱了他自己本身的节奏。

在他寻求帮助的时候引导他看清现实，在他思考的时候给他一个合适的空间。思考的过程必然会受到之前经历的影响，我们可以从旁观者的角度给他一些建议，让他不至于执迷于一个思维和自己较劲。

给他的生活带来一些刺激。例如，计划一次旅行，放松心情，组织一次户外活动，在特别的日子里组织一些朋友给他一个特别的惊喜，做一些之前没做过的新鲜事等。这些都能够给他带来一种新的思维和想法，让他能够做好准备，迎接更精彩的生活。

在这个过程中，作为朋友我们要意识到，自己不是当事人，能够做的事情有限，但这些也能够给朋友很大的帮助。我们做好自己该做的事，不要越界，否则会适得其反。

（五）网恋

随着互联网的发展，网恋也不再新鲜。网络确实给生活增添不少绚丽色彩，给人们提供了一种全新的社交途径和机会，深层次的真诚交流在网络上似乎更容易找到，正是我们所渴望的这份真诚使网上爱情变得更加美好。的确有一些人通过网络相识、相恋，从而找到了理想的伴侣。然而，网络毕竟是一个虚拟的世界，对于涉世未深的大学生来说，如果没有良好的心理素质和相应的心理准备是很容易受到伤害的。因此，要对网恋进行理性分析，保持正确认识是相当有必要的。

一些大学生往往因缺乏自信而采取逃离现实的回避行为，沉溺于在网上寻找爱情，因为网络似乎提供了一个掩护自尊、获得异性认可的虚拟环境。一个羞怯、不善表达的人在网络中可能变成一个侃侃而谈、魅力十足的人。有的人过分沉迷网络世界，在与现实世界隔离、缺乏真实人际互动的情况下，又无法将网络上人格与现实生活中的人格相转换，就会妨碍心理健康发展，造成人格分裂。

有的大学生认为网恋更注重思想的交流、心灵的沟通，它既免去了恋人厮守、影响学习的烦恼，又可以获得精神上的慰藉，其感情反而比现实中的恋爱更为纯粹，更能打动心灵。然而，正是因为他们所拥有的恋情带有很大的虚幻性和非现实性，虚幻的爱情犹如镜中之花、水中之月，最终难以满足人们在现实中的情感需求。即使这种恋情通过努力，从虚拟世界转为现实生活，但因为了解的途径比较单一，双方缺乏实际的、真正的接触和了解，在相见之后，发现与自己想象的相差甚远。还有一些大学生，因为对网恋的痴迷，利用一切能挤出的时间上网，留恋于校外网吧，长期逃课，成绩下降。网络上鱼龙混杂，许多人隐姓埋名、乔装打扮，大学生容易轻信别人，分析辨别能力不强，对社会的复杂程度了解不深，容易被网友利用、玩弄感情或劫财劫色。这些必须引起热衷于网恋的大学生的高度警觉。

二、良好亲密关系的建立

爱情是一种积极的而不是消极的情绪，是人内心生长的东西，而不是被俘虏的情绪。天真的、孩童式的爱情遵循的原则是：我爱人，因为我被人爱。成熟的爱的原则是：我被人爱，因为我爱人。不成熟的、幼稚的爱是：我爱你，因为我需要你。成熟的爱是：我需要你，因为我爱你。如果一个人确实爱另一个人，那么他也爱其他的人，他就会爱世界，爱生活。如果一个人能对另一个人说"我爱你"，那这个人也应该可以说，"我也爱所有的人，爱世界，也爱我自己。"弗洛姆认为成熟的爱包含以下五个基本要素。

（一）给予

爱情是给予而不是索取，给予就是付出，给予是力量的最高表现。恰恰是通过给予，个体才能感受自己的力量和活力。给予比索取带来的快乐更多，这不是因为给予是一种牺牲，而是因为个体通过给予表现了自己的生命力。

给予最重要的范畴并不止于物质范畴，而是人所具有的特殊范畴。给予不仅仅包含物质，还包含一个人身上有生命力的东西，如自己的欢乐、兴趣、理解力、知识、幽默和悲伤。通过给予，不仅丰富了他人，也丰富了自己。

弗洛姆认为，人应该用爱去换取爱，用信任换取信任。如果你想欣赏艺术，你必须是一个有艺术修养的人；如果你想对他人产生影响，你必须是一个能促进和鼓舞他人的人。如果你正在爱别人，但却没有唤起他人的爱，也就是你的爱作为一种感情不能使对方产生爱情，也就是说，作为一个正在爱的人却不能把自己变成一个被人爱的人，那么你的爱情是软弱无力的。

（二）关心

爱情是对生命以及对我们所爱之物的积极的关心。如果缺乏这种积极的关心，那么这只是一种情绪，而不是爱情。爱的本质是创造和培养，爱情和劳动是不可分割的。人们爱自己劳动的成果，人们为所爱之物而劳动。

（三）责任心

当今人们常常把责任理解为义务，是外部强加的东西。但是负责任这个词的本来意义是一种完全自觉的行动，是个体对另一个生命或事物表达出来或尚未表达出来的愿望的答复。负责任意味着有能力并准备对这些愿望给予回答。

（四）尊重

如果没有尊重，那么责任就有可能变成控制别人和奴役别人的主观倾向。尊重别人不是惧怕对方，而是实事求是地正视对方并认识他独有的个性。尊重就是使对方能成长、使自己能发展。爱一个人就应该接受他本来的面目，而不是要求他成为自己希望的样子，以便能把他当作使用的对象。只有当个体达到独立，在没有外援的情况下才能走自己的路，不想去控制和利用别人，才能实现互相的尊重。

（五）了解

人只有认识对方、了解对方才能做到真正尊重对方。如果不以了解为基础，关心和责任心都会是盲目的，而如果不是从关心的角度出发去了解对方，那么了解便是一句空话。了解作为爱的一个方面，不能停留在表面，而要深入事物的内部。一个人只有用他人的眼光看待他人，把自己的兴趣退居第二位，才能真正了解对方。关心、责任心、尊重和了解是相互依赖的。在成熟的人身上可以看到这些态度的集中表现。

📚 扩展阅读

无名指上的爱情

你知道婚戒为什么要戴在无名指上吗？相传在很久以前，人们认为无名指的一条血管是与心脏相连的，用戒指套住爱人的无名指就可以留住他的心了。现在让我们通过下面的活动体验一下无名指的"相亲相爱"吧。

（1）伸出双手，手心相对。

（2）将中指向下弯曲，让两个中指背靠背。

（3）然后，让双手的其他四个手指分别指尖相碰。

（4）请分开两个大拇指，你可以做到吗？大拇指代表父母，大拇指能够分开，象征着每个人都会有生老病死，父母有一天也会离我们而去。

（5）请合上大拇指，再分开两个食指。食指代表兄弟姐妹，他们长大后也会离开我们。

（6）请合上食指，再分开两个小拇指。小拇指代表子女，子女长大以后会有自己的家庭生活，也会离开我们。

（7）请合上小拇指，再试着分开两根无名指。你会发现，无名指怎么也分不开。无名指代表婚姻伴侣，真正的伴侣是无法分开的。所以婚戒要戴在无名指上，婚戒不仅仅是爱情的证明，更是责任和义务的担当，它时刻提醒爱情中的两个人：要理解真爱的含义，遵守爱的承诺。

三、如何培养爱的能力

一段感情的成功与否，不是看与对方能否成功牵手，而是要看感情品质是否达到一定程度，很多时候，牵手不代表成功，分手不代表失败。关键是看在这段感情中双方是否完成了两个重要的恋爱心理任务：了解自己和培养爱人的能力。

（一）肯定的言辞

赞美对方，称赞对方的成就，满足被认同的需要，鼓励以激发对方的勇气。讲话要仁慈、善良，不要刻薄。

（二）礼物

礼物虽小，但礼轻情意重。要了解对方的喜好，敏锐觉察某些礼物的本质。同时要明白虚假的礼物不能表达真实的爱。接受礼物者要明白赠送礼物者抽象的心意，体验到被爱的感受。送礼物时，重要的不是礼物本身，而是它所传达的浓浓的爱意。

（三）服务的行为和奉献的精神

为对方服务其实体现了爱的精神，"坐而言不如起而行"。在服务的行动中能表达难以开口的语言，使行动具有象征意义，让对方感觉到幸福。

（四）精心的时刻

精心的时刻之一：要有精心的对话。最高品质的对话就是有同理心的对话。精心的时刻之二：要有精心的聆听。男生需要学会从复杂的细节中找到问题解决的办法；女生则需要学会谈论与问题相关的大小细节。精心的时刻之三：要有精心安排的活动。了解对方的爱好，例如，如果对方喜欢打篮球、踢足球、听音乐、逛街等，就可以安排这些活动，让对方感到快乐与满足。当你用活动来表达爱的时候，要明确重要的不是活动，重要的是和对方在一起共同参与活动。由于有精心的时刻，双方可以共同创造一间"回忆银行"，存放共有的回忆，双方要尽量多地共同体验一方或双方喜欢的事情，这样的爱情才能长久。

（五）身体的接触

牵手、相伴着走等身体接触行为都表达了不同的爱，双方要用好这个恋爱小技巧。

四、如何维持爱的能力

当热恋的激情逐渐褪去，爱情的新鲜感逐渐消失，恋人之间因差异而发生的争吵越来越多时，很多人陷入了"相爱简单，相处太难"的困惑当中。为什么恋人会"相爱相杀"？如何才能让爱情历久弥新？

（一）志同道合

恋爱是一场志同道合的旅行。志同道合指的是人与人志趣相同，理想与信念相契合。历史上有很多志同道合的爱情典范，如周恩来和邓颖超的爱情就建立在志同道合的基础上，他们共同投身于伟大的革命事业中，给世人留下了一段举世传颂的红色爱情故事。只有建立在志同道合基础上的爱情之花才能经久不衰，而建立在容貌、权利、经济等基础上的爱情经不起风浪的考验。

（二）接纳差异

世界著名家庭治疗师萨提亚曾提出，人们因为相同而联结，因为不同而成长。把这句话运用到爱情中，即"相同"可以理解为志同道合，"不同"可以理解为人与人之间的差异。每个人都有自己的独特性，无论与谁相恋，我们都要学会承认并尊重彼此的差异，否则即使我们结束一段恋情，开始新的感情，旧有的相处模式依然会困扰着我们的爱情。例如，一对恋人的兴趣不同，男生喜欢足球，女生喜欢音乐。热恋的时候，男生总是陪女生去音乐会，参加各种演唱会，但是时间久了，男生无法忍受这种生活，开始联络以前的球友们踢球、看球。女生认为男生不再爱自己，发脾气指责男生，两人的关系陷入僵局。其实，人与人之间的差异不是隔离彼此的障碍，而是相互学习的机会。重要的是，要带着好奇及欣赏的眼光看待彼此的差异，尊重对方，从而在差异中获益。这对恋人通过沟通，了解到音乐和足球是两个人在生活中与其他人建立联结、减缓压力的重要方式，从而选择尊重并支持对方的爱好。就这样，两人重新恢复了以往的亲密关系，不仅有了自己的自由空间，而且愿意参与对方的活动，并从中认识可很多新朋友，还学到了新知识。

（三）理性化解冲突

在生活中，恋爱双方出现矛盾和摩擦是在所难免的事情。有的人被情绪控制或通过大吵大闹的方式解决，或以冷漠、抗拒应对，这都是不成熟的表现，只会将爱情推向深渊。那么如何理性化解冲突呢？

1. 认识冲突

恋人之间的冲突包含以下三种含义：第一，彼此很在意，重视对方，想让对方改变；第二，想解决问题，让感情继续；第三，冲突是一种沟通方式，只是不那么令人舒服。在冲突中，每个人都在表达自己的观点，这在某种程度上可以促进两个人相互理解。

2. 调整情绪

情绪是我们的"信使",提醒我们关注一些信息。当恋人之间发生冲突时,如果对方有很强的负面情绪,可能说明他被爱、被理解、被尊重等内心需求没有得到满足。可以根据对方的需要做出反馈,先让对方恢复平静,再平心静气地沟通。例如,对方感觉你不在乎、不爱他了,你可以真诚地表达对他的爱,或者用拥抱来表达自己的爱,满足其内心的需要。如果双方的反应都很激烈,那么两个人需要先冷静下来再进行沟通。

3. 真诚有效地沟通

沟通是人与人相处的艺术,爱情中的沟通也是如此。在大学校园里,我们经常听到恋爱中的男生抱怨:"我也不知道自己做错了什么,女朋友就莫名其妙地生气了。"而女生往往会说:"他根本不喜欢我,一点儿都不了解我。"女生的心思最难猜,男生经常发现自己费尽心思却不讨好。在恋爱中,因沟通不畅而发生冲突的事情很常见。因此,大学生要学会真诚、有效地沟通。如果对方不明白你的心意,为何不直截了当地向对方表明?沟通时要真诚,沟通的目的是要让两个人相互理解,而不是为了羞辱、指责对方。

> **扩展阅读**

爱 情 十 诫

爱情有着神奇的魔力,可以唤醒每个人心中最美好的一面,让双方的心灵得到滋养。但是,经营不善的爱情也会给人带来创伤和痛苦。如何更好地经营爱情呢?下面的爱情十诫希望能对你有所启发。

第一,不要强求对方。每个人都是独一无二的个体,我们无法要求对方与自己有同样的思想和感觉,也不能强求对方改变,要求对方懂得读心术,能够随时满足我们的要求,这样只能导致冲突。恋爱并不是要求对方满足自己的全部需要,每个人都需要学习为自己的快乐负责。在成熟的爱情里,我们先必须完善自己才能去爱别人,这样才能真正懂得如何去接纳别人的爱。

第二,避免让爱情发展得太快。如果恋爱关系进展迅速,一开始就如胶似漆、未婚同居,这是很危险的事情。研究发现,与婚后才有性关系的人相比,同居者对性关系的满足程度较低,婚外情的发生率较高。成熟的恋爱要经过相识相知——接纳信任——相互支持——承诺——性爱等阶段。关系进展过快会减少双方彼此信任、相互了解、建立亲密关系的机会,并最终降低双方吸引力。

第三,避免过早地将个人隐私全部告诉对方。爱需要学习,也需要智慧。如果在恋爱初期,一方将过去的痛苦全部倾诉给对方,这看似是诚实的表现,实际上是强求爱人带给自己快乐,为自己的情绪与安全感负责。时间久了,即使不会失去对方的尊重,也可能会使另一方因无法承受而离开。每个人都有自己的秘密,可以在彼此的信任感加强后再分享给对方,但是不能勉强。

第四,不要剥夺对方的自由空间。爱情最怕的是一开始总是形影不离,一段时间后,一人变成逃避者,开始追求自己的独立空间,另一人则变成追逐者,抓住对方不放,剥夺对方的自由空间。要对自己保持信心,培养广泛兴趣,提升个人魅力,同时体贴、尊重对方,给对方适当的自由空间,不要一味强求对方满足自己。

第五,不要勉强对方做不愿意做的事。要尊重对方,持有理解、接纳与宽容的态度,努力提升沟通与解决冲突的技巧,寻求双赢的做法,帮助对方满足需求。

第六,不要因恋情稳定就言行随便、态度敷衍。

第七,不要只关注外表。尽管最初恋爱的时候大学生很容易被对方的外表所吸引,但是随着恋情的发展,外表就没有那么重要了。忠诚、专一、善良、乐观等优秀品质要比薪水、学位更重要,是未来婚姻幸福与否的关键。

第八,不要只专注对方的态度,也要了解其人际关系。有些大学生没有自信,自我价值感比较低,当别人对自己好的时候就很容易开始一段感情,而根本没机会了解对方。与异性交往时,要保持头脑清醒,不要被爱情冲昏了头。去拜访对方的家人和朋友时,要看他与家人、朋友如何相处,他的人际关系如何。要知道,良好的人际关系与未来的幸福息息相关。若对方只是对你好对别人不好,是非常不实际和危险的。

第九,不要回避婚前准备。当你们开始考虑婚嫁问题时,双方要理性地沟通婚后的情况,提前做好准备。例如,双方对金钱的看法如何?对双方父母的态度如何?要不要给家里钱?什么时候要小孩?如果这些问题在婚前可以达成共识,那么婚后会减少很多困扰。婚姻等于两个人各自带着一副蓝图去盖一栋共同的房子,这是一件很困难的事。这就是为什么婚前准备如此重要。

第十,理解对方的婚前焦虑。有些人在婚前或许会出现焦虑反应,不确定自己的选择是否正确。这时,不要委屈自己或是逼迫对方,而是要给彼此空间,了解焦虑和恐惧的来源并学习如何解决。经过一段时间思考再步入婚姻殿堂,这才是成熟的表现。

第四节 性心理健康与性心理障碍

一、性心理和性心理健康的含义

(一)性心理和性心理健康

性心理是指个体在性生理成熟的基础上形成的与性特征、性欲、性行为有关的心理状况和心理过程。简而言之,性心理就是与性生理、性行为有关的心理现象。性生理是性心理发展的生物学基础,性生理发育的障碍或缺陷,会使性心理的发展出现偏差。大学生正处于性生理发育成熟、性心理逐渐趋向成熟的时期,也是性生理需求与性的社会规范之间相冲突的阶段。

性心理健康是指个体具有正常的性欲望,能够正确认识与性有关的问题,并且具有较强的性适应能力,能和异性进行正常交往,免受性问题的困扰,还能完善自身人格,促进自己身心的健康发展。

世界卫生组织对性心理健康的定义是:"通过丰富和完善人格、人际交往和恋爱的方式,达到性行为在肉体、感情、理智和社会诸方面的圆满协调。"性心理健康是人类健康不容忽视的重要组成部分。

（二）性心理健康的标准

1. 正确认识和接纳自己的性别

一个性心理健康的人，能正视自己的性心理发育、性心理变化，能在所处环境中正确评估自己，能客观评价自己和他人，并乐于承担相应的性别角色。

2. 具有正常的欲望

具有正常的性心理首先得有正常的性欲望，如果没有正常的性欲望就不会有和谐的性生活，就会影响性心理健康。正常的性欲望对象要指向成熟的异性个体，而不是其他物品等替代物。

3. 性心理和性行为符合年龄特征

性生理和性心理发展要保持统一。

4. 正确对待性变化

个体在生长和发育过程中，性心理因素、性生物因素和性社会因素是交互呈现的，个体在其中要建立自我同一性，才能保持三者的和谐状态。这就要求个体能够正确对待性生理成熟所带来的身心变化，在出现性冲动后，能够正确释放、控制、调节，使之符合社会规范的要求。

5. 对于性没有犹豫、恐惧感

能够把性作为生活的一部分而科学对待，不存在对性的恐惧和怀疑。

6. 与异性保持和谐的人际关系

在交往过程中，保持独立而完整的人格，做到互相尊重、互相信任。

7. 正当健康的性行为，符合社会伦理道德规范

二、大学生性心理的发展阶段

美国心理学家赫洛克认为青春期的性心理发展一般分为以下四个时期。

（一）性抵触期

个体在青春发育初期，有一段较短的时期，总想远远地避开异性，少女表现得尤为明显。这种现象主要与生理因素有关，由于第二性征的生理变化，个体对自身所发生的剧变感到茫然与害羞，本能地对异性产生疏远和反感，此时期大约会持续一年。

（二）仰慕长者期

个体在青春发育中期，常对周围环境中的某些在体育、文艺、学识以及外貌上特别出众者仰慕爱戴，而且会模仿这些出众者的言谈举动，以致入迷。

（三）向往异性期

个体在青春发育后期，随着性发育的渐趋成熟，会对与自己年龄相当的异性产生兴趣，并希望在接触过程中吸引异性对自己的注意。但由于情绪不稳定，自我意识增强，因而个体在与异性接触过程中，容易发生冲突，常因琐碎小事而争吵甚至绝交，因此交往对象常有转移。

（四）恋爱期

发育完成后，个体达到成年阶段，此时常把感情寄托在自己钟情的一个异性身上，彼此常在一起，情投意合，在工作学习中互相帮助，生活中互相照顾体贴，憧憬婚后的美满生活，并开始为组织未来的家庭做准备。这时的青年对周围环境的注意减少。女生常充满浪漫的幻想，向往被爱，容易多愁善感；男生则有强烈的爱别人的欲望，从而得到独立感的满足。大学生处于从向往异性期向恋爱期过渡的阶段。但由于大学生存在成熟的性生理与不成熟的性心理的矛盾，所以在这个阶段大学生更应该加强对自身性心理的了解和学习。目前，我国在校大学生的年龄一般在18～23岁，在这个阶段，性的成熟与整个身体的发育已基本完成，但是性心理的发育并未达到成熟。这时期的大学生好像一台马力十足但方向盘和刹车并不灵敏的汽车。在我国，关于性的问题一直被蒙着神秘的面纱，加之我国很少在大学生中开展系统的性教育，导致大学生一直难以获得系统、完整、科学的性知识。

三、大学生常见的性心理困扰

大学生在性成熟的过程中，常常会有许多困惑，特别是在社会变迁中的种种价值观和性观念，这些信息冲击着大学生的价值体系。我们应该将性视为洪水猛兽还是应该接纳科学而自然的性？究竟怎样的性才算是合适的呢？这些问题困扰着众多大学生，大学生常见的性心理困惑主要有以下几个方面。

（一）性冲动和性幻想

偶尔或适度的性幻想是性发育过程中出现的正常现象，它代表着性知觉的觉醒和性意识的萌发，一般都是有益无害的。不管怎样，性幻想并未构成具体行为，所以不必过分自责，不要认为这是卑鄙见不得人的事。事实上，性幻想对于减少人的紧张与焦虑乃至性压抑都是有益的。但如果一个人频繁出现性梦或性幻想就会影响休息、睡眠和体力的恢复，严重的还会导致神经衰弱，给身心健康带来不利影响。当性幻想变成一种强迫性思维时，人们会陷于深深的苦恼中，如果一个人整天沉溺于性幻想，就会干扰学习，对心理发育造成危害。

（二）性自慰焦虑

事实上，性自慰本身并不会带来害处，人们没有理由把性自慰当作有害身心健康的异常性行为看待。大学生不能用性行为来释放自己的性冲动能量，性自慰是唯一可采取的主要性行为。性自慰的危害并不在于性自慰本身，而在于对性自慰的担忧、恐惧、羞愧和罪恶感。大学生对性自慰的错误认识是产生性自慰烦恼的真正原因，一旦明白性自慰是正常的、无害的，并且性自慰并不是个别人的行为后，心理的负担卸了下来，这样性自慰的欲望和行为反而减少或容易调节了。

（三）性心理偏差行为

性心理偏差是指青少年在性发育过程中的不适应行为，如过度手淫、迷恋黄色书刊、不当性游戏、轻度性别认同困难等。这些行为一般不属于性心理障碍，但个体对这些不适当行为应给予有效的干预。手淫本身不是心理障碍，对身体并无损害，也不必产生罪恶感。应注意的是个体由手淫的错误观念引起的心理冲突，尤其对于过度手淫要采取转移注意力的措施，并通过参加文体活动等方法予以纠正。

（四）婚前性行为

大学生的婚前性行为是指大学生在没有建立结婚的合法性关系前进行的性行为。由于大学生的性生理已经成熟，而其性心理的发展相对滞后，并不成熟，因而多数大学生并不能担负起发生婚前性行为的责任，双方很可能在没有充分的心理准备下发生婚前性行为，这可能会给大学生的身心健康带来一定的伤害。大学生从同居到结婚之前，还有很多可能性，如有了亲密关系后分手，有时带来的伤害更大；若因女生怀孕而堕胎，则会给女生身体造成伤害；因怀孕而必须结婚，除了无奈，日后婚姻品质更是未知数。因此，对于婚前性行为，大学生应当慎之又慎。

总而言之，在性的问题上，大学生应珍爱青春，珍爱生命，学会选择，学会自律，使自己拥有健康的性心理，同时遵守性道德，保护自己和他人的健康。

四、大学生常见的性心理障碍

（一）性心理障碍及特点

性心理障碍是指两性行为的心理和行为明显偏离正常，并以这类性偏离作为性兴奋、性满足的主要或唯一方式的一种精神障碍。

评价性行为是否正常没有绝对的标准，它们之间的主要区别有以下三个方面。

（1）凡是符合社会公认的社会道德准则或法律规定的，并符合生物学需要的，即可看作正常性行为，否则看作是异常性行为。

（2）某些特殊行为会使性对象遭受伤害的，本人也为这种行为感到痛苦的，或在某种程度上会使人蒙受伤害的，如受到严重指责，地位名誉受损，甚至遭受惩罚的，被看作一种性心理障碍。

（3）性心理障碍会引发长时间反复、持续发生的、极端的、变异的性行为。性行为由正常到异常可以看成一个连续体，其两极是正常和异常。只有明显的、极端的变异形式才被看成性变态的类型。

（二）性心理障碍的类型

1. 性身份障碍

性身份障碍者从心理上否认自己的生理性别和服饰，具有强烈希望转换成异性的欲望。

2. 性指向障碍

性指向障碍者的性欲与常人不同，他们往往对不能引起正常人性兴奋的人或物感兴趣，如自恋。

3. 性偏好障碍

性偏好障碍者采用与正常人不一样的性行为满足自己的性欲，如异装癖、恋物癖、窥视癖等。

五、维护性健康的途径

（一）科学地掌握性知识

性是一门综合性的科学，它包括性生理学、性心理学、性社会学、性伦理学、性美学等。性生理学从生理解剖学和遗传学上揭示了两性在生理构造上的区别，性器官的功能及性本能的产生，揭示了性的产生、发展和成熟的规律，学习性生理学可以使人们去掉性禁忌，减少性神秘感，减轻性压抑。性心理学包括性欲、性爱心理、性别角色心理、恋爱婚姻心理及性变态心理等，能够帮助人们了解自己性心理的发展，以理智克服冲动。性社会学揭示了性行为的社会属性，强调人要对自己生物的性进行控制，使其符合社会规范的需要，以促进个人身心健康发展和社会的安定繁荣。性美学可以使大学生了解如何使个人的性行为符合审美需要。因此，大学生应当努力学习和掌握性科学知识，避免性无知，消除把性仅仅看成生物本能的片面知识。

（二）培养健康的人格

性不仅仅决定于生物本能，而且个体对性的态度也反映了个体人格的成熟与否。个体的自身尊严感和对他人是否尊重，都会在两性关系中充分体现出来。性其实是人格的一面镜子。

1. 性别自我认同

性别角色意识是一个人社会化成熟与否的重要体现，是心理健康的重要标志。世界是两性和谐统一，男性和女性在生理和心理上各有自己的特点，各有自己的性别魅力。现代社会的大学生应当在生物生理、社会心理和文化、经济、社会参与以及政治等方面，进行合乎科学、合乎道德、合乎时代要求的全面角色认同。尽管现在社会上对同性恋存在着各种不同的看法，但人们对同性恋所引起的社会适应困难的看法是相当一致的。因此，大学生应当接纳和欣赏自己的性别角色，发展出适应时代要求的优秀个性特点。例如，坚毅与刚强，温柔与关爱等。这些特点是现代人必备的个性品质，它们已经不再专属于传统的男性特点或女性特点。对性别角色的认同和胜任是现代人成功适应及发展的重要心理基础。

无论男生或女生，都应当接纳自己的外貌和生理特征的现状，世界上没有完全相同的两个人，每个人都有自己独特的外表美，个体不必时时与他人进行比较，而且个体的外貌及身体的生理特征是先天遗传的，个体无法改变，最重要的是增强自己的内在美，即增强自己的人格美、气质美、才华美。个体常常不是因为美丽才可爱，而是因为可爱而美丽。当个体拥有了自信、乐观的心理，拥有了高尚的品格和高雅的气质时，就拥有了令人喜爱的魅力。

2. 性行为要对他人负责

如果性行为只停留在手淫、性梦等方式的自我宣泄上，是不会影响他人的。但是如果性行为涉及另一个人，那么便涉及许多社会责任。性行为可以给另一方造成心理和肉体上的伤害，可以产生第三个生命，这意味着个体的性行为将影响另一个人的生活，也将影响自己的生活。在大学生中，因发生性关系后自卑、内疚者有之，堕胎流产者有之，受到学校处分和法律制裁者也有之。一些青年人常说："不管天长地久，只管曾经拥有。"也许在一时冲动下，拥有了短时间的兴奋和满足，然而，个体能否承担起这"一时拥有"之后的沉重责任？有学者对大学生初次性行为的心理状态进行过调查，结果发现，78%的女生和62.9%的男生感到紧张；77%的女生和65.8%的男生怕怀孕。可见，大学生在发生性行为时，当事人有负面情绪和矛盾心态的占大多数，这对今后的生活会产生不良影响。每个成熟的大学生都应当了解个人性行为给他人、自我和社会带来的后果。因此，要尊重他人、尊重自我，对自我的行为负起责任来。大学生要增强自己的性道德和性法律意识，用道德和法律规范自己的性行为。

3. 坚强的意志品质

大学生自我控制性心理能力的强弱，在一定意义上是由意志品质的强弱决定的。意志作为达到既定目的而自觉、努力行动的一种心理状态，具有发动和抑制行为的作用。尽管有的大学生有很强的性冲动，尽管在外界性刺激的情况下，一般会急于寻求性满足，但是，人不同于动物，人有意志力，人可以抑制和调整自我冲动，那些放纵自己的人往往缺乏坚强的意志品质。鲁迅先生曾经说过："不能只为了爱——盲目的爱——而将别的人生意义全盘疏忽了。"为了自己长远的幸福和个人成功地发展，应当努力培养自己坚强的意志品质。

（三）积极自我调节

每个大学生都应该懂得：任何一个人都应该尊重他人的存在价值；每个人都应该以希望他人如何对待自己的方式去对待他人；每个人发展自尊与自重都应该建立在良好的人格标准基础之上，即责任心、诚实、善良，并对自己的道德能力有信心。性欲是正常的和健康的，而且性欲是可以控制的。

1. 有效缓解性冲动

对于性冲动，除了给予适度控制，还可以采取一些积极的、富于建设性的、符合社会规范的方式，以此来取代或转移性欲。通过投入学习、工作和参加各种文体活动，以及男女正常交往等多种合理途径，陶冶个人情操。大学生要尽量避免影视、报刊、网络上过强的性信息刺激，抵制黄色书刊的不健康影响。

2. 调控遗精恐惧和月经焦虑

对于遗精和月经，不必太紧张。男生要正确对待遗精，经常清洗床单、内裤和性器官，保持个人卫生。女生要了解月经规律，减少经期中的不良精神刺激，努力调节自己的情绪，愉快地度过经期。

3. 调节手淫、白日梦和性梦的困扰

个体要通过性知识的学习，克服手淫引起的心理困扰。1991 年 6 月，在第十届世界性科学大会上，专家们批判了"手淫恐怖论"，提出了"手淫无害论"，认为手淫是一种自然的、正常的性行为，手淫是对性冲动的缓解。因此，大学生不必因为手淫而自责。但是，过分沉溺于手淫，只靠频繁的手淫来缓解性紧张是不健康的表现，应当通过丰富多彩的精神生活和恰当的异性交往来平衡自己的性心理。白日梦和性梦是大学生较为普遍的心理现象，因此对于白日梦和性梦不必担心。大学生应当通过追求高层次的需求，来缓解自己的性心理，减少白日梦和性梦。

4. 解除性游戏的烦恼

性游戏是儿童对性好奇而玩的游戏。儿童在进行性游戏时往往还不具备道德意识，因此，不必给童年性游戏的经历加上道德审判。

（四）正确把握异性交往

文明适度地进行异性交往，可以满足大学生性心理需求，缓解性压抑。异性交往有益于扩充信息、完善自我，对个人的恋爱、婚姻及个人的成才、发展具有重要的作用。但大学生在与异性交往时要把握分寸、注意场合、规范行为、处理好友情与恋爱的关系。

（五）勇敢面对性骚扰

首先，大学生应当维护自己自尊、自重、自爱的自我形象，做到举止大方、行为得体、作风正派、衣着打扮不轻浮。其次，大学生应当学会自我保护。女生尽量晚上不要单独外出，更不要单独在男性家中或住所长时间停留。面对异性的非分要求，不要畏惧，要勇敢地说"不"。要以严厉的态度制止和反抗性骚扰，必要时可向他人呼救或向公安部门寻求帮助。没有人能强迫自己做不愿意做的事情，两性关系也不例外。对于性骚扰事件的经历，不要过分恐惧和自责，谁也无法避免遇到突如其来的意外骚扰事件。为了更快地排除自己的心理困扰，可以向父母、老师、知心朋友宣泄自己的情绪，也可以寻求心理咨询师的帮助。

（六）主动寻求心理帮助

当上述做法都无法排遣心中的困惑时，心理咨询无疑成了最为有效的一种途径。在心理咨询室中，性不再是一个难以启齿的问题，大学生可以尽情地宣泄心中的郁闷。事实上，现在越来越多的大学都建立了心理咨询室。据不完全统计，在大学生前来咨询的问题中，与异性交往的问题占了一半以上，其中大部分会或多或少地涉及有关性的困惑。当满腹疑虑的你来到心理咨询室的门前时，你可知道，你打开的并不仅仅是一扇普通的门，而是一扇通往心灵的门！

六、大学生性病、艾滋病的预防

(一) 什么是性病、艾滋病

1975年,世界卫生组织决定用性传播疾病这一概念来取代过去的性病一词,把凡是通过性行为,包括生殖器的性行为和类似的行为接触而发生的传染疾病称为性传播疾病。我们习惯地将其称为性病,包括淋病、软下疳、尖锐湿疣、生殖器疱疹、梅毒、非淋菌性尿道炎和滴虫病等。

艾滋病全称为获得性免疫缺陷综合征(AIDS)。这种病是由一种名为"人类免疫缺陷病毒"所导致的性传播疾病。这种病主要损害人体免疫系统,破坏人体的抵抗力,使患者容易患上一些普通人不容易患上的严重传染病和恶性肿瘤,最后导致死亡。由于这种病是对人类威胁最严重的性传播疾病,因此被西方称为"20世纪的新瘟疫"。

(二) 性病、艾滋病的危害

性病、艾滋病严重地摧残着人们的身体,吞噬着人们的生命,给人类的发展带来巨大的灾难。性病、艾滋病的危害主要有以下四个方面。

1. 损害健康

性传播疾病能够导致病人的皮肤溃烂,生殖器发炎,会造成骨骼疾病、眼科疾病、心脏病、心血管病和神经系统等疾病,还可并发肝炎、肾病等。性传播疾病会导致女性生殖能力丧失。

2. 威胁生命

性传播疾病会直接导致癌症的发生,直接威胁人们的生命,性传播疾病造成的性器官损伤是艾滋病病毒感染的直接途径。艾滋病的治愈率很低,联合国世界卫生组织艾滋病规划署统计,从1981年,世界上报告首例艾滋病人以来,到2009年为止,全球死于艾滋病的人数已达3340万人,仅1999年的死亡人数就达200多万人。非洲死于艾滋病的人数要比死于战乱、饥荒和自然灾害的人数多出10倍。艾滋病是吞噬人类生命的恶魔。

3. 毒害后代

性传播疾病和艾滋病不仅使患者本人遭受疾病的折磨,而且还会通过妇女怀孕把病毒传给无辜的婴儿。同时,母乳喂养也会使受艾滋病病毒感染的母亲把病毒通过乳汁传给婴儿。医学专家统计,受艾滋病病毒感染的婴儿存活时间一般不超过2~3年。据统计,全世界有300万名婴儿在出生时就感染了艾滋病病毒,许多儿童很快发展为艾滋病,很快就丧失了生命。

4. 摧毁经济

艾滋病对于世界经济的摧毁丝毫不亚于世界大战。据统计,全世界仅1991年用于防治艾滋病的经费总额就高达85亿美元,其中用于艾滋病研究的经费高达20亿美元。亚洲开发银行副总裁苏利有面对艾滋病对亚洲国家的威胁说:"艾滋病是亚洲繁荣的大敌。""艾滋病威胁过去20年来取得的许多经济成果。有些国家最近才开始改革经济,并已有了经济增长,但这些经济成果也可以被艾滋病摧毁,亚洲的经济成果可能毁于一旦。"

（三）性病、艾滋病的预防

艾滋病正在全球疯狂地肆虐。据统计,艾滋病的感染力正在以每年出现 16000 个新感染者的速度增长。据报道,我国 1985—2001 年累计报告艾滋病感染者已达 85 万人,仅 2001 年,全国报告艾滋病感染者已达 8219 人,较 2000 年增加了 5%,这一速度远远超出了我国遏制艾滋病计划的控制水平。在艾滋病感染者中,青少年男性占大多数。为了我们的身体健康,为了中华民族的繁荣昌盛,为了我国现代化事业的不断发展,大学生应当积极参加性病、艾滋病的预防工作。

1. 人格健康

一位美国学者在回顾了与性病、艾滋病做斗争的 20 年的痛苦经历后深深地感到,人类最后遏制性病、艾滋病流行的途径既不可能是特效药和疫苗,更不可能是避孕套,而是人格教育和建立健康的家庭。大学生应当不断完善自己的人格,学会自尊、自爱和自信,拥有积极进取的人生态度和健康的生活方式,同时也能尊重他人的人格,遵守性道德,有效地控制自己的性行为,对自己、他人和社会负责任。

2. 洁身自爱

国内首次由中学生自己设计、自己实施的、在同伴中进行的关于艾滋病的相关问题调查结果让人们大吃一惊,其结果表明:在北京市东城区的 739 名被调查学生中,竟然有 386 名学生赞成婚前性行为,占接受调查人数的 48.8%。这个结果再次提醒人们,性纯洁教育在当前大中学学生中的必要性。不纯洁的性行为不仅会加大性病、艾滋病的传播范围,而且还会给人们特别是青少年带来严重的身心损害。因此,应当在青少年中大力倡导性纯洁教育,减少婚前性行为的发生,这不仅可以有效地预防性病、艾滋病的传播,而且也能使人们享受到真正的性爱。同时,大学生应当拒绝各种媒体中的性污染,减少不良的刺激。

3. 预防宣传

为了提高全世界各国人民对艾滋病的警觉与重视,动员各种力量对抗艾滋病,世界卫生组织于 1988 年首先倡导在全世界开展"世界艾滋病日"活动,并将每年的 12 月 1 日定为"世界艾滋病日"。在近几年中,青少年一直都是对抗艾滋病的主体,这一方面体现了世界对青少年关注的程度;另一方面也反映出艾滋病对青少年威胁的严重程度。性健康是民族兴衰的大事,普及、宣传性传播疾病、艾滋病预防知识,使青少年了解性传播疾病、艾滋病的传播途径是预防疾病传播的重要工作。同时,宣传教育的目的也是为了建立一种正确对待性传播疾病的态度。要防止对艾滋病患者产生恐惧和歧视心理,大学生应当积极参与预防性传播疾病、艾滋病的宣传教育活动。我们相信,在全世界的共同努力下,艾滋病终将会被人类所征服。

学习思考

1. 在大学里我们应不应该恋爱,该如何面对爱情?

2．大学生常见的恋爱心理困惑有哪些？如何调整？

3．大学生应如何面对失恋？

4．大学生常见的性心理困惑有哪些？

5．大学生性健康的标准是什么？怎样维护自己的性健康？

课堂活动

择偶标准

就大学生而言，无论你已经拥有了爱情，还是即将拥有爱情，都需要对自己选择爱人的条件进行认识。下面，请你写出自己选择恋人的五条标准。

第一条：_____；

第二条：_____；

第三条：_____；

第四条：_____；

第五条：_____。

推荐阅读

1．《小王子》

作者：[法]安托万·德·圣埃克苏佩里

出版社：浙江文艺出版社

本书是一本著名儿童文学短篇小说。书中以一位飞行员作为故事叙述者，讲述了小王子在从自己星球出发前往地球的过程中，所经历的各种事情。作者以小王子孩子式的眼光透视成人，用浅显、天真的语言写出了人类的孤独与寂寞。

2．《男人来自火星，女人来自金星》

作者：[美]约翰·格雷

出版社：北京联合出版公司

男人和女人之间究竟有哪些不同？丈夫和妻子怎样才能更好地沟通？男人不可能100%地了解女人，女人也不可能100%地了解男人，这是永恒的真理。本书就是教你如何变得宽容和体贴、富有爱心，尤其当伴侣态度不佳、情绪糟糕、言语过激，与你的期待大相径庭时，你必须给伴侣足够的包容和充分的理解，不要不留情面地指责对方。一个人应该知道两个人的感情如何不取决于对方是否完美，即使你们有很多缺点，却依然可以和睦相处，一生幸福。当伴侣没有以我们理想中的方式给予回应时，多一些关于男女两性的认识可以帮助我们多一些宽容、多一些谅解。

3．《爱的艺术》

作者：[美]艾里希·弗洛姆

出版社：上海译文出版社

在本书中，弗洛姆认为，爱情不是一种与人的成熟程度无关，只需要投入身心的感情。

如果不努力发展自己的全部人格并以此达到一种创造倾向,那么每种爱都会失败;如果没有爱他人的能力,不能真正谦恭地、勇敢地、真诚地和有纪律地爱他人,那么人们在自己的爱情生活中永远也得不到满足。

心理测试

爱情价值观——借船过河

L 小姐和 M 先生是一对恋人,两人隔河而居,需要渡船才能相见。有一天,M 先生得了急病,L 小姐知道了心急如焚,但是那一天出现了暴风雨,河水暴涨,风急雨劲。M 先生叫她不要去探望他,可 L 小姐还是要不顾一切地去看他。于是她去找 B 先生,因为 B 先生有一条船,有能力送她过河。可是由于天黑、风高、浪急,风险太大,B 先生要求过河费 10 万元。即使 L 小姐向他解释 M 先生的情况十分紧急,B 先生依然不为所动。L 小姐当然没有那么多钱,于是她又去找 S 先生,因 S 先生也有一条船。岂料,S 先生竟是无耻之徒,他要求 L 小姐与他发生性关系。L 小姐为了爱情,不得已牺牲了自己……最后,S 先生载她过了河。

M 先生的病情最后没有恶化,化险为夷。但当他知道 L 小姐为了见他居然与 S 先生交换此等条件后非常生气,何况他早已让她不要来!于是,M 先生和 L 小姐就这样分手了。L 小姐很伤心,不久之后,她认识了年纪较大的 F 先生。当他知悉了她的过去后,表示并不介意,且认为他们与自己无关,依然向她示爱,愿意照顾她一辈子。最后,两个人就这样平淡地走在了一起。

参考故事内容,把故事的五位人物 L、M、B、S、F,按照你喜欢他们的程度,由好至坏进行排序。

如:(1)F (2)B (3)L (4)M (5)S

其实每个故事人物都代表一个含义。

L 小姐代表 Love(爱情)。

M 先生代表 Morality(道德)。

B 先生代表 Business(事业/金钱)。

S 先生代表 Sex(性)。

F 先生代表 Family(家庭)。

当你领会故事的内涵后,对故事人物的排序就反映了以上观念在你心目中的排序。

第七章

大学生学习心理

导言

在大学，学习仍然是校园活动的主要形式，更是大学生的第一任务，是大学生获得广博知识、提高自身素质的重要途径。大学生要形成一种认识，塑造两种角色。一种认识是指大学生要认识大学学习的独特性，根据大学学习的特点，转变学习方向。两种角色是指快乐的学习者和高效的学习者。大学生需要采取合理的学习策略，提高自己的学习能力，实现高效率的学习。

本章知识点

1. 学习的含义，大学学习的特点；
2. 大学生常见的学习困扰及考试焦虑与挫折；
3. 提高学习效率的途径。

第一节 透视大学的学习

一、什么是学习

学习分为广义和狭义，狭义的学习是指个体通过阅读、听讲、研究、观察、实践等获得知识或技能的过程，是一种使个体可以得到持续变化的行为方式。而广义的学习是指个体在生活中，为了获得经验而产生的行为或相对持久的行为方式。就整体而言，大学阶段的学习属于广义的学习，不再仅仅局限于知识或技能的获得，而是个人基本能力、素质的提升，是思维方式与眼界学识的开阔。如果用高中的学习标准来衡量自己，记住多少概念、学会几个公式，那大学真的可能是一无所获。大学的学习是广泛的，也是隐性的，即一些学习和成长在当下也许是感觉不到的。从广泛的角度看，学习包括很多，但从狭义的角度看，只有背单词和上课等才是学习。

二、大学学习的特点

（一）学习内容丰富性

大学生所学习的知识量、所涉及的知识范围是远远超过中学生的。大学阶段既要学习专业的知识，也要学习课外诸多层次的知识，如人文知识、计算机知识、网络技术、处世技巧等。大学阶段学习的知识专业性很强，不仅要学习本专业、本行业的知识，而且还要学习本专业最新的前沿知识和科学技术发展概况。因此，大学学习内容的深度和广度比中学阶段要大大地扩展了。在中学阶段，学生主要的学习任务就是应对考试，所学的课程固定，课程涉及范围相对较窄。在大学阶段，大学生所学习的课程门数更多，范围更广，程度更深，每门课程都不相同。

（二）学习方式多元化

中学阶段学习的主要方式就是听课和做练习题，而在大学阶段很少有习题可做，而且很难找到一种主流的学习方式，也许在图书馆阅读或者听一场非常好的讲座和上课时认真听讲都是大学学习方式，最主要的是上大学后更多的是自主学习。中学阶段无论是上课还是课余，往往都会有老师或父母的监督，而来到大学，上课和下课几乎没有人监督，自己任意支配自己的时间。大学阶段自学能力的培养，既是适应大学学习方式多元化的一个重要方面，也要求每个大学生必须养成的良好习惯。正如钱伟长所说，一个人在大学四年里，能不能养成自学的习惯，学会自学的习惯，不但在很大程度上决定了他能否学好大学的课程，把知识真正学通、学活，而且影响到大学毕业以后，能否不断地吸收新的知识，进行创造性的工作，为国家做出更大的贡献。当今社会，知识更新的速度越来越快。大学生在大学毕业后，未能养成自学的习惯和形成自学的能力，不能自觉地更新自身的知识，必然会落后于时代的发展。

（三）学习目标具有多样性

中学阶段的学习目标非常明确，就是应对考试。那大学的学习目标是什么呢？是学生自身的全面发展和能力的培养。高考需要掌握好各科知识，而大学阶段的学习是全面发展和注重能力培养，这也就注定了大学的学习目标是多样化的。要学好专业课，具备良好的专业素养；学会与人相处，具备良好的沟通能力；学会管理情绪和调节压力，形成健康的心理素质；更需要德、智、体、美、劳的全面发展，即不仅要有良好的科学文化素质、身体素质、思想道德素质，也需要有正确的世界观、人生观和价值观，这五个要素是一个统一的有机体，五个方面对人才的成长互相促进、互相制约、缺一不可。

（四）学习的价值长远化、隐性化

相比于中学阶段，有人会觉得在大学学习没什么用处，学习的价值和意义没有那么突出和明显。产生这种想法的原因是大学生对学习价值的理解不到位。大学阶段是不断积累知识、完善自己的阶段，学习的价值不会立刻体现，只有将来工作了才会意识到当初的学习是如此重要。读大学的本质目的既不是为了获得文凭找到好工作，赚取很多物质上的奖励，也不是为了提升自己的个人素质，而是在大学的学习过程中，优化自己的思想，提升自己的格局，不局限于书本知识，而是形成自己的思想。

三、影响学习的心理因素

（一）学习动机

学生的学习是否有效主要取决于两大因素：一是会不会学；二是愿不愿学习。前者属于学习方法与策略问题，后者属于学习动机问题。学习动机是指激发个体进行学习活动、维持已引起的学习活动，并导致行为朝向一定的学习目标的一种内在过程或内部心理状态。学习动机驱动学习，而学习的效果又能产生或增强后续学习的动机。

（二）学习兴趣

学习兴趣是一个人学习的内部动机，而且是可以伴随一个人一生的学习驱动力。只有一个人真正地爱自己的专业，学起来就会主动，就会全神贯注，才有可能在自己的领域中有所建树，并从中获得快乐。而如果一个人以荣誉、奖学金等为目的进行学习，就会把学习作为一种负担，只能出于应付，往往很难持续下去。

（三）归因

归因是个体对自己或他人行动结果的原因的知觉或推断。人是理性动物，具有强烈的理解环境和自身的需要，为了满足这些需要，人们就会依据各种信息和线索对所发生的事情或行为结果进行推断，力求找出动因，以便做出恰当的行为。控制点理论是由美国心理学家朱利安·罗特提出的一种个体归因倾向的理论。这种观点认为个体对自己生活中发生的事情及其结果的控制源有不同的解释。对某些人来说，在生活中多数事情的结果取决于个体在做这些事情时的努力程度，所以他们相信自己能够对事情发展与结果进行控制，这种人被称为内控者。而外控者则认为在生活中的多数事情的结果是个体不能控制的各种外部力量作用的结果，他们相信社会的安排，相信命运和机遇等因素决定了自己的状况，而个体努力无济于事，这类人倾向于放弃自己生活的责任，控制点在个体的外部。

由于内控者与外控者理解的控制点来源不同，因此他们对待事物的态度与行为方式也不同。内控者相信自己能发挥作用，面对可能的失败也不怀疑未来可能会有所改善，面对困难情境，能付出更大努力，加大工作投入。而外控者看不到个人努力与行为结果之间的积极关系，面对失败与困难，往往将原因归于外部原因，不去寻找解决问题的方法，而是企图寻求救援或碰运气，他们倾向于以无助、被动的方式面对生活。个体对成功和失败的解释会对以后的行为产生重大影响。

（四）意志力

意志力是指个体自觉地确定目的，并根据目的来支配、调节自己的行为，从而克服各种困难，实现目标的一种品质。意志力是个体在学习和事业中取得成功的重要心理因素。课堂上听取老师的讲解是大学生掌握知识和解决问题的主要渠道，如果缺乏意志力，那么学生难以跟着老师的思路去听课，难以做到耳听老师讲课，难以做到眼看老师板书，难以做到不断地动脑筋思考问题。

案例分析

20世纪70年代，在美国得克萨斯州的一所小学校园里，来了一个陌生的中年男子。他给每个孩子都发了一粒包装精美的糖果，并告诉他们：这一颗糖果属于你，你可以随时吃掉，但如果谁能坚持等我回来以后再吃，那么就会得到两颗同样的糖果作为奖励。说完，他离开了这里。时间一分一秒地过去了，这颗糖果对孩子们的诱惑力也越来越大，有一个孩子剥掉了糖纸，把糖放进嘴里并发出"啧啧"的声音。其他的一些孩子也纷纷剥开了糖纸，但仍有一些孩子在想方设法地控制着自己。在等待那位叔叔的期间，孩子们的表现千奇百怪，有的用手盖住眼睛，转过身，故意不去看桌上的盘子，有的不安地踢桌子，或拉扯自己的小辫子。当40分钟后那个陌生的叔叔回来时，那些忍受诱惑的孩子得到了应有的奖励。

这个陌生人就是著名的心理学家沃尔特·米歇尔，后来他跟踪这些能够忍受住糖果诱惑的孩子整整14年。他发现，能够忍受诱惑的孩子，他们的数学、语文的成绩要比那些忍受不住的孩子的平均成绩高出20分。而在参加工作后，能忍受诱惑的那些孩子也不容易在困难面前低头，总是能走出困境获得成功。这个实验告诉我们，延迟满足能够在生活和学习中锻炼孩子的意志力，增强他们的自我控制力以及帮助他们更好地面对困难、挫折、诱惑，并且能够更好地促进孩子的成长。

什么是延迟满足？它与意志力又有什么关系？延迟满足是指一种甘愿为更有价值的长远结果而放弃即时满足的选择取向，以及在等待过程中，展示自我控制的能力。在生活中，一些人常在周末或晚上放弃休闲时间，专心工作，难道他们不知道怎么消遣吗？这其实是延迟满足的表现。为了保障退休后的生活，现在就将部分收入储蓄起来或投资，也是延迟满足的表现。追求当下的快感，是人的本能。问题是，你能否控制自己对当下快感的追求，而去追求长远的、更有价值的东西，这考验着一个人的意志力，而也就是延时满足能力的本质。

（五）学习策略

学习策略是指学习者为了完成一定的学习任务与目标，为提高学习效果和效率，有目的、有意识地制订有关学习过程的复杂方案。迈克卡等人将学习策略分为三种，分别是认知策略：是关于如何加工记忆的策略；元认知策略：是关于自我计划、自我监察和自我调控的策略；资源管理策略：是关于如何利用资源的策略。其中，复述策略、精细加工策略、组织策略都属于认知策略，目的是尽可能多地与原有知识产生联系。

复述策略是指在工作中为了记忆信息，运用内部语言在大脑中重现学习材料或刺激，以便将注意力维持在学习材料之上的策略。在学习中，复述是一种主要的记忆手段，对于许多新信息（如人名、地名或外语单词等），只有经过多次复述后才能记得住。

精细加工策略是指把新信息与头脑中的旧信息建立联系，以此增加新信息的意义的深层加工学习策略。精细加工策略能帮助学习者将信息存储到长时记忆中。精细加工的主旨在于建立信息间的联系。联系越多，能回忆出信息的原貌的途径就越多，提取的线索就越多，精细加工越细致，回忆就越容易。对于意义性不强的学习材料可以采用人为联系，但是对于意义性较强的学习材料，就应该运用更高水平的加工策略，以便知识能在长时记忆中保存。

组织策略是指整合新旧知识之间的内在联系，从而形成新的知识结构的策略。其方法是：① 把学习材料分解成一些较小的单元；② 再把这些单元归在适当的类别之内；③ 把信息组合成具有一定意义的整体。几种常见的组织策略包括列提纲、做笔记、画流程图等。

学习者在学习时要学会使用一些策略去评估自己的理解、预计学习时间、选择有效的计划来解决问题。例如，你正在读一本书，突然遇到一段读不懂，这时你会怎么办呢？你或许会慢慢再读一遍；你或许会寻找其他线索，如图、表、索引等来帮助你理解；你或许需要知道这一章更后面的内容以帮助理解。这意味着你要学会如何知道你什么地方不懂，以及如何去理解。此外，你还要能预测可能会发生什么，或者能说出什么是明智的，什么不是明智的。所有这些都属于元认知策略。

资源管理策略是辅助学生管理可用的环境和资源的策略，有助于学生适应环境并调节环境以适应自己的需要，对学生的动机具有重要的影响。它主要包括时间管理策略、学习环境管理策略、努力管理策略、寻求支持策略等。

扩展阅读

学习高原现象

心理学认为，人在复杂技能形成的过程中，练习到一定时期出现的练习成绩暂时停滞不前的现象，在练习曲线上出现近于平缓的一部分线段，即为学习的高原现象。如图 7-1 所示的为高原现象，而学习中的高原现象是指在学习过程中的一定阶段，产生学习效率低、成绩进步缓慢，甚至停滞的现象。人们在学习过程中，都会产生不同程度的高原现象。因为在各种知识和技能的学习过程中，学习者一般都要经历以下四个阶段。

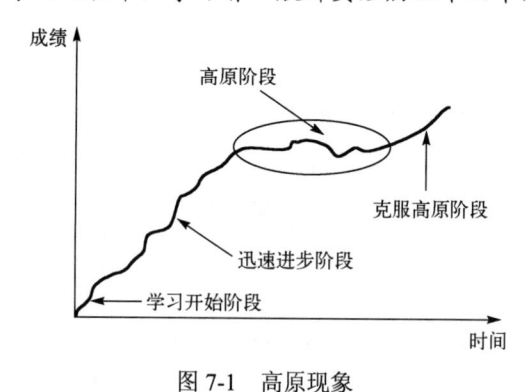

图 7-1 高原现象

（1）学习开始阶段。在这一阶段，学生要理解新事物，熟悉新规律。一般说来，学习是比较费劲的，所以学习提高的速度比较慢，但总的来看，学习成绩是向上的趋势。

（2）迅速进步阶段。当学生初步掌握了学习规律和方法，学习效率有明显提高，学习兴趣日益浓厚，进步迅速，学习成绩直线上升。

（3）高原阶段。由于在学习过程中，会遇到由主观和客观原因造成的各种障碍，使学习进步速度缓慢，学习效率不佳，提高甚少，或者有明显下降，学习成绩处于波动甚至停滞状态。

（4）克服高原阶段。学生主观不断努力，积极改变和寻求有效的学习方法，同时在教师的正确引导和教育环境的促使下，克服各种障碍，从而掌握了新的学习规律和技巧，学习兴趣又得到提高。

那么我们应该怎样克服这种高原现象呢？

首先，激发好奇心。好奇心是人们学习的动力之一，如因学习疲劳而减弱了好奇心，你必须设法重新将它唤起。例如，发现自己的求知欲不如以前，成绩也停止提高。为此每当你上课前，你都要问自己几个问题，这些问题与上课的内容密切相关，以此激发自己的好奇心，上课时，要特别注意听与所提出问题有关的知识，那样会有良好的效果。

其次，改变学习方法和思维习惯。学习方法陈旧和思维习惯僵化是导致学习成绩无法提高的最主要障碍之一。在学习的不同阶段应针对不同的内容采取不同的方法，如果总是采用一种一成不变的方法，必然会妨碍你的学习。对于需要实践的知识你应该积极参与，其实一旦你亲手做了，就会发现它们比书本上的内容更丰富、更有趣。只要做出适当的改变，你的学习成绩很快会提高。

最后，对自己产生的悲观、抑郁、焦躁的情绪不要压抑而要释放。可以找知己倾诉或参加文体活动等转移注意力。在困难面前，要有坚持到底的决心，有顽强奋斗的毅力，不要遇到一点困难就放弃努力，那样只会越来越困难。

此外，每天的学习任务一定要适度。每天给自己安排的学习任务不可太重；不可把时间都用学习塞得满满的，一定要给自己留有休息、锻炼、娱乐的时间；学习内容的安排也有讲究，如果学科的安排顺序、时间分配不当，则容易使自己陷入高度疲劳的状态。

第二节　大学生常见的学习困扰及考试焦虑与挫折

人才是第一资源，但是大学培养出来的人才质量却没有得到相应的提高，甚至有所下降。究其原因，有来自外部社会的原因，也有学校的原因，最主要的还是来自学生自身的原因。其中之一就是当前大学生在学习中存在着一系列的学习问题。学习问题是指大学生在面对所学知识时或在学习中出现的学习困惑或压力。如果不能很好地解决这些学习问题，不仅会影响大学人才培养的质量，更重要的是影响学生的积极性和以后的就业。因而在大学中存在的一些学习问题应该引起我们重视。

一、大学生常见的学习困扰

（一）学习目标不明确

对于高中生来说，上大学的目标实现了，那么下一个目标是什么呢？没有切实、可行、明确的目标是一些大学生感到茫然的最主要原因之一。大学之前的学习一直是有教师牵着学生的鼻子走,在教师的指导下,"应该学什么""不应该学什么",这类问题的答案似乎都很明确。进入大学后,更加强调自主学习,没有了教师和父母的指导,就失去了明确的学习目标。有的大学生对自己的空余时间不知如何管理,有的大学生表现为没有学习的自主性,有的大学生学习不够主动,还有的大学生脱离了自身的实际情况,树立了"大而空"的目标,这些都是缺乏明确学习目标的表现。更有的学生进入大学后,开始做以前想做但没时间做的事情,如沉迷网络等,这样意志慢慢被时光所消磨,精神也慢慢被侵蚀。总觉得缺少什么,不知道自己存在的价值是什么,不知道自己为什么要学这些,学了这些以后有什么用。因此,很多大学生就这样没有了学习目标,在迷茫中懈怠了。

(二)学习动力不足

进入大学之前,学生的学习动机非常强烈,但很多学生一旦进入大学,就开始出现厌学情绪。进入大学前由于学业负担繁重,没有时间和精力培养自己的特长和业余爱好,进入大学后,学生自由支配时间相对较多,于是花大量时间和精力去培养自己的兴趣爱好,从而对学习失去了应有的兴趣。此外,很多学生进入大学后对自己"为什么要学习"缺乏正确的认识。因而在学习中,缺乏积极主动的学习心态,表现在遇到老师点名的课就去听,课后就是玩游戏、听歌等;平时对学习内容不主动消化,把希望寄托在考前的划重点上。

(三)沉迷网络

随着移动互联网的飞速发展和智能手机的普及,上网已成为大学生业余生活的重要部分。网络生活对大学生思维方式、学习方式和行为模式产生了重要影响。网络是一把"双刃剑",不仅开阔了大学生的视野,使他们在尽情享受高科技带来的前所未有的便利和丰富生活的同时,也对大学生的思维方式、价值取向、行为方式等产生极大影响。网络带来的负面效应包括使大学生对学习不感兴趣、学习成绩严重下降,有的甚至毕不了业。调查显示,近几年高校在对学生做退学警告、留校观察、退学等学籍处分中,有近 80%的学生是因过度迷恋网络而导致学习成绩下降的,有 86%的学生因网络成瘾导致学业荒废而被退学。网络已经成为大学生健康成长道路上的一个"拦路虎"。

1. 网络成瘾

网络成瘾(IAD)的概念是纽约精神病医师戈德堡首先提出的。网络成瘾是指由于重复地使用网络所导致的一种慢性或周期性的着迷状态,并给个体带来难以抗拒的再度使用网络的欲望;同时个体还会产生想要延长网络使用时间的现象,上网所带来的快感会让个体一直有心理与生理上的依赖。

自我测试

你是网络成瘾者吗

表 7-1 为网络成瘾者自测表,请根据自己的实际情况如实选择以下情况发生的频率,并在相应数字处打钩。

表 7-1 网络成瘾者自测表

自测内容	几乎没有	偶尔	有时	经常	总是
1. 你觉得上网的时间比你预期的要长吗	1	2	3	4	5
2. 你会因为上网忽略自己要做的事情吗	1	2	3	4	5
3. 你更愿意上网而不是和亲密的朋友待在一起吗	1	2	3	4	5
4. 你经常在网上结交新朋友吗	1	2	3	4	5
5. 生活中，朋友、家人会抱怨你上网时间太长吗	1	2	3	4	5
6. 你因为上网影响学习了吗	1	2	3	4	5
7. 你是否会不顾身边需要解决的一些问题而上网查看留言	1	2	3	4	5
8. 你因为上网影响到你的日常生活了吗	1	2	3	4	5
9. 你是否担心网上的隐私被人知道	1	2	3	4	5
10. 你会因为心情不好去上网吗	1	2	3	4	5
11. 你在一次上网后会渴望下一次上网吗	1	2	3	4	5
12. 如果无法上网你会觉得生活空虚无聊吗	1	2	3	4	5
13. 你会因为别人打搅你上网而发脾气吗	1	2	3	4	5
14. 你会上网到深夜不去睡觉吗	1	2	3	4	5
15. 你在离开网络后会想着网上的事情吗	1	2	3	4	5
16. 你在上网时会对自己说再玩一会儿吗	1	2	3	4	5
17. 你有想方设法缩短上网时间而最终失败吗	1	2	3	4	5
18. 你会对别人隐瞒你上网的时长吗	1	2	3	4	5
19. 你会宁愿上网而不愿意和朋友们出去玩吗	1	2	3	4	5
20. 你会因为不能上网变得烦躁不安、喜怒无常，而一旦上网就不会这样吗	1	2	3	4	5

【结果解释】

得分为 40~60 分为轻度网络成瘾；60~80 分为中度网络成瘾；80~100 分为重度网络成瘾。

2. 手机成瘾

无论是在喧闹的走廊、食堂，安静的图书馆、教室，还是在校园的其他角落，我们都会很容易地看到手机不离手的现象。他们已经是校园中司空见惯的"风景"，常被称为低头族。在大学生群体中，几乎 100% 的大学生都拥有手机，使用手机导致的负面效应引起了研究者的关注。

自我测试

你是否已经患上手机依赖症

（1）你是否总是把手机放在身边？如果没有带手机就会感到心烦意乱，甚至害怕却不知道害怕什么？

（2）总是有"我的手机铃声响了"的错觉，总是产生一种幻觉，感觉来电话了或来信息了。

（3）经常下意识地找手机，不时拿出手机来看看，有时候甚至要把手机拿在手里才觉得踏实。

（4）吃饭的时候总是要把手机放在手边以防漏接电话。

（5）晚上睡觉的时候即使什么事情也没有，手机也总是开着机。

（6）你对别人看自己手机的举动，无论是有意还是无意的都感到非常恼火、非常反感。

如果你有以上多种症状，证明你已经患上手机依赖症了。

（四）学习态度不正确

一个人做到早睡早起不难，但在一群晚睡晚起的人中能做到早睡早起就很难了，没人陪你占座，没人陪你看书，没人陪你写作业。对认知能力、自制能力较差的大学生来说，他们很容易因为从众而陷入集体不学习的模式中。此外，有些大学生不太注重自己能力的发展，思维还停留在中学阶段，过于注重考试中的分数和考试的结果，对自己的能力是否有所提升却不关心。对待必修课和选修课完全是两种不同的态度，轻视选修课，抱着无所谓的态度上课。

（五）学习方式不正确

正确的学习方式往往能收到事半功倍的效果。但调查发现，很多大学生的学习方式都存在一定问题，有待改善。很多大学生沿袭高中的学习模式和方法，没有正确认识到大学生学习内容、学习方式的改变，从而造成学习效率低下、学习效果不佳。大学的学习更加注重独立思考和勤于思考。没有独立的思考，就没有真正意义上的学习；要真正的学习，必须学会独立思考。但是，还有很多大学生缺乏主动思考，依然只是知识的被动接受者。

二、考试焦虑与挫折

（一）考试焦虑

考试焦虑是指个体面对考试情境产生的以担心、紧张和忧虑为基本特征的复杂的情绪反应。由于考试焦虑会使个体产生头晕、心慌、失眠、尿频等躯体症状，以至于影响个体的正常能力的发挥。考试焦虑是困扰很多大学生的常见问题。大约有10%~15%的大学生对考试存在着不同程度的焦虑，特别是学习基础比较差、学习方法不够灵活的大学生更容易产生考试焦虑，有的大学生还伴有失眠和神经衰弱等症状。焦虑属于消极的情绪，它是一种能减弱个体的体力、精力，干扰个体的正常活动的情绪体验，也属于不愉快的情绪，它会使个体烦躁不安，类似恐惧，但程度不太强烈。

一般认为，考试焦虑是一种特殊的、由考试情景引起的神经紧张状态。当应试者面临考试时，曾经的考试失败的经历，与他人竞争的场景，对考试后果的担忧等因素，一旦使应试者预感到无力避免或应付这些因素时，便会产生恐惧和担忧，并由复合的恐惧、担忧转化为焦虑。但考试焦虑并不是单纯的恐惧和担忧，恐惧和担忧是面对真实的危险而产生的具有自我保护色彩的适当的情绪反应，它们能使人自我调控，尽力避开危险。而焦虑则是对预料或想象中的危险情景的反应，是对危险所产生的恐惧或对担忧本身的关注。考试焦虑也是一种对考试恐惧的恐惧，对考试担忧的担忧。

考试焦虑主要有两种倾向：一种是临到考试前，开始感到紧张和焦虑；另一种是在学习过程中长期存在学习焦虑，而一到考试前，则表现更为强烈，两者都是由考试这一情景触发的。不过，产生焦虑并不都是坏事，心理学研究表明，适度的焦虑可以给应试者一些心理压力，提高思维张力，考试效率也会随之提高；但是当焦虑超过一定程度时，考试效率就会随焦虑程度的增强而降低。

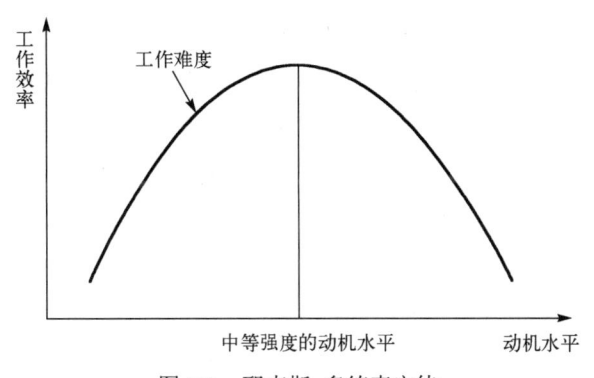

扩展阅读

耶克斯-多德森定律

耶克斯-多德森定律是心理学家耶克斯（R.M Yerkes）与多德森（J.D Dodson）经实验研究归纳出的一种心理法则，用来解释动机水平、工作难度与工作效率三者之间的关系（见图7-2）。在这一定律中，动机水平与工作效率之间的关系不是一种线性关系，而是呈倒U形曲线关系，最佳的动机水平会根据任务性质的不同而有所改变。在完成简单任务时，较高的动机水平可以使工作效率达到最佳状态；在完成难度适中的任务时，中等强度的动机水平使工作效率最高；完成复杂或困难的任务时，偏低的动机水平下的工作效率最佳。考试焦虑也一样，焦虑水平与学习效率之间也呈倒U形曲线关系。学习效率在一定范围内会随着焦虑水平的增强而提高，但过强的动机水平则容易产生高度焦虑和紧张，反而会降低学习效率。

图 7-2 耶克斯-多德森定律

（二）考试焦虑的危害

1. 危害认知过程

考试过度焦虑会使自身的负面情绪上升，甚至占据主导地位，直接导致考试过度焦虑的应试者难以运用平时积累的知识，最终影响考试成绩。考试过度焦虑容易分散和阻断注意力，使应试者注意力不集中，不能专注于学习和考试，而是专注于各种各样的担忧；考试过度焦虑干扰记忆和回忆，使应试者该记的记不住，记住的想不起；考试过度焦虑还会使应试者思维呆滞凝固，令比较、分析、综合、抽象、概括等具体思维能力无法正常发挥，创造性思维更是无法正常发挥。

2. 危害心理健康

考试过度焦虑是一种负面情绪反应，它会危及个体的心理健康，特别是如果个体在考试之后仍处于焦虑之中不能自拔，产生坐立不安、易疲劳、易发脾气，继而产生紧张、失眠等现象，那就很容易转为慢性焦虑，而慢性焦虑会影响个体日常生活的方方面面，甚至转为焦虑症。

3. 危害身体健康

考试过度焦虑会影响个体的心血管系统的功能，使个体出现心律不齐、高血压、冠心病等症状，以及消化系统功能紊乱的临床表现。若这种状态长期持续，则会导致个体产生胃炎、胃溃疡等胃肠疾病。考试过度焦虑还会影响呼吸系统和内分泌系统的功能，诱发支气管哮喘和甲亢。

（三）考试过度焦虑形成的原因

1. 个体遗传和人格特质

大量实验研究已经标明，考试焦虑的差异与个体遗传有直接关联，同时与人格特质存在不可分割的关系。那些神经类型属于弱型的大学生对环境刺激较为敏感，易产生紧张反应，这类学生的考试焦虑程度较高。身体健康状况不好的人对将要面临的考试尤其是重要考试也会产生较强烈的焦虑反应。

2. 认知偏差

若大学生对考试性质、考试利害关系的预测以及对自身应付能力的评价不当，则易导致考试焦虑。若大学生在个人的前途、名誉等问题的认识上产生偏差，对自身的知识经验、能力评价过低，则在考试时便会产生高度神经紧张，情绪反应强烈，产生过度焦虑。可见，考试焦虑受到个体学业信念的影响，不仅会使大学生产生焦虑的情绪，还会使他们产生诸如羞耻感等负面情绪。

3. 知识准备和应试经验不足

若考前大学生对有关考试的内容、知识无准备或准备不充分，且缺乏相应的应试技能、经验，则在考前和考试过程中极易产生焦虑情绪，遇到难题会感到茫然无措。

4. 社会要求压力过大

社会的价值取向、国家的政策体制（尤其是教育政策体制）会影响学校、家庭的教育方式，同时影响学生对考试的态度和认识评价，在社会升学、就业竞争压力极大的情况下，在以"考试论高下"的社会环境中，学生的考试焦虑就会更严重。

（四）考试焦虑的应对策略

1. 认真复习，充分备考

知识经验准备充分是缓解考试焦虑的一个关键因素。只要认真复习，灵活掌握要考试的内容，在考前和考试过程中就不会因为不会答题而担忧。从这个意义上来讲，考试没有捷径可走，唯一可行的方法是认真复习，为考试做尽可能充分的准备。

2. 增强自信

有些大学生产生考试焦虑的原因不是知识经验不足，而是自信不足，对自己评估太低。所以，大学生必须要树立自信，相信以自己的能力水平能够自如地应付即将到来的考试，并取得令人满意的成绩。当然，这种自信心应当建立在一定的知识基础上，没有知识准备的盲目自信，不仅不利于消除焦虑，反而会使大学生在失败后陷入更大的失望与焦虑之中。

3. 形成对考试的正确认知和评价，对成绩不抱过高的期望

过高的期望会造成严重的心理压力。如果目标定得太高，超出自身的实际能力，就很容易因结果失败而失去自信，下次面临考试时更容易出现焦虑症状。大学生应该正确认识考试的重要性，既不夸大，也不轻视。许多大学生产生考试焦虑的原因就是过分夸大了考试的重要性。只要把功夫下在平时，以一颗平常心对待考试，做到心中有数，镇定地迎接考试，才能更好地发挥自己的实际水平。此外，学校在管理大学生成绩的过程中，应注意淡化大学生对某一次考试成绩的重视程度，而要结合大学生平时的学习表现进行评分，鼓励大学生平时努力，这也有助于减轻大学生的考试焦虑。

4. 学习必要的应试技巧

考试成绩的好坏在很大程度上取决于大学生的知识水平。在认真复习准备的基础上，再学会运用应试技巧，可以使大学生消除考试焦虑，顺利完成考试。一般而言，应试技巧的第一点就是要做到对考试心中有数，在考前对题型、解题思路、答题要点以及评分标准有较为全面的了解。其次，在考试过程中，要保持冷静，先将试卷大体看一遍，了解题量以及各题的难度，以便分清轻重缓急，掌握好答题时间。

5. 学会做放松训练

放松训练是缓解考试焦虑的有效的自我训练方式。考试焦虑者每天应适当做一些放松训练，可以明显减轻考试焦虑。

自我测试

考试焦虑量表

表 7-2 为考试焦虑量表，请仔细阅读下表，并根据你的实际情况选出发生以下情况的频率，并在具体数字处打钩。

表 7-2 考试焦虑量表

具体情况	从未有	偶尔有	经常有	常常有
1. 我在考试中充满信心并感觉轻松	1	2	3	4
2. 我在考试中感到焦虑不安	1	2	3	4
3. 在考试中联想功课成绩影响我的作答	1	2	3	4

续表

具体情况	从未有	偶尔有	经常有	常常有
4. 我一参加重大考试就感到浑身僵硬	1	2	3	4
5. 我在考试中想着自己能否毕业	1	2	3	4
6. 我越努力答卷,就越觉得头脑混乱	1	2	3	4
7. 在考试中担心成绩不好的影响我集中精力答卷	1	2	3	4
8. 我一参加重大考试就坐立不安	1	2	3	4
9. 尽管做了充分的准备,我仍对考试感到很紧张	1	2	3	4
10. 我在取回试卷之前感到很紧张	1	2	3	4
11. 我在考试中感到非常紧张	1	2	3	4
12. 我希望考试不要这么烦人	1	2	3	4
13. 我一参加重大考试就紧张得肚子疼	1	2	3	4
14. 我一参加重大考试就感到自己要失败	1	2	3	4
15. 我在参加重大考试时感到很惶恐	1	2	3	4
16. 我在参加重大考试前感到很忧虑	1	2	3	4
17. 我在考试中总担心考得不好会有什么结果	1	2	3	4
18. 我在参加重大考试时感到心跳加速	1	2	3	4
19. 考试之后,我竭力控制自己不去担心,但做不到	1	2	3	4
20. 我在考试中紧张得连本来知道的东西都忘了	1	2	3	4

【结果解释】

如果总分低于 35 分,则属于考试焦虑偏低型;如果点分为 35~50 分,则属于考试焦虑中等型;如果总分高于 50 分,则属于考试焦虑偏高型。

第三节 提高学习效率的途径

每个大学生都经历了多年的学习生活,对于学习再熟悉不过了。但是,大学阶段的学习与大学之前的学习存在着本质的差别,如果在大学阶段仍然采用高中的学习方法,那么往往会造成事倍功半的效果。有的大学生将主要精力放在学习上,结果学习成绩仍然无法名列前茅;有的大学生平时学习成绩非常优秀,但在考研方面却不如意。在大学学习生活中,大学生如何提高学习效率对提高学习成绩至关重要。

一、建立恰当的学习目标

对于学习目标迷茫的情况,大学生在实际学习中可以从增强学习兴趣入手,建立适合自己职业生涯发展的学习目标。兴趣可以使个体集中注意力,产生愉快、紧张的心理状态,这对大学生的认识活动会产生积极的影响,有利于提高学习的质量和效果。大学生提高专业兴趣,我们可以从以下几个方面做起。

(一)了解学科发展史和前沿学科知识,激发学习兴趣

历史镌刻辉煌,谱写时代华章。一个学科的发展历史,既是这个学科波澜壮阔发展的

历史，也反映了学校的发展史。很多大学生对于自身专业并不熟悉，在最初接触时，往往对本专业缺乏强烈的兴趣，这时可以通过学习职业生涯规划课程或学习优秀校友的先进事迹，了解专业就业前景和发展机会，或通过实践逐步提高学习兴趣。

（二）明确学习目的，将专业学习和社会发展的需要联系起来

心理学认为，兴趣分为直接兴趣和间接兴趣。直接兴趣是指对活动过程的兴趣；间接兴趣是指对活动过程所产生的结果的兴趣。直接兴趣和间接兴趣是相互联系、相互促进的，如果没有直接兴趣，在进行活动过程中个体就会感觉很乏味、枯燥；而没有间接兴趣的支持，也就没有目标，活动过程很难持久下去。一些大学生所说的没有兴趣，实际上是对活动本身没有兴趣，如果大学生明确了学习目的，明确学习对自己将来、对社会的作用，建立起对专业学习的间接兴趣，并且投入精力，就能将间接兴趣转化为直接兴趣。

（三）学以致用，对学习结果进行正确的总结和评价

在实践中激发学习兴趣，让自己所学的知识得以发挥，把知识融入社会生产活动中，用自己的知识解决实际问题，这样就能使自己体验到专业学习的价值和趣味，增强自己对专业的热爱。

（四）培养良好的兴趣品质，巩固专业兴趣

大学生应当多阅读与专业相关的书籍，多参加与专业相关的实践活动以培养自己对专业的学习兴趣。另外专业也不是一成不变的，大学生可以通过申请第二学位等方式学习自己感兴趣的专业。大学生要充分调动多方面资源，学好专业知识，提高专业素养。

二、培养积极的心理调适

大学生在学习过程中经常会遇到两个极端：过于紧张和过于放松，而学习之道却在于"一张一弛"，大学生只有做好心理调适才能更加有效地学习。

（一）提高自制力

自制力是指一个人控制和调节自己思想感情举止行为的能力。自制力强的人能够控制自己的感情，调节支配自己的行为，保持充沛的精力去克服困难，摆脱逆境，争取成功；能够忍受身体的疲劳、疾病和创伤，有较强的忍耐力；能够抗拒诱惑、困惑与干扰，自觉遵守纪律，执行决定。自制力是一个人意志品质的重要表现，是最可贵的品质之一，它不仅会直接影响大学生的个性发展，也会影响大学生学业的成败。

（二）学会放松

大学生若从紧张的学习状态中脱离出来，则需要掌握一些放松训练的技巧。放松训练是一种自我调节方法，是通过机体主动放松来增强对自我控制的有效手段，一般是在安静的环境中，按一定要求完成特定的动作程序。通过反复练习，可以学会有意识地控制自身的心理、生理活动，降低机体唤醒水平，增强适应能力，调整因过度紧张而造成的生理、心理功能失调。放松训练能起到预防及治疗相关疾病的作用。

放松训练的方式有以下四种。

1. 自我放松训练

自我放松训练是用于克服紧张、焦虑的方法，其目的是使身心放松，使生理与心理活动趋于平衡，使个体从烦恼、愤恨、紧张、忧虑等不良情绪中解脱出来，达到内心的平静与安宁。放松的具体方法有很多种，如深度呼吸训练、精心反思、生物反馈、意向训练等。

> **扩展阅读**
>
> **肌肉放松训练**
>
> 指导语：从事这项放松训练，可以帮助你完全地放松身体。你必须根据下列步骤耐心进行，当你进行紧张活动时，如果你感到紧张，必须再持续进行 5 秒钟，直到感觉紧张到了极点，才可以松弛下来，让有关部位的肌肉表现得十分无力，特别要用心体会放松之后的轻松感，现在请跟着下面的指示做。
>
> 1. 紧握你的左拳，注意手和前臂的紧张感，（5 秒后）放松。
> 2. 紧握你的右拳，注意手和前臂的紧张感，（5 秒后）放松。
> 3. 从左腕关节向上弯曲你的左手，尽量使手指指着肩部，注意手背和前臂肌肉的紧张、放松。
> 4. 从右腕关节向上弯曲你的右手，尽量使手指指着肩部，注意手背和前臂肌肉的紧张、放松。
> 5. 举起双手臂，用力将手指触至双肩，注意双臂肌肉的紧张、放松。
> 6. 耸起肩膀，越高越好，注意肩膀的紧张、放松。
> 7. 皱起眉头，注意紧张、放松，并略微闭上眼睛。
> 8. 紧紧地闭上双眼，试探紧张、放松的感觉，再轻轻闭上双眼。
> 9. 用力将舌头抵住口腔上部，注意口腔内肌肉的紧张、放松。
> 10. 紧闭双唇，注意口腔和下颚的紧张、放松。
> 11. 用力向后仰起头部，注意肩部、肩膀和颈部的紧张、放松。
> 12. 用力低头，尽量将下巴靠住胸部，注意颈部和肩膀的紧张、放松。
> 13. 做弓形弯曲背部，并离开椅背，双臂向后推，注意背部和肩膀的紧张、放松。
> 14. 做一次深呼吸，并持续一段时间，注意背部和胸部的紧张、吐出空气、放松。
> 15. 做两次深呼吸，持续一段时间、吐出空气、放松。
> 16. 用胃部吸入空气，尽量使其膨胀，注意腹部的紧张、放松，感觉你的呼吸更加稳定。
> 17. 收紧腹部肌肉，注意腹部肌肉的紧张、放松。
> 18. 臂部用力并压住座椅，注意臂部的紧张、放松。
> 19. 收紧腿部肌肉，伸直双腿，注意腿部肌肉的紧张，将双腿放回原姿势，然后放松。
> 20. 双脚脚趾向上，并逐渐抬起双脚，注意双脚和小腿肌肉的紧张、放松。
> 21. 向下弓起脚趾，犹如要将脚趾埋入沙土一般，注意双脚弯曲时的紧张、放松。

2. 音乐与情绪调节

利用音乐调节情绪的方式已应用到外科手术和对精神病、抑郁症、焦虑症等疾病的治疗上。如忧郁烦恼时可以听《蓝色多瑙河》《卡门》《渔舟唱晚》等轻松、愉快的音乐；失眠时可以听莫扎特的优雅、宁静的《摇篮曲》，门德尔松的《仲夏夜之梦》等乐曲；情绪浮躁时可以听《小夜曲》等宁静、清爽的乐曲。每个人都可以根据自己的情绪状况，选择曲调适合的音乐来调节自己的情绪。

3. 静坐与冥思

有时你可能觉得自己的思维很混乱，一会儿想到家里，一会儿又想到吃饭，再一会儿又想到刚才发生的事情，每个念头之间似乎没什么联系，从一个想法一下跳跃到另一个毫无联系的想法。你的心情也因此而烦躁，不能专心做自己想做的事情。这表明大脑在提醒你，该平心静气地休息一下了。此时你应该收心，闭上眼睛，做下面的训练。先静下心来，反视一下自己现在在想什么，注意出现在你脑海中的每个想法。当一个想法出现时，不要理会它，看它往哪里去。这时你会发现，当你不理会它时，它自己就悄悄地消失了。一瞬间你会感到头脑中很空、很静。忽然又一个想法出现了，你还是不要去理会它。慢慢地你会发现，这些想法像行云流水一样，从你的面前一闪而过，不知飘到哪里去了。这样随想几十分钟，慢慢地睁开眼睛，你会感觉到眼睛比先前明亮多了，思路也清晰了，思维也更敏捷了。

4. 自我暗示

自我暗示是运用内心语言或书面语言的形式进行自我情绪调节的方法。这种方法既可以用来缓解过分紧张的情绪，使内心平静，也可用来调节身体各部位的紧张状态。不仅如此，它对情绪问题、生理上的疾病也有一定的疗效。因此，要充分利用自我暗示为自己创造有利于行动的积极情绪，推动自己朝着目标前进。不管做什么，首要是弄清楚自己为什么要做这件事情，以及自己想要得到的结果是什么，这一点很重要，因为在你动力不足的时候，你可以通过在头脑里回想为什么要做这件事情，以及想象结果实现之后的情景来增强动力，这本身就是一种积极的暗示。值得一提的是，自我暗示的用词是非常重要的，千万不要对自己说"你必须……"之类的话，因为这会让自己有一种压迫感，很有可能会引发内心的抗拒情绪，而是要用第一人称"我"对自己说："我要……"，这样的表达能够满足我们自主的心理需求，当我们告诉自己，这件事情是我们自己选择去做而不是被迫去做的时候，我们的主动性会更强。

三、进行有效的时间管理

时间管理是一项重要的资源管理策略，但是大学生用于学习的时间通常是基于习惯的，而不是基于计划的。有这样一些大学生，他们做起事来慢吞吞的。无论是吃饭、穿衣还是学习，他们似乎总也不能按时完成。爱拖沓的大学生都有这样的感觉，其实并不是任务不重要，而是自己借口太多，总是无法安下心来。有些大学生对自己的要求很宽松，总是觉得时间还很多，直到最后才手忙脚乱、晕头转向地赶计划、做事情，结果弄得自己非常被动，内心也十分焦躁和疲惫。心理学家把做任何事情都向后拖，并且到最后的时间才不得不提起精神来赶任务的这种行为称为拖沓。这种倾向是在生活中慢慢形成的，一种习惯的养成只需要 21 天的时间，而拖沓一旦形成，会对时间分配和学习效率造成很大的影响。

自我测试

测测你的时间管理能力

请仔细阅读以下题目你感觉"总是这样"的记 2 分，"有时这样"的记 1 分，"从不这样"的记 0 分。

1．在每学期开始的时候为自己制订整学期的学习和生活计划。
2．在课余时间不感到无所事事。
3．把自己的东西摆放得井井有条。
4．做事情能坚持到底。
5．在做事时不容易受到其他事情的影响。
6．能有条理地完成该做的事情。
7．能分清什么是眼前最该做的事情。
8．能够及时反思自己利用时间的情况。
9．每天都能按自己的计划进行学习和娱乐。
10．每次做事之前都提醒自己在尽可能短的时间之内保质保量地完成。
11．每时每刻都知道自己应该做什么事情。
12．每天都能按时起床。
13．认为自己做事情效率很高。
14．在任何时候都不感觉自己无事可做。
15．当完成一件事情有困难时，我不会为自己找借口说："明天再做吧。"
16．从来不同时做几件事。
17．从未因为顾虑其他事情而无法集中精力来做目前该做的事。
18．从未在一天结束后感觉精疲力竭，就好像一天的学习没完成。
19．不认为没有时间做自己喜欢的事。
20．每隔一段时间检查自己计划完成的情况。

【结果解释】

总分为 0~15 分：说明管理时间的能力还有待提高，需要从计划性、坚持性、合理性、反思性等多个方面来提高自己的时间管理能力。

总分为 16~30 分：说明具备较好的时间管理能力，但是在有某些方面还有待提高，应分析自己平时的表现和本次得分情况，看自己在哪方面还需努力。

总分为 31~40 分：说明具备较好的时间管理能力，坚持下去，一定会取得较好的效果。

四、养成科学的用脑习惯

（一）记忆与遗忘

个体的大脑是一个记忆的宝库，大脑经历过的事物、思考过的问题、体验过的情感和情绪、练习过的动作都可以成为个体记忆的内容，如英文单词、短语、句子和文章。从"记"到"忆"是一个过程，包括识记、保持、再认和回忆。有很多个体在学习英语的过程中，只注重了学习当时的记忆效果，而忽视了后期的保持和再认，这种学习方式同样是达不到良好效果的。在信息的处理上，记忆是对输入信息进行编码、存储和提取的过程。从信息处理的角度来看，个体对英语的第一次学习和背诵只是一个输入编码的过程。个体的记忆能力从生理上讲是十分惊人的，它可以存储"1015 比特（byte，字节）的信息，可是个体的记忆能力一般只被挖掘了 10%，还有更多的记忆能力和空间未被挖掘。这是因为，大部分个体只关注了当时的记忆效果，而忽视了记忆中更大的问题——记忆的牢固度问题，这就涉及心理学中的记忆遗忘规律。

德国著名的心理学家赫尔曼·艾宾浩斯在 1885 年发表了他的实验报告后，记忆研究就成了心理学中被研究最多的领域之一，而艾宾浩斯正是发现记忆遗忘规律的第一人。他又将人的记忆数量与记忆天数之间的关系描绘成一条曲线，这就是非常有名的揭示遗忘规律的曲线——艾宾浩斯遗忘曲线，如图 7-3 所示。图中纵轴表示学习中记忆的数量，横轴表示时间（天数），曲线表示记忆量变化的规律。这条曲线表明，学习中的遗忘是有规律的，遗忘的进程不是均衡的，不是固定的，不是一天丢几个，转天又丢几个的。个体的记忆在最初阶段遗忘的速度很快，后来就逐渐减慢了，到了相当长的时间，几乎就不再遗忘了，这就是遗忘的发展规律，即"先快后慢原则"。观察这条遗忘曲线会发现，学到的知识在一天后，如果不抓紧复习，就大约只剩下原来的 25%。随着时间的推移，遗忘的速度减慢，遗忘的数量也越来越少。

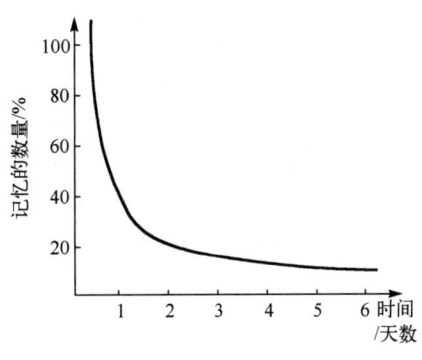

图 7-3 艾宾浩斯遗忘曲线

（二）如何缓解学习疲劳

学习疲劳是指由于学习活动过于强烈或过于持久而导致学习效率下降的一种身心状态。在学习疲劳时，个体对一些本来容易解决的问题往往会感到力不从心。在产生学习疲劳后，不仅不会有正常的学习效率，还会使个体的心理受到扰乱。学习疲劳是任何人都会有的，每个人都不是机器人，不可能一直情绪高涨地保持学习状态。个体在学习过程中都会有厌烦的时候，大脑总会有处于非常疲惫的状态。学习疲劳是由一定的主客观条件引起的学习心理障碍，并非完全是一种自然现象。

自我测试

你进入学习疲劳期了吗？

仔细阅读以下描述，判断自己是否有这些情况。
1. 早上起来就感到难受。
2. 如果你骑车上学，骑车时感到没力气。

3．上楼梯容易摔倒。

4．不愿与老师或同学见面、交谈。

5．写作文不顺利。

6．说话声小，连不成句。

7．对别人的谈话不上心。

8．不知不觉地习惯用两手托腮靠在桌子上。

9．总想大量喝茶等提神饮料。

10．不想吃油腻的东西。

11．饭菜中非常喜欢加上香料、调料。

12．总觉得手发僵。

13．眼睛总睁不开似的。

14．哈欠打个不停。

15．连朋友的电话号码也记不起来。

16．想把脚放在桌椅上歇歇。

17．体重不知不觉地减少。

18．容易拉肚子或便秘。

19．难以入睡。

【结果解释】

如果有1~2道题目回答"是"，说明有极轻微的学习疲劳；如果有3~4道题目回答"是"，说明有中度的学习疲劳；如果有5题以上回答"是"，说明有较严重的学习疲劳，值得引起注意。

那么大学生如何才能缩短学习疲劳期，尽快从学习疲劳中走出来呢？

1．拥有好心情

学习效率与乐观的心态和良好的心情是密不可分的。当你心情好的时候，会很喜欢学习，学习的效率也很高。当你不想学习的时候，可以听听音乐，外出散散步，让自己的心情变得好起来，不要强迫自己在学习疲劳期中学习，因为那时学习效率是很低的，只有在自己有心情学习的时候学习效率才是最高的。

2．交替学习

你可以采取交替学习的方法来缩短学习疲劳期，将一门课程的学习时间控制在两小时以内。如果你对一本书毫无兴趣，那么换另一本感兴趣的书。这样你可以在单位时间内延长你的学习时间，而且这样能够帮助你平衡各门课程。

3．学会利用零散时间

个体与个体之间的差距往往在于对零散时间利用能力的高低。当个体从一种行为转换为另一种行为时，通常会有一段空白时间，这段时间就是零散时间。大多数个体都把它浪费掉了，如等车的时候、饭前、饭后等。对于这些时间，个体可以嵌入一些学习内容，如记忆单词等。个体需要充分利用好零散时间，以提高学习效率。

五、掌握有效的学习方法

（一）整体学习法与部分学习法

整体学习法是指将学习材料作为一个整体来学习。在学习过程中，学习者可以将材料从头到尾反复学习，以获得对材料的总体印象和了解，进而学习一些较为具体的内容。

部分学习法是指将学习材料分成几部分或几个具体的概念，每次集中学习其中一部分或一个具体概念，根据每个具体的部分或概念难易程度的不同，安排学习时间或次数。

这两种方法使用起来各有利弊。整体学习法使学习者较易把握学习材料的全貌，但对具体的材料内容就可能掌握不好；而部分学习法则能使学习者较好地掌握每个具体部分，但却难以对材料形成一个总体印象，从而使具体学习的各部分内容不能很好地融会贯通起来。要使这两种方法发挥作用，学习者可以将两者结合起来使用，采取"整体—部分—整体"的方法。其具体方法是，首先，采用整体学习法，对所学材料有一个大概的了解，在头脑中形成一个较为清晰的轮廓；其次，采用部分学习法对学习材料实施"各个击破"，并重点学习那些较难或较重要的部分；最后，再采用整体学习法将已仔细学习过的材料作为一个整体重新复习一遍，让各部分的具体内容前后联系起来，在头脑中形成一个更为清晰、全面的印象。实验证明，两者相互结合的方法比分别采用某一种方法更有效。

（二）集中学习法与分散学习方法

集中学习法是指较长时间地进行学习活动，一次学习时间的长短取决于所学材料的性质及其他因素。一般来讲，对于比较复杂、难懂的材料，采用集中学习法较为合适，这样可以保证学习者在一段时间内集中注意力，有利于理解并掌握那些抽象、难懂的材料。但集中学习的时间不宜过长，否则容易引起学习疲劳，使学习效率下降。至于多长时间为宜，要视学习者的体力与脑力情况而定。

分散学习法与集中学习法不同，它是指将学习时间分成几个阶段，每学习一段时间就稍做休息。实验证明，假如分散学习的时间不是太短，那么这种方法是较为有效的。至于每次分散学习的时间多久为宜，也要视学习材料的性质及学习者的具体情况而定。

（三）过度学习

所谓过度学习是指对知识达到勉强可以回忆的程度后，继续进行学习。也就是说，在学会全部知识技能后再继续学习一段时间，以达到巩固学习效果的目的。

美国心理学家克鲁格曾做过一项实验，他让被试者记忆一组序列词汇。第一组学习到全部都能回答时就停止学习；第二组则继续学习，进行50%的过度学习；第三组则进行100%的过度学习。实验结果表明，过度学习对提高记忆率起着很重要的作用。但有一点也要注意，过度学习超过 50%之后，对内容的记忆效果有下降的趋势。因此，并非过度学习越多学习效果越好。一般来讲，中等程度的过度学习效果较佳。

（四）迁移学习

迁移学习就是通过先前的学习或训练的内容对后来学习或训练的类似内容产生影响的

一种学习方式。迁移学习分为正迁移与负迁移。在应用迁移学习时，要尽可能地促进正迁移，而避开负迁移。

美国著名心理学家艾利斯的研究表明，如果个体对学习内容的刺激反应相同，则迁移量大；反之则迁移量小。迁移量取决于学习内容对个体的刺激和个体的反应类似程度。另外，学习时间的间隔也会影响迁移效果。

为了获得正迁移，个体在平时的学习中要注意掌握基本的知识，这样基本知识与应用就可以对一些具体知识与应用形成正迁移。另外，个体还要注意对新学习材料与原有知识进行由近至远的学习安排，即使学习新的材料也尽可能让其接近原有的知识，然后逐渐扩展到新知识的范围，这样有助于形成正迁移。

学习思考

1. 从高中进入大学后，学习方式和学习目标都发生了很大的变化，请你分析高中和大学的学习方式和学习目标的差异有哪些？针对这些差异，大学生应当怎样有效地开展学习活动？

2. 刚进入大学的学生很容易没有学习目标，容易产生颓废消极的心理。例如，对专业不感兴趣，厌学思想很重；脱离了高中相对严格的管束，自我控制能力差；迷恋网络游戏，逃避现实；一进入大学就不理智地谈情说爱；心不在焉地想混日子。对于出现的这些情况，你有什么建议？

课堂活动

1. 记忆考验

目的：训练记忆力，活跃气氛。

操作：全部人围成一个圈，从第一个人开始说："今天我吃了一个 A"（A 为一个随意食物名）。接着第二个说："今天我吃了一个 A，两个 B……（B 为与 A 不同的食物名）。"……依此类推，这样一直传下去，每个人必须重复前面的食物名，另外加一个新的食物名，同时个数加 1，一直到有人出错而出局。

2. 寻找适合自己的学习方法

目的：通过自我反思的方式与同学交流，寻求适合自己的学习方法。

操作：每个人均需填写表 7-3，写出自己曾用过的学习方法以及取得的效果。

表 7-3 学习方法及取得的效果

学习方法	取得效果

每 6~8 人分为一个小组，分享个人情况，讨论整理出最有效的若干学习方法，然后与全班同学进行交流。

心理测试

学习动力自我诊断测试

以下是关于大学生学习动力的自我诊断测试，一共有 20 个问题，请你根据自己的实际情况，逐一对每个问题进行作答（"是"或"否"）。为了保证测试的准确性，请你认真作答。

1. 如果别人不督促你，你极少主动学习。
2. 你一读书就觉得疲劳与厌烦，只想睡觉。
3. 当你读书时，需要很长的时间才能提起精神。
4. 除了老师指定的作业，你不想再多看书。
5. 在学习中遇到不懂的知识，你根本不想设法弄懂它。
6. 你常想自己不用花费太多时间，成绩也会超过别人。
7. 你迫切希望自己在短时间内就能大幅度提高自己的学习成绩。
8. 你常为短时间内没能提高成绩而烦恼不已。
9. 为了及时完成某项作业，你宁愿废寝忘食、通宵达旦。
10. 为了把功课学好，你放弃了许多感兴趣的活动，如体育锻炼、看电影与郊游。
11. 你觉得读书没意思，想去找个工作。
12. 你常认为课本上的基础知识没什么好学的，只有看高深的理论、大作品才有意义。
13. 你平时只在喜欢的科目上狠下功夫，对不喜欢的科目则不上心。
14. 你花在课外读物上的时间比花在教科书上的时间要多得多。
15. 你把自己的时间平均分配在各个科目上。
16. 你给自己制订的学习目标，多数因做不到而不得不放弃。
17. 你几乎毫不费力就实现了你的学习目标。
18. 你总是同时为实现好几个学习目标而忙得焦头烂额。
19. 为了应付每天的学习任务，你已经感到力不从心。
20. 为了实现一个大目标，你不再给自己制订循序渐进的小目标。

【结果解释】

将上述 20 个问题分成四组，分别测试你在四个方面的困扰程度。

1~5 题测试你的学习动机是否太弱；

6~10 题测试你的学习动机是否太强；

11~15 题测试你在学习兴趣上是否存在困扰；

16~20 题测试你在学习目标上是否存在困扰。

假如你对某组中大多数题目持认同态度，则一般说明你在相应的学习欲望上存在一些不太正确的认识，或存在一定程度的困扰。

将答案中的"是"记 1 分，"否"记 0 分，将各题得分相加，算出总分。

总分为 0~5 分：说明在学习动力上有少许问题，必要时可调整。

总分为 6～10 分：说明在学习动力上有一定的问题和困扰，可调整。

总分为 14～20 分：说明在学习动力上有严重的问题和困扰，须调整。

推荐阅读

1．《意志力：关于自控、专注与效率的心理学》

作者：[美]罗伊·鲍迈斯特，[美]约翰·蒂尔尼

出版社：中信出版集团

意志力像肌肉一样，经常锻炼就会增强，过度使用就会疲劳，这就是为何人们会在一些时候难以抵挡诱惑。本书都介绍了一系列增强意志力的方法，解释了如何设置切合实际的目标，如何在动摇之际坚定信念。当今世界，诱惑无处不在，人们的意志力时时刻刻都在接受着考验。本书指出，一旦养成了正确的习惯，找到了适合的方法，自控就会更容易一些，人们只需要较少的心智能量来抵制诱惑。

2．《自控力：和压力做朋友》

作者：[美]凯利·麦格尼格尔

出版社：北京联合出版公司

关于自控力，麦格尼格尔教授说，自控力不但区分了人和动物，而且区分了每个人。麦格尼格尔教授是斯坦福大学广获赞誉的心理学家，她结合心理学、神经学、经济学的研究成果，在斯坦福大学开设了心理学课程，该课程被学生称为"能够改变一生"的课程。她还说，自控力比智商更有助于一个人取得成就，比个人魅力更有助于领导别人，比同理心更有助于维持婚姻幸福。如果你想让生活变得更美好，那就从自控力入手吧。

第八章

大学生人格发展

导言

俗话说:"人心不同,各如其面。"人的心理差异就像人的面孔,千差万别、千姿百态。有的人活泼、有的人文静;有的人勇敢、有的人懦弱;这些差异就是心理学所说的人格。每个人都有自己的人格,人格影响和制约着人的发展与成就。许多人的一生并不缺少才华、能力和机遇,但却与成功擦肩而过,其根本原因在于他还不具备健康的心理和良好的人格。

本章知识点

1. 人格的内涵与心理特征;
2. 大学生常见的人格缺陷和人格障碍;
3. 大学生塑造健康人格的方法和途径。

第一节 人 格 概 述

一、人格的内涵与特点

(一)人格的内涵

人格一词译自英文"personality"。英文中的"personality"源自拉丁文"persona",意指戏剧演员所戴的面具,如我国京剧的大花脸、小花脸,它们代表剧中人物的角色和身份。把面具指义为人格,这就暗示了一个人有两面,即公开可见的一面以及隐藏其后不为人知的一面。由此可知,人格就是指一个现实的人所具有丰富的内涵。那么,心理学家是怎样对人格下定义的呢?在心理学中,人格是探究完整的个体及其差异的领域。由于研究对象的复杂性及心理学家对人格研究的侧重点和取向不同,时至今日心理学家对人格的定义也不一致。综合各种的观点,我们可以大概这样定义人格:人格是一个人的整体精神面貌,即具有一定倾向性的心理品质或心理特征的总和。

(二)从不同角度说人格

人格可以从不同角度被理解和使用。例如,在日常生活中,人们常常从伦理道德观点出发,使用人格概念对人们的行为进行评价,说某人的人格高尚或卑鄙;或从法律含义上使用人格概念,说某人的言行损害了他人的人格等。这里包含心理学中关于人格的部分含义，但它不是从人的全部行为的心理方面来说明人格特点的，因此人格不仅仅是心理学的概念。心理学家各抒己见，提出了上百种的人格定义。汉斯·艾森克认为，人格是个体由遗传和环境所决定的实际的、潜在的行为模式的总和；雷蒙德·卡特尔认为，人格是一种倾向，可借以预测一个人在特定情境中的所作所为；拉扎鲁斯认为，人格组织着人的经验，形成人的行为和对环境的反应。美国著名心理学家、人格心理学的创始人高尔顿·奥尔波特归纳总结了前人对人格概念的探讨，提出了自己对人格较为全面的定义，即人格是个体内在心理物理系统中的动力组织，它决定人对环境适应的独特性。可见，心理学意义上的人格概念内涵广泛而丰富，指一个人一切特性和行为方式的总和。人格是人的心理倾向、心理特征、心理状态及心理过程的特点等多个层次有机结合所构成的整体。心理活动的特征，如气质、性格、能力，以及活动倾向方面的特征，如动机、兴趣、信念、世界观等，不是孤立存在而是错综复杂、交互联系、有机地结合成一个整体，对人的行为进行调节和控制。如果各种特征之间的关系协调，那么人的行为就是正常的，人格就是健全的；反之，就会产生不正常行为，乃至出现各种人格障碍。

（三）人格的特点

人格具有独特性、稳定性、整体性和功能性四个基本特性。

1. 独特性

一个人的人格是在遗传、环境、教育等因素的交互作用下形成的。不同的遗传、生存及教育环境，形成了各自独特的心理特点。世界上没有完全一样的人格，所谓"人心不同，各有其面"，这就是人格的独特性。人格的独特性是指个体的人格是由某些和别人共同或相似的特征及完全不同的特征错综复杂地交织在一起构成的。但是，人格的独特性并不意味着人与人之间的个性毫无相同之处。在人格形成与发展过程中，既受遗传等生物因素的制约，也受家庭教育、学校教育和周围社会环境等因素的影响。如有的人开放自然，有的人顽固自守，有的人沉默寡言等。因此，人格作为一个人的整体特质，既包括每个人与其他人不同的心理特点，也包括人与人之间在心理、面貌上相同的特点。人格是共同性与差异性的统一，是生物性与社会性的统一。

2. 稳定性

个体在行为中偶然表现出来的心理倾向和心理特征并不能表征他的人格。俗话说："江山易改，本性难移"，这里的"本性"就是指人格。个体经过各个年龄时期的发展，逐渐形成相对稳定的人格，它使个体在不同的生活情景中都表现出大体一致的心理品质，这就是人格的稳定性。当然，强调人格的稳定性并不意味着它在个体的一生中是一成不变的。随着生理的成熟和环境的变化，人格也有可能或多或少地发生变化，这是人格的可塑性。正因为人格具有可塑性，个体才能培养和发展人格。人格是稳定性与可塑性的统一。

3. 整体性

人格是由多种成分构成的一个有机整体，具有内在统一的一致性。个体能够正确地认识和评价自己，能及时调整内心世界的矛盾与冲突，协调主观与客观、心理与环境之间的关系，这样个体的动机和行为才能保持和谐一致。个体的人格一旦失去了内在统一，其行为就会由几种相互抵触的动机支配，并最终导致人格分裂。因此，人格的整体性是心理健康的重要指标。当个体的人格结构在各方面彼此和谐统一时，他的人格就是健康的；否则，个体可能会出现适应困难，甚至出现人格分裂。

4. 功能性

人格决定一个人的生活方式，甚至决定一个人的命运，因而是人生成败的根源之一。当个体面对挫折与失败时，坚强者能发愤拼搏，懦弱者会一蹶不振，这就是人格功能的表现。

美国亚力山大·汤马斯医生和史黛拉·翟斯医生经过研究发现，仅出生2～3个月的婴儿就身上具备九种不同的气质，分别是活跃程度、规律性、主动性、适应性、感兴趣的范围、反应的强度、心境的素质、分心程度和专注力范围/持久性。

戴维·丹尼尔斯则发现这九种不同的气质刚好和九型人格相配。九型人格不仅仅是一种精妙的性格分析工具，更主要的是它为个人修养与自我提升、历练提供了深入的洞察力。与当今其他性格分类法不同，九型人格揭示了人们内在最深层的价值观和注意力，它不受表面的外在行为变化所影响，可以让人们真正地知己知彼，可以帮助人们明白自己的个性，从而完全接纳自己的缺点、展现自己的优点；可以让人们明白其他不同人的个性类型，从而懂得如何与他人交往、沟通及融洽相处，与他人建立更真挚、和谐的合作伙伴关系。

二、人格的影响因素

（一）遗传因素

心理学研究发现，即使同卵双生子被分开抚养，他们之间的相似性也大于异卵兄弟姐妹，这意味着遗传的作用显著。在某些人格特质中，遗传因素占20%～45%，这个比例是非常高的，智商受遗传因素的影响也只有50%左右。但是，人格也是可以通过环境加以改变的，对同卵双生子的研究表明，他们被分开抚养的时间越长，两人之间的差异也越大。每个人都是受先天和后天影响的结合体，每个人的一些选择可能受遗传的影响，如家长焦虑，孩子出生就表现出敏感、焦虑的气质特点；如果家长外向开朗，孩子也普遍外向活泼。但是每个人不是机器人，只能按照编写好的程序进行，一生的发展其实是每个人自己选择的结果，遗传并不能完全决定人们的命运。通常在智力、气质这些与生物因素相关较大的特征上，遗传因素较为重要；而在价值观、信念、性格等与社会因素关系紧密的特征上，后天环境因素更重要。

（二）社会文化因素

人一出生便置身于社会文化之中，并接受社会文化的熏陶与影响，文化对人格的影响伴随着人的一生。社会文化具有塑造人格的功能，这反映在不同民族有其固有的民族性格与文化，不同地域有不同的文化传统，不同发展时期有不同的文化认同。如中国人大多含蓄、委婉，而西方人大多热情、开放。

（三）家庭环境因素

家庭是个体最早接受教育的场所，社会和时代的要求往往是通过家庭对儿童产生影响的。人格的家庭成因是指家庭间的差异对人格发展的影响。孩子的人格是在与父母持续相互作用中逐渐形成的。许多精神分析学家认为，一个人从出生到五六岁的这段时间，是人格形成的最主要阶段，父母的教养态度对于其人格的形成和今后的发展起着重要作用。父母对子女的态度、家庭氛围都对一个人的人格有着较强的影响，特别是童年时期受到的影响更明显。"早期的亲子关系决定了行为模式，"这是麦肯侬对早期童年经验对人格影响的总结。斯毕兹对孤儿院里的儿童进行了研究，发现这些早期被剥夺母爱的孩子，长大以后在各方面的发展均受到影响。但是这种早期的创伤经验并不单独对人格产生影响，早期儿童经验是否对人格造成永久性影响因人而异，对于正常人来说，随着年龄的增长、心理的成熟，童年的影响会逐渐减小。

（四）自然环境因素

生态环境、气候条件、空间拥挤程度等这些物理因素都会影响人格的形成和发展。一个著名的研究实例是巴理关于阿拉斯加州的爱斯基摩人和非洲的特姆尼人的比较研究。这个研究说明了生态环境对人格的影响，如热天会让人烦躁不安。人格特质和环境之间相互作用，外部环境和情境影响着人格特质的表现。自然环境对个性不起决定性的作用，但在不同的物理环境中，人可以表现出不同的行为特点。

三、人格的心理特征

人格的心理特征是指在心理活动过程中表现出来的比较稳定的因素，包括能力、气质和性格。每个人的心理特征是不同的，因此人格表现也是千差万别的。人们在与外界事物接触过程中，总是通过感觉、知觉、表象、判断、推理、思维等认知活动去反映客观事物，在这种认知活动中必然伴随着情感体验，如愉快、兴奋、愤怒等。由于人们认知事物的水平不同，有人细心、深刻，有人粗心、肤浅。因而他们在人格表现中也不同，有人独立性很强，有人依赖性很强。所以，在认知、改造外部事物的活动中所表现出来的心理特征也不同。人格的心理特征可分为能力、气质和性格三个方面。这三个方面的特征通过不同方式的结合就形成一个人较稳定的人格特征。下面主要对气质和性格进行讲解。

（一）气质

1. 气质内涵及其学说

气质是人心理活动的稳定的、动力特征。心理活动的动力特征主要是指心理过程的速度和稳定性（如知觉的速度、思维的灵活程度、注意力集中时间的长短等）、心理过程的强度（如情绪的强弱、意志努力的程度等）和心理活动的指向性（有人倾向外部事物，有人倾向内心世界）等。这些相对稳定的心理动力特征的相互联系和相互作用，使人的日常活动带有一定的色彩，形成一定的特点。

气质影响人活动的所有方面，具有某种气质特征的人，在内容完全不同的活动中显示出同样性质的动力特点。它仿佛使一个人的整个心理活动都涂上个人独特的色彩。如果一个学生表现出在考试时激动，在等待朋友时坐立不安，在参加比赛前沉不住气，并且经常抢先回答老师的提问的特性，那么可以认为这个学生具有情绪激动的气质特征。"气质是个体心理活动的动力特征"，这个定义内容相当广泛，不仅包括情绪和动作方面的某些动力特征，而且包括认识过程和意志过程的动力特征。因此，大学生要正确对待自己的气质类型，经常有意识地控制消极品质，发扬积极品质，以利于形成良好的个性。充分发挥个性，改造气质，克服气质弱点，有利于将来选择各种不同的职业和专业。

2. 气质学说

（1）体液说

古希腊著名医生希波克拉底认为，人的体液有四种：血液、黏液、黄胆汁、黑胆汁，并根据哪一种体液在人体内占优势，把人分为四种类型：多血质、黏液质、胆汁质、抑郁质。按照希波克拉底的原意，他所认为的四种气质类型，其含义是很广的，不仅包括人的体质，还包括气质。后来，罗马医生盖伦将体液学说进一步发展为气质学论，气质学说沿用至今。

（2）体型说

德国精神病医生克雷奇米尔根据他对精神病患者的临床观察，提出按人的体型划分人的气质类型的理论。他把人的体型分为肥胖型、瘦长型、斗士型，相对应的气质类型为躁郁型气质、分裂型气质、黏着型气质。后来，美国心理学家谢尔登把人的体型分为另外三类：内怀叶型（柔软、丰满、肥胖）、中怀叶型（肌肉骨散发达、结实强壮、体态呈长方形）、外怀叶型（虚弱、瘦长），相对应的气质类型为内脏气质型、肌肉气质型、脑髓气质型。

（3）血型说

人的血型主要有 A 型、B 型、AB 型、O 型。有些心理学家认为，人的气质是由不同血型决定的。日本学者古川竹二根据四种血型把人分为四种气质：A 型人气质的特点是温和、老实、怕羞、依赖他人；B 型人气质的特点是感觉灵敏、喜社交、好管事；AB 型人气质的特点是上述两者的混合型；O 型人气质的特点是志向坚强、喜欢指使别人、不愿吃亏。

3. 气质类型及其特征

巴甫洛夫在条件反射实验中发现，大脑皮层的基本神经活动过程有三种特征，即强度、平衡性、灵活性，进而指出，神经系统的基本过程是气质的生理基础，气质是神经系统基本过程的心理现象。基于神经活动过程三种特征的不同组合，形成四种不同的高级神经活动类型，它们与气质有着相对应的关系，具体如表 8-1 所示。

表 8-1 神经活动过程与气质类型的对应关系

气质类型	高级神经活动过程	高级神经活动类型	气质类型特点	代表人物
胆汁质	强、不平衡	不可遏制型	直率热情、精力旺盛、表里如一、刚强；暴躁易怒、脾气急、易感情用事、好冲动	张飞、李逵、鲁智深、李白、巴普洛夫、白求恩

续表

气质类型	高级神经活动过程	高级神经活动类型	气质类型特点	代表人物
多血质	强、平衡、灵活	活泼型	活泼好动、反应迅速、热爱交际、能说会道、适应性强；稳定性差、缺少耐性、见异思迁，具有明显的外向倾向，粗枝大叶	贾宝玉、郭沫若、王熙凤
黏液质	强、平衡、不灵活	安静型	安静、稳重、踏实、反应性低、交际适度、自制力强、性格坚韧、话少，适合从事细心、程序化的学习；表现出内倾向，可塑造性差，有些死板，缺乏生机	陈景润、牛顿、达尔文、爱因斯坦、爱迪生、林冲等
抑郁质	弱	抑郁型	行为孤僻、不善交往、易多愁善感、反应迟缓、适应能力差、容易疲劳，性格具有明显的内倾性	林黛玉

在巴甫洛夫学说的基础上，心理学家捷普洛夫等人把感受性、耐受性、反应的敏捷性、可塑性、情绪的兴奋性、向性六种气质特征作为划分气质类型的依据。把气质类型分成胆汁质、多血质、黏液质和抑郁质。丹麦画家皮德斯特鲁普将这四种气质类型的人用漫画形象地表示出来，如图 8-1 所示。

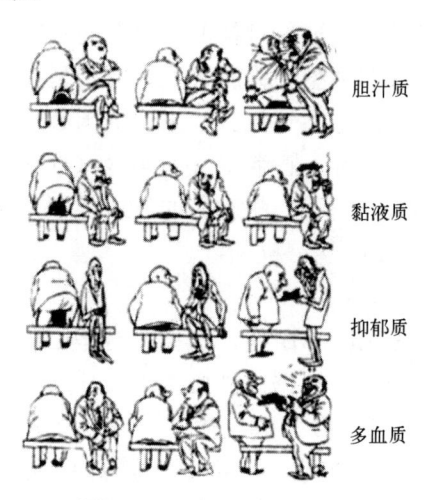

图 8-1 四种典型气质类型

（1）胆汁质

胆汁质的人属于热情奔放、情绪兴奋、乐观向上型。这种气质类型的人其特点是精力旺盛、为人直率、豪爽、反应快、行为果断；比较粗心大意、容易冲动、自制力较差、偶有鲁莽的举动，并且注意力和兴趣容易转移，稳定性差。具有这种气质的人能以极大的热情和旺盛的精力投入学习和工作，代表人物是《水浒传》中的鲁智深。

（2）多血质

多血质的人属于敏捷好动、开朗活泼型。由于神经过程平衡且灵活性高，多血质的人容易适应环境的变化，活泼、好动，反应敏捷，喜欢与他人交往。在学习中肯动脑筋，常表现出较强的工作能力和办事效率。对外界事物有广泛的兴趣，不安于循规蹈矩、机械刻板的工作，但情绪不够稳定，注意力也容易转移。代表人物是《红楼梦》中的王熙凤。

(3) 黏液质

黏液质的人属于沉稳冷静、感情细腻、富于想象型。这种气质类型的人稳重、凡事深思熟虑，一般不做无把握之事；意志坚强，无论环境如何变化，心态都会保持平衡；情绪不易外露，具有很强的克制能力；与人交往时，不爱抛头露面；反应缓慢但沉着冷静，生活和学习有规律，学习、工作起来比较踏实，但有时过于拘谨，不善于随机应变。代表人物是《西游记》中的沙僧。

(4) 抑郁质

抑郁质的人富于理性、自制力强。这种气质类型的人行动相对迟缓而不强烈，善于觉察别人不易观察到的细小事物，但多愁善感，常为一些学习、生活中的小事引起情绪的波动；不善于交际，情绪不外露而内心体验深刻，有事常常闷在心中，不愿向别人诉说，喜欢独处，有孤独的表现；对力所能及的工作能认真负责地完成，遇事三思而后行，求稳不求快，但显得迟缓刻板；学习、工作时容易疲倦，在困难面前常常表现出自卑、优柔寡断的情绪。代表人物是《红楼梦》中的林黛玉。

4. 对气质的正确理解

气质是一个人相对稳定的心理特征，无时无刻对人的心理活动和日常行为产生着影响。大学生应从气质的内在本质着手，正确理解和把握气质。

(1) 气质本身无好坏之分

每种气质类型都有优点和缺点，每种气质类型的人都有可能在事业上取得成就。例如，胆汁质的人精力旺盛、热情、豪爽，但是脾气暴躁；多血质的人活泼、敏捷，善于交往，但难以全神贯注，缺乏耐心；黏液质的人做事有条不紊，认认真真，但缺乏激情；抑郁质的人非常敏锐，却容易多疑多虑。气质对一个人来说没有选择的余地，重要的是了解自己，自觉地发挥自己气质中的积极方面，努力克服自己气质中的消极方面。根据心理学家的分析，四位著名文学家就是四种不同气质类型的代表：普希金属于胆汁质，高尔基属于多血质，克雷洛夫属于黏液质，果戈理属于抑郁质。不能以一个人的气质去武断地预测他在事业上的成败。

(2) 不同气质类型的人处理问题的方式不同

不同类型的气质直接影响人们的心理活动和思维方式，这就导致不同气质类型的人处理问题的方式不同。心理学家达维多夫曾形象地描述了四种不同气质类型的人在面对同一情景，即看话剧迟到后的不同表现。胆汁质的人和检票员大吵大闹，他会竭力争辩，找出一大堆理由，甚至打算强行闯入剧院；多血质的人会立即明白，检票员是不会让自己进入剧院的，但他会想方设法地混进去；黏液质的人看到检票员不让他进，他会自我安慰："第一场总是不太精彩，我在外面转转，待会儿幕间休息时间再进去"；而抑郁质的人会叹气："我老是不走运，偶尔来次剧院，还这么倒霉"，接着会垂头丧气地回家。这个事例反映了不同气质类型的人典型的处事态度。

(3) 气质类型的复杂性

传统上的气质类型只有四种。但是，在现实生活中，在我们每个人的身上，气质类型的体现是相当复杂的。由于受个人的主观意识和环境的影响，单纯属于某一种气质类型的人很少，更多的人是两种甚至三种气质类型的复合体，只是其中某一种气质的成分更多一些而已。

（二）性格

1. 性格的结构

性格是人对现实的态度和行为方式的比较稳定、独特的心理特征的总和。性格的结构很复杂，它由多成分、多侧面交织在一起构成，并形成了多种多样的特征，这些特征分为以下四种。

（1）性格的态度特征

性格的态度特征是指一个人如何处理社会各方面关系的性格特征，即他对社会、对集体、对工作、对劳动、对他人及对自己态度的性格特征。对这些对象的性格特征主要有谦虚或自负、自信或自满、自豪或自卑、豪放或羞怯。

（2）性格的意志特征

性格的意志特征也是性格的重要特征，它主要表现在有无明确的目的、自制力、果断性、持久性等方面。有的人表现出有主见、有目的；有的人表现出盲目、容易受暗示；有的人表现出果断；有的人表现出优柔寡断。

（3）性格的情绪特征

性格的情绪特征是指人们在情绪的强度、稳定性、持续性和主导心境等方面的差异。例如，有的人情绪比较强烈，仿佛整个人都被情绪控制了；而有的人情绪比较微弱，总是冷静地对待现实。有的人情绪活动时间比较长，而且影响深刻；而有的人情绪活动时间很短，难以留下痕迹。有的人的心境总是愉快、振奋的；而有的人总是抑郁、沉闷的。

（4）性格的认知特征

性格的认知特征是指人们在感知、记忆、想象、思维等认识过程中所表现出来的个体差异。例如，在感知方面，人有被动感知型、主动观察型、概括型；在想象方面，人有幻想型和现实型，主动想象型和被动想象型等。

2. 性格的分类

（1）心理机能划分论

英国心理学家培因和法国心理学家里博根据理智、情绪、意志三种心理机能哪一种占优势，分别把人的性格分为理智型、情绪型、意志型。理智型的人行动多是经过理智思考的；情绪型的人则是凭感情用事，受情绪的支配；意志型的人目标明确、行为积极。

（2）心理倾向划分论

瑞士心理学家荣格根据人的心理活动的指向性将人的性格类型划分为内倾型和外倾型。内倾型人的心理活动倾向于内心世界，自己的感情和思想很少向他人倾诉，他们通常谨慎、安静。外倾型的人则刚好相反，他们对自身以外的世界非常感兴趣，开朗、活泼。荣格还认为现实中许多人的性格都是介于内倾型和外倾型之间的。

（3）突出性格划分论

突出性格划分论有多种分类，有的心理学家按照人对自己的评价将人分为优越型和自卑型。优越型的人善于竞争、有自信心;自卑型的人通常不愿意与他人竞争、有比较强的自卑感。还有的心理学家根据人对时间的把握和认识、好胜心等方面的差异,把人的性格分为 A 型和 B 型,A 型的人时间观念特别强,总是有紧迫感,希望能同时做多件事情,处处争强好胜,办事效率高;B 型的人则正好相反。

(4) 能力类型划分论

美国著名职业指导专家约翰·霍兰德提出,每个人的个人能力和兴趣都有很大的不同,并且与他们今后能够从事的职业有很大关系。他把人的性格划分为六种:社会型、现实型、理智型、文艺型、传统型、企业型。每种类型性格的人都有各自擅长的方面及不足的方面。

3. 性格对健康的影响

性格有好坏之分,不良性格对人体健康的影响是多方面的,它可以对人的大脑、内脏及其他器官产生危害。例如,忧郁时大脑过度抑制,可能造成免疫功能失调,从而引起营养性功能紊乱,使人体虚弱早衰;发怒时容易导致胃肠功能紊乱,甚至造成器质性损伤。

4. 大学生良好性格的培养

性格是在后天环境与教育的作用下形成的,培养良好的性格是大学生心理素质修养的重要内容。

(1) 增强对性格的自我认识

每个个体都有自己的性格。认识自己的性格特点,就是要对自己的性格特点做全面的了解和反省。曾子曰:"吾日三省吾身",就是指个体要每天多次反省自己,对于性格中积极的一面要给予肯定和保留;对于性格中消极的一面要加以修正和改进。在自我发现和探索中,大学生应该多听取家长、教师和同学的看法和建议;多与他人比较,与自己的过去比较;也可以通过写日记的方式来进行自我交流、自我监督、自我提高。

(2) 自觉地进行榜样教育

孔子提出"见贤思齐",意思是向贤人看齐,学习他的优点和长处。从心理学的观点出发,这就是强调自觉进行榜样教育。大学生要培养良好的性格,必须克服骄傲、自满、自卑、嫉妒等不良心理;要勇于学习优秀人物的良好品格,也要善于向周围的人学习。榜样的力量是无穷的,每个时期的大学生都要自觉接受榜样教育。

(3) 掌握科学方法,主动寻求帮助

在性格培养方面,无论是科学理论,还是生活实践都有许多行之有效的好方法。大学生应该了解、掌握、借鉴这些理论、方法和经验,并从中找到适合自己的培养方法,在遇到难题时,应主动寻求心理辅导老师的帮助。

(4) 投身于实践活动

大学生良好性格的培养是知与行的统一,理论与实践相结合的过程。大学生要积极参加各种实践活动,在顺境、逆境中磨炼自己,发展良好的性格特征,转化不良的性格特征。勇于实践、敢于锤炼是大学生培养良好性格的必由之路。

> 扩展阅读

投射技术式人格测验

投射技术式人格测验是向被试者呈现一套标准化的、模棱两可的刺激，要求他们在不受限制的条件下进行自由反应。这种测验的目的是让被试者在不知不觉中把内心隐藏的特质投射在反应之中。最常用的投射技术式人格测验有罗夏墨迹测验和主题统觉测验。

1. 罗夏墨迹测验

罗夏墨迹测验由瑞士精神病学家罗夏于1921年提出。该测验包括十张内容不同的墨迹图片，其中五张为黑色，两张为黑红两色，三张为彩色。测试者按一定顺序每次出示一张图片，并向被试发者问："你看到了什么？""这可能是什么东西？""这张图让你想到什么？"允许被试者转动图片，从不同角度去观看图片。在进行测验时，每次以一位被试者为对象，根据预定的标准记录被试者对各图片的位置、形状、颜色等各方面做出的反应。

2. 主题统觉测验

主题统觉测验由美国心理学家莫瑞和摩根于1938年提出。测验中共有30张黑白卡片。一张空白图片，从中抽取20张卡片进行测试。测验方式是要求被试者以模棱两可图形为主题编出一个故事。故事的内容不受限制，但必须回答以下四个问题：图片中发生了什么事情？为什么会出现这种情况？图片中的人物正在想什么？故事的结局是怎样的？该测验的目的是让被试者不知不觉地借着对故事情节的描述流露出潜藏在内心深处不为人知的人格特点。

第二节　大学生常见人格问题及矫正

一、大学生常见人格问题

人格缺陷是介于正常人格与障碍人格之间的一种人格状态，也可以说是一种人格发展的不良倾向，或者说是某种轻度的人格障碍。常见的人格缺陷有羞怯、猜疑、依赖、急躁、自卑、嫉妒、孤独、以自我为中心等，这些都是不健康的心理因素，它们不仅影响活动效率，妨碍正常的人际关系，同时还会给个体带来消极、悲观的情绪。下面介绍常见的人格缺陷及矫正方法。

（一）羞怯

羞怯的大学生占比较高，如不敢在公众场合发表意见，害怕与陌生人打交道，路上见到异性同学会手足无措，见到老师会难为情，说话感到紧张等。一般而言，害羞之心人皆有之，但过分地害羞，就不正常了，它会阻碍人际交往，影响一个人正常地发挥才能，还会导致压抑、孤独、焦虑等不良心态。羞怯是一个人自我防御心理过强的结果。羞怯就是害羞和胆怯，主要表现为在遇到特殊的人或处于特殊的场合时，感到内心紧张甚至恐惧，外在表现为面红耳赤、行为拘谨甚至退缩。羞怯是害羞和胆怯的叠加，既害羞又胆怯，是由于害羞而导致胆怯，同时胆怯又进一步导致害羞。羞怯也是一种常见的心理现象，与害羞和胆怯一样，羞怯心理几乎人人都曾体会过。特别是在一个人的幼儿期和童年期，这种心理现象出现的频率比较高。几乎所有的孩子都曾犯过错误，受到过别人的嘲笑，受到过老师和家长的批评。在遇到这种情形时，孩子难免会出现羞怯心理。

1. 羞怯的表现

羞怯是一个人自我防御心理过强的结果，其特点表现如下。

（1）过于胆小被动，过于谨小慎微

羞怯者在说话时，意思往往表达不清楚，说话、做事总怕出错，担心被人议论、嘲笑，因此，每想说一句话，总要在喉咙里反复多次；每做一件事，总要思前想后，为此把自己搞得神经紧张、坐立不安，而且往往为错过说话、做事的时机而感到后悔、沮丧、自责。

（2）过于关注自己

羞怯者特别注意自己在别人心目中的形象，总觉得自己时时刻刻处在众目睽睽之下，于是变得敏感、拘束。

（3）自信心不足

羞怯者对自己的社交能力、表达能力、做事能力乃至自我形象缺乏信心，使本来可以做到、做好的事难以如愿。

2. 克服羞怯的方法

（1）要对自己做一个具体分析，找到自己的长处和短处，发扬长处可增强信心，并弥补短处，特别是要多看到自己的长处，以增强信心。

（2）放下思想包袱。事实上每个人都有羞怯心理，只是有些人善于调节，注意练习。一个人说错话、办错事没什么可怕，也不必难为情，错了改正就是。

（3）不要太在意别人的议论。总把别人说的话放在心上便寸步难行，那样什么也不敢做、不敢说了。只要自己看准的事情就大胆去做，无论一件事做得多好，也不可能人人称赞。

（4）有意识地锻炼自己。胆量和能力都是锻炼的结果，要敢于说第一句话，敢于迈第一步。一旦这样做了，就会发现自己不仅有能力把事情做好，而且有潜力把事情做得更好。

20世纪70年代，日本前首相田中角荣，在学生时代曾是一个严重的口吃患者，尤其是在众人面前说话时口吃得就更厉害。但他下定决心要战胜口吃，于是他勇敢地参加了学校的话剧团，强迫自己背台词且要背得滚瓜烂熟，他通过夜以继日的锻炼，终于战胜了口吃。可见锻炼是克服人格缺陷的一个好方法。

（二）猜疑

所谓猜疑，就是猜和疑，疑建立在猜的基础上，因而往往缺乏事实根据，有时也缺乏合理的思维逻辑。合理的猜疑心理可以起到自我保护和预测未来的作用，是一个人在社会上生活的本领。但是，猜疑应该以事实为依据，或者说在确实能够找到疑点的地方才去猜疑。如果一个人对别人的言行进行习惯性的、无端的猜疑，那么这就是形成了一种猜疑的性格，这样会严重影响自己对事物的判断以及正常的人际交往，需要及时克服这种心理。

1. 猜疑的表现

（1）心理方面

猜疑心很重的人会经常疑心重重，并伴有无中生有的想法，对别人不信任。例如，有的学生见到几个同学背着他说话，就会怀疑是在说自己的坏话；老师和朋友对他稍有冷淡，就会怀疑对方是不是对自己有什么意见等。猜疑心特别重的人会过分注意别人对自己的态度，别人随随便便说的一句话很可能被他琢磨半天，一旦发现任何对自己不利的疑点，就会不由自主地信以为真，压抑、无奈和愤怒等情绪便会随之而来。久而久之，会使自己经常处于压抑和愤怒等不良情绪中。

（2）行为方面

一般情况下，具有猜疑个性的人会把敏感多疑的特点投射到其他人身上，认为其他人也非常在意自己的言行，因此为人处世小心谨慎，从不说一些模棱两可的话，在行为上也尽量不引起别人的误会。

2. 克服猜疑的方法

（1）头脑冷静，识破猜疑

如果想克服猜疑心理，那么需要明确自己确实具有猜测和怀疑的个性，这是想改变的前提。如果自己能认识到这一点，就要把这种认识带到生活中的每时每刻，也就是说在日常生活中，当遇到猜疑其他人或事的情况时，尽量保持头脑冷静，思考是否是自己的猜疑之心又在作怪，最好能够当场识破自己的猜疑心理。

（2）克服自卑，树立自信

具有猜疑个性的人，绝大多数都有自卑心理。如果猜疑是由于自卑而导致的，那么克服自卑就是从根本上克服猜疑心理的最有效方法。克服自卑的方法有很多，常用的有积极自我暗示、客观分析自我、经常体验成功的感觉等。只要能够克服自卑，自信心就会慢慢树立起来。

（3）及时沟通，解除疑虑

如果不确定自己的猜疑是否合理，不能及时解除猜疑，那么主动与被猜疑者及时沟通是有效解除猜疑的方法。这种方法不仅可以解除猜疑，更重要的是还能够避免由于误会而导致的不良结果。需要注意，沟通需要开诚布公，推心置腹。

（三）依赖

依赖心理是指一个人对其他人或事物依靠、渴求的愿望，这是一种正常的心理需求。但是，如果一个人在现实生活中对其他人或事物有着过分依靠和某种渴求的强烈愿望，而且愿望一旦不能实现，就会处于极度痛苦之中，有时这种愿望是非理性的，即表现出不合理的依赖心理。

有的人对某种物质产生心理依赖，如烟草、酒精、毒品及其他成瘾物质等。这种心理依赖往往是在生理依赖的基础上产生的，并与生理依赖相伴。如果依赖不能及时被满足，就会出现强烈的躯体反应，即戒断症状。这样的人需要及时戒除对成瘾物质的生理依赖，才能克服心理依赖，恢复身体健康。

1. 依赖的表现

具有依赖心理的人，一般具有以下特征。

（1）不惜损害自身利益来迁就别人

在日常生活中，由于害怕被冷落和抛弃，具有依赖心理的人对于其依赖的对象往往过度讨好，百依百顺，即便知道对方错了，也能容忍迁就，不惜损害自身利益，做自己不愿做的事情；在与对方的交往中，处处委曲求全，经常为了迎合对方而压抑自己的负面情绪，不愿与对方发生矛盾，过分看重自己在对方心中的形象及对方对自己的态度。

（2）依靠别人来替自己做出决定

有严重依赖心理的人，在生活中对许多事情都不敢独立做决定，缺乏自主性，对未来的生活总有一种莫名的不安全感，时常感到焦虑，以至于不敢信任自己，不愿承担责任。即便遇到并不十分难以抉择的事情，也通常要反复询问别人的意见，依赖别人的决定，即便那是错误的决定，自己也能因此而得到一些自欺欺人的安慰。这种人缺乏自我决择的勇气，常常将自己的命运寄托在他人身上。

（3）害怕孤独，难以接受分离

当与他人的亲密关系中止时，具有依赖心理的人会比一般人更加痛苦，万分难过，无所适从，对他们来说就像天塌下来一样，难以接受分离。对分离的恐惧源于自我的内心不够强大，对孤独有过分的恐惧，不愿独自面对未来的生活。当不可避免地失去可以依赖的人之后，会倾向于马上找另一个替代者来解除痛苦，以满足自己的依赖心理。

2. 克服依赖的方法

（1）坚定改变的决心

很多具有依赖心理的人难以改变自己并不是因为这种心理本身不容易被克服，而是因为他们并没有从内心深处真的想改变，或者在改变过程中由于遇到自身的阻力而半途而废。具有依赖心理的人已经习惯于依附别人的生活，有的甚至认为这样的生活才是安全和保险的，才是适合自己的生活，丧失了改变的愿望，宁愿忍受这种不良个性所带来的压抑自我的痛苦。因此，坚定改变的决心是至关重要的。为了迎接新生活，个体要能够预想到改变过程中的阻力，并做好充分的心理准备。

（2）培养自强精神

个体要培养对自己负责的意识，而自己的事自己负责的前提是独立自主。独立是一个人走向社会的重要品质，只有拥有独立意识的人才能够变得自强自立，自强自立的人才能够真正担负起责任和使命。个体可以通过学习楷模的先进事迹来培养自强自立精神，身边自强自立的人也同样是好榜样，通过学习来激励自己，挖掘和调动自身的潜力来面对生活。

（3）从小事做起，纠正习惯

习惯一旦养成就不容易改变。改变习惯的重要方法就是进行长时间且有意识的训练，形成新习惯并代替不良习惯。新习惯的养成必须从生活中的点滴小事做起，也就是说，个体要从独立处理生活中的一些小事入手，随着时间的推移，小事能够独立解决了，再尝试独立处理稍大一点儿的事，然后再尝试处理更大的事。事情的大小需要由自己独立判断，而不能听从别人的指挥，因为每个人的判定标准不同，这也是一种独立性的训练。由于长期存在的依赖心理，个体在独自面对事情的时候，经常会有焦虑或者有想退缩的想法，此刻个体就要发挥意志力，不断坚持，直到好的独立习惯养成。

（四）急躁

1. 急躁的表现

急躁的主要表现为遇到不称心的事情马上激动不安，做事缺乏充分准备，没准备好就盲目行动，急于达到目的。急躁的人缺乏耐心、细心和恒心，说话和办事快，竞争意识强，容易冲动，心情常常处于紧张状态。在日常生活中，急躁者常会忙中生乱，祸及自己与他人。大学生在学习上表现出急躁特点的人不在少数，他们常常什么都想学，而且想短时间内学会，生怕不如别人，急于求成，但实际常常达不到期望的效果，从而生气、发怒，既影响自己的身体健康和学习效率，又妨碍人际关系。

2. 克服急躁的方法

（1）思先于行

要克服急躁首先要加强自我修养，自觉养成冷静、沉着的习惯。在学习生活中，对非原则性问题尽量避免与他人发生矛盾，把精力用到积极思考中。

（2）改变行为，细心、认真行事

说话控制语速，想好了再说，不随意打断别人的谈话；看书一字一句细读；走路、骑车不着急超过他人等。无论是在学习生活还是工作中，都应改掉"冲锋陷阵式"的习惯，不着急、有条不紊地干自己应该干的事情。

（3）控制发怒

性格急躁的人容易发怒，应时刻提醒自己遇事冷静。

（4）松弛疗法

性格急躁的人可尝试坚持静养训练，在工作、学习之余，常听轻松、优美、安静的音乐，通过一些轻松愉悦的方式使自己的身心完全处于放松状态。

二、大学生常见的人格障碍

（一）人格障碍的一般特征

人格障碍也称病态人格、变态人格，是指偏离常态的人格。人格障碍和人格缺陷在大学生中较为常见。具有人格障碍的个体一般有如下表现。

（1）有紊乱不定的心理特点，与人难以相处。紊乱不定的心理特点包括偏执、怀疑、自恋、被动、易侵犯等。

（2）把自己遇到的一切困难都归咎于命运和他人身上，把社会和外界对自己不利的条件都看作是不应该的，对自己的缺点却毫无察觉，也不会改正。

（3）以自我为中心，认为自己对别人可以不负任何责任，对不道德的行为没有罪恶感，对伤害别人的行为不后悔，对自己的一切行为都执意偏袒与辩护，以自己的利益为中心，而不能设身处地体谅他人。

（4）在任何环境中都表现出猜疑、仇视和偏颇的看法，难以改变病态观念。

（5）缺乏自知，当行为后果伤害他人时，自己却泰然自若，毫无感觉。

（6）一般意识清醒，无智力障碍。

（7）一般以上表现从幼儿时期开始，一旦形成就难以改变。

（二）大学生常见人格障碍类型

根据人格障碍的不同表现，可将人格障碍分为不同类型。常见的各种人格障碍有以下几种。

1. 偏执型人格

敏感多疑，主观固执，心胸狭隘，易嫉妒，自我评价高，易冲动和诡辩，常怀疑别人的用心，报复心强。

2. 情感型人格

情绪波动大，兴奋时情绪高涨，内心充满了希望和喜悦；抑郁时一言不发，悲观失望。

3. 分裂型人格

极端内向、孤僻，回避社交，言行怪异，情感冷漠、退缩、敏感、羞怯，易沉溺于白日梦中。

4. 爆发型人格

平时表现正常，但偶有因细小的精神刺激而突然爆发强烈的愤怒情绪和冲动行为，且自己不能控制。

5. 强迫型人格

对待自己过分认真和严格，十分注意细节和追求完美，做事反复检查仍不放心，常感到紧张、苦恼和焦虑，常有不安全感，易发生强迫型神经症。

6. 癔症型人格

好表现，喜欢引人注目，人格不成熟，情绪不稳定，往往由细微刺激引起爆发性情绪，反应过强，表现具有戏剧性。

7. 依赖型人格

缺乏自主、自信和独立意识，过多依赖他人，总想求助于他人，有被动服从他人的愿望。

8. 反社会型人格

情绪不稳定，常被一时的冲动所左右，以自我为中心，不顾别人的痛苦和社会的损失，易发生违纪行为和不正当的行为活动。

（三）人格障碍的病因

一般认为，人格障碍可能是在生物、心理和社会文化等因素的共同作用下形成的。在人格的发展过程中，儿童早期的环境和家庭教育是非常重要的因素。儿童人格的发展与父母的态度和教育方法有很大关系，父母过于严厉，儿童往往形成焦虑、胆怯的性格；反之，儿童则往往形成被动、依赖、脆弱的性格。对儿童的不合理教育和不良生活环境的影响，以及童年的某些创伤都可以对儿童人格的发展产生严重的影响。此外，某种特殊的社会、文化环境潜移默化的影响也是形成人格障碍的因素。

（四）人格障碍的矫正

人格障碍一般形成于童年或少年期，并且由于具有人格障碍的人其内心体验背离生活常情，所以矫正起来比较困难。目前，我国主要的对策是实行"综合治理"，即通过家庭、社会、学校的努力共同矫正。个体自身尤其要有所认识，并积极配合、不断努力改正，同时配合心理治疗，如认知疗法、行为疗法等，可以达到一定的效果。

第三节　大学生健康人格的内涵及塑造

一、健康人格的内涵

一般来讲，健康人格是相对于病态人格而言的。健康人格是由个体生活方式和生活风格逐步建立起来的一种自我意识，是人的世界观、心理素质、道德修养等方面的综合体现和重要标志，也是个体能够准确把握自己、寻找适合自己发展的社会位置、获得他人尊重和好感的基础。大学生健康人格的主要表现有以下六个方面。

（1）具有正确的自我意识。具有健康人格的大学生对自己应有恰如其分的评价，能够积极地、正确地认识自己，坦然地接受自己的不足，对生活保持乐观向上的态度。充满自信，扬长避短，在日常生活中能有效地调节自己的行为。

（2）具有良好的情绪调控能力。人格健康的大学生具有调节和控制情绪的能力，人生态度乐观向上，生活态度积极热情，有正确的人生观和价值观，能够用理性分析生活事件，头脑中非理性观念较少，人格独立，自信自尊。经常保持愉快、开朗的心境，并且具有幽默感。当消极情绪出现时，能合理宣泄、排解、转移、升华。

（3）具有良好的社会适应能力。人格健康的大学生能与社会保持良好的接触，以一种开放的态度主动关心社会、了解社会，观察所接触到的各种事物现象，能看到社会发展的积极面和主流并具有社会责任感。在认识社会的同时，能与时俱进，使自己的思想、行为紧跟上时代的发展，符合社会的要求，能适应新环境。

（4）具有和谐的人际关系。人格健康的大学生乐于与他人交往，能与他人建立良好的关系，与他人相处时，尊敬、信任等正面态度多于妒忌、怀疑等消极态度；人格健康的大学生常常以诚实、公平、信任、宽容的态度对待他人，同时也会受到他人的喜爱和接纳。

（5）具有乐观的生活态度。人格健康的大学生常能看到生活的光明面，对前途充满希望和信心，对自己所从事的工作或学习有浓厚的兴趣，并能在工作和学习中发挥自身的智慧和能力，并获得成功；即使生活中遇到困难和挫折，也会勇敢面对，不畏艰险，勇于拼搏。

（6）具有健康的审美情趣。健康的审美情趣对于大学生树立审美观、人生观、科学的世界观、塑造健康的人格结构具有重要作用。大学生具有高尚、健康的审美情趣，能提高自身的修养，自觉抵制各种不健康思想的侵蚀，追求更高的人生价值，实现人格的自我完善。

二、大学生健康人格的塑造

塑造健康的人格不仅是个人发展的需要，更是社会进步的需要，当代大学生应自觉培养良好的个性品质，塑造健康人格。大学生健康人格的培养不是一朝一夕就能出成果的，需要长期的磨砺。首先，要按照健康人格的标准来约束自己；其次，要按照现代社会的需要来锻炼自己。那么具体怎样塑造呢？大学生应着重从以下三方面努力。

（一）树立积极进取的人生观

人生观是一个人对人生的认识，以及在此基础上产生的肯定的情感、积极的态度及为其奋斗的坚定信念与意志行动的总和。人生观一经产生，它就制约着人的整个生活历程，指导着一个人如何认识自我，如何度过自己的一生。如果一个人有了为理想而奋斗、不断进取的人生观，那么生活就会充满意义和价值，整个人就会以乐观的心态来面对生活，并能采取积极的行动，为形成健康人格打下良好的基础。相反，不思进取的人生观就会让人陷入百无聊赖的浑噩之中，或者对任何事情都缺乏兴致，或者对人生充满敌意，可能导致个体产生各种人格障碍。

要进取就要有奋斗目标，但是目标必须依个人实际情况而定，如果目标过低，则太容易实现，没有成就感；如果目标过高，则无法实现，打击个人自信心。只有制订适合自己的目标，才可能获得成功，才能感觉到个人价值，使自己的心理处于良好的状态。

（二）发扬气质的积极面

气质本身不决定人的智力水平和社会价值，各种气质类型本身没有优劣之分，任何一种气质类型既有积极的一面，也有消极的一面，并且气质具有很强的稳定性，所以不提倡改变气质本身,而是应该尽可能地发挥自己气质中的积极面,克服消极面,从而促进健康人格的形成。各种气质类型的大学生要清楚自己气质的优缺点,努力发挥自己气质中的积极特征,这样有利于形成良好的品质,促进健康人格的发展。

例如,多血质的大学生很容易与同学搞好关系,但耐心不够;胆汁质的大学生热情高,但易急躁;黏液质的大学生稳重、有耐心,但不善言辞;抑郁质的大学生善于观察、谨慎,但主动性和灵活性较差。多血质的大学生应努力培养自己的耐心,克服粗心大意、虎头蛇尾的缺点;胆汁质的大学生在培养豪放的品质时,要避免任性、粗暴、急躁;黏液质的大学生要锻炼自己的演讲能力,在积极探索新问题中提高灵活性;抑郁质的大学生要主动工作,扩大交际的范围。

(三)养成良好的性格

性格的优劣会对人格的发展产生重大影响。要培养健康的人格,除了要调控好自身的不良品质,还要自觉地塑造优良的性格品质,促进健康人格的形成。下列一些品质的塑造是优化性格心理结构所不可缺少的,也是不可偏废的。

1. 道德品质

道德是一种社会现象,是某一个阶级或集团所遵守的社会行为准则。道德品质是道德现象在个人身上的反映,是个人在依据一定的道德准则行动时所表现出来的稳定的倾向和特征。道德在性格结构中属于高层次部分,只有把一个个由具体、特殊的行为情景内化为个人性格的一部分,形成良好的道德品质,才能使自己的行为在任何情景下都符合道德要求。这也是具有健康人格的人不可缺少的性格特征。

2. 自尊心

自尊心是个人要求社会、集体和他人尊重自己的社会地位和荣誉的心理倾向,它与自我接受、自我肯定和自我赞许相联系。自尊心强的人关心自我形象,普遍采取积极的人生态度;自尊心弱的人容易产生自卑心理,丧失前进的勇气和决心,难以战胜挫折。

3. 自信心

自信心是指人们相信凭借自己的能力,能够克服各种困难,在揭示自然发展规律或社会发展规律方面会有所成就。建立在客观基础上的自信心能给人们带来顽强的毅力,使人们最大限度地发挥潜能,敢于面对困难,战胜失败。注意,增强自信心,但并不是盲目自信。增强自信心的关键在于了解自己、善待自己,对自己的各方面有客观、全面的评价,不狂妄自大也不妄自菲薄。无论是因自信不足而自卑,还是因自信过头而自傲,都不是健康人格所具有的。

4. 责任心

在社会中,个人的行为总是会对社会和他人产生直接或间接影响,因而一个人的行为必须对他人和社会负责,必须按一定的社会规范去行动。责任心是一个人日常生活中必不可少的优良品质。责任心使人自觉、主动承担应尽的责任,并努力去获得成功。同时责任心能给他人带来安全感和信任感。可以说,有了责任心,个人的价值才会得到充分合理的体现。责任心的培养要从点滴做起,从较小的职责开始,慢慢地形成习惯。

5. 自制力

自制力是指一个人自觉地调节和控制自己行动的品质。自制力强的人能够理智地分析、处理周围发生的事情；能够选择正确的动机，有效地控制欲望。自制力差的人不能有效地发动、支配或抑制自己的激情、控制自己的冲动，而无法成为驾驭现实的主人。自制力主要靠后天的自身修养得来。一方面，要明确自己的人生目标，使行动满足社会要求和个人发展中的正当欲望，对不正当欲望要坚决予以抛弃；另一方面，个体要养成严格按计划行事的习惯，当然不是要刻板地墨守成规，而是指要努力克服自身的惰性，坚持不懈地朝既定的目标前进。

6. 独立性

独立性是指个体在未被强制的情况下自觉行动的心理倾向。有独立性的人善于思考，以事物的合理性为依据，有选择地接受别人的观点。缺乏独立性的人表现为依赖性很强，总是不切实际地期待他人的帮助，这是人格不成熟的表现。大学生应该用自己的眼睛去观察事物，从不同角度来分析问题，不断突破创新，不断提高独立分析、处理现实问题的意识和能力。

如果要使自己成为一个人格健康的人，那么需要个体从很多方面加以努力，它是一个循序渐进的过程。如果说童年时期的人格雏形主要受家庭环境的影响，那么青年时期人格的稳定和成熟应该主要靠自身修养。大学生对人格的自我认识、自我控制能力达到了一定水平，能够科学地分析、总结和评价自己的态度及行为并积极做出调整以达到完善自我的目的。从条件上讲，大学生具备了养成健康人格的能力，同时有这样的愿望，只是在实际生活中，时常给自己找借口，对自己降低要求。大学生要养成健康人格，应该从大处着眼，小处着手，先养成良好的习惯，再巩固为稳定的人格特征。

学习思考

1. 什么是人格？你能描述自己的人格特征吗？
2. 为什么说人的气质没有好坏之分？人的气质与性格对人生有哪些影响？
3. 你对自己的性格是如何评价的？你的性格特征是什么？如何培养良好的性格？

推荐阅读

1. 《马斯洛说完美人格》

作者：[美]马斯洛

出版社：华中科技大学出版社

本书汇集了马斯洛的人本主义思想智慧，探讨了健全的人格和健康的关系。马斯洛认为，每个人都有一种内在的本性，在某种程度上是自然的、内在固有的、大自然赋予的，并且通常是善的。一个人的内在本性一旦遭受否定或被压抑，就会生病。他强调如果能允许内在本性来引导我们的生活，那么我们就会变得健康、成功，并因此而幸福。

2. 《能力都是逼出来的》

作者：[美]布兰登·伯查德

出版社：中国友谊出版公司

作者布兰登·伯查德是高效能发展培训师、纽约时报畅销书作家。在19岁经历了一场车祸后，他收获了人生的黄金入场券，有了全新的第二次人生，从那时起，他便致力于帮助其他人发现潜能。

3. 《性格心理学：读懂性格背后的心理真相》

作者：高方涛

出版社：中国铁道出版社

本书通过对九型人格的深入剖析，用简单易懂的理论和生动有趣的案例，从各个角度和层面阐述了不同类型的性格特征和心理活动，帮助我们重新认识自己，看懂他人，超越自我，矫正性格缺陷，有效地应对人际关系，掌握自己的人生。

心理测试

气质类型问卷

下面 60 道题可以帮助你大致确定自己的气质类型。请认真阅读下列各题，将你认为非常符合自己情况的记 2 分；比较符合的记 1 分；不清楚的记 0 分；比较不符合的记 –1 分；完全不符合的记 –2 分。

1. 做事力求稳妥，不做无把握的事。
2. 遇到可气的事就怒不可遏，想把心里话全说出来才痛快。
3. 宁肯一个人做事，也不愿很多人一起做。
4. 到一个新环境很快就能适应。
5. 厌恶那些强烈的刺激，如尖叫、噪音、危险画面等。
6. 在与他人争吵时，总是先发制人，喜欢挑衅。
7. 喜欢安静的环境。
8. 善于与他人交往。
9. 羡慕那种能克制自己感情的人。
10. 生活有规律，很少违反作息时间。
11. 在多数情况下情绪是乐观的。
12. 遇到陌生人会觉得很拘束。
13. 当遇到令人气愤的事时，能很好地自我克制。
14. 做事总是有旺盛的精力。
15. 遇到问题常常举棋不定，优柔寡断。
16. 在人群中从不觉得过分拘束。
17. 在情绪高昂时，觉得做什么事都有趣；在情绪低落时，又觉得做什么事都没有意思。
18. 当注意力集中于某件事时，别的事很难让自己分心。

19. 理解问题总比别人快。
20. 遇到危险情境常有一种极度恐惧感。
21. 对学习、工作、事业有很高的热情。
22. 能够长时间做枯燥、单调的工作。
23. 对于符合兴趣的事情，干起来劲头十足；否则就不想干。
24. 一点小事就能引起情绪波动。
25. 讨厌做那种需要耐心的工作。
26. 与人交往不卑不亢。
27. 喜欢参加热烈的活动。
28. 爱看感情细腻，描写人物内心活动的文学作品。
29. 工作学习时间长了，常感到厌倦。
30. 不喜欢长时间谈论一个问题，愿意实际动手做。
31. 宁愿侃侃而谈，也不愿窃窃私语。
32. 别人说我平时总是闷闷不乐的。
33. 理解问题常比别人慢。
34. 疲倦时只要短暂地休息就能精神抖擞，重新投入工作。
35. 心里有话宁愿自己想，也不愿说出来。
36. 认准一个目标就希望尽快实现，不达目的，誓不罢休。
37. 学习、工作同样长时间，常比别人更疲倦。
38. 做事有些莽撞，常常不考虑后果。
39. 在老师讲授新知识、新技术时，总希望他讲慢些，多重复几遍。
40. 能够很快地忘记那些不愉快的事情。
41. 做作业或完成一项工作总比别人花费时间长。
42. 喜欢运动量大的剧烈体育活动，或参加各种文艺活动。
43. 不能很快地把注意力从一件事转移到另一件事上去。
44. 在接受一个任务后，就希望把它迅速完成。
45. 认为墨守成规比冒险好一些。
46. 能够同时注意几件事。
47. 当我烦闷的时候，别人很难使我高兴起来。
48. 爱看情节起伏跌宕、激动人心的小说。
49. 对工作有认真严谨、始终一贯的态度。
50. 与周围人的关系总是相处不好。
51. 喜欢复习学过的知识，重复做已经掌握的工作。
52. 希望做变化大、花样多的工作。
53. 小时候会背的诗歌，自己似乎比别人记得清楚。
54. 别人说我语出伤人，可我并不觉得是这样。
55. 在体育活动中，常因反应慢而落后。
56. 反应敏捷，头脑机智。

57. 喜欢有条理而不甚麻烦的工作。
58. 兴奋的事常使我失眠。
59. 在老师讲新概念时，常常听不懂，但弄懂以后就很难忘记。
60. 假如工作枯燥无味，马上就会情绪低落。

【计算方法】

按表 8-2 中的题号将表分为四栏（分别为 A、B、C、D），将每栏题号对应的得分相加，计算出各栏的总分。

表 8-2 计算方法

胆汁质（A）	题号	总分
	2、6、9、14、17、21、27、31、36、38、42、48、50、54、58	
多血质（B）	题号	总分
	4、8、11、16、19、23、25、29、34、40、44、46、52、56、60	
黏液质（C）	题号	总分
	1、7、10、13、18、22、26、30、33、39、43、45、49、55、57	
抑郁质（D）	题号	总分
	3、5、12、15、20、24、28、32、35、37、41、47、51、53、59	
汇总：A（　）；B（　）；C（　）；D（　）		

【结果解释】

如 A 栏得分超出 20 分，并明显高于其他三栏（高于 4 分），则属于典型胆汁质，其余类推。

如 A 栏得分为 10~20 分，并高于其他三栏，则为一般胆汁质，其余类推。

如果出现两栏得分接近（3 分），并明显高于其他两栏（高于 4 分），则为混合型气质，如胆汁质—多血质混合型，黏液质—抑郁质混合型等。

如果一栏得分很低，而其他三栏得分接近，则为三种气质的混合型。如胆汁质—多血质—黏液质混合型等。

如四栏分数皆不高且相近（低于 3 分），则为四种气质的混合型。

多数人的气质是一般型气质或两种气质的混合型，典型气质和三、四种气质混合型的人较少。

另外，以上题目还可以测试一个人的性格属于内向型还是外向型，其评分方法是若在 1、3、5……奇数题上的得分是"2"或"1"，或在 2、4、6……偶数题上的得分是"–1"或"–2"，则每题各得 1 分；否则得 0.5 分。

如果你是男生，得分为 0~10 分，则属于性格非常内向；得分为 11~25 分，则属于性格比较内向；得分为 26~35 分，则介于内向与外向之间；得分为 36~50 分，则属于性格比较外向；得分为 51~60 分，则属于性格非常外向。

如果你是女生，得分为 0~10 分，则属于性格非常内向；得分为 11~21 分，则属于性格比较内向；得分为 22~31 分，则介于内向与外向之间；得分为 32~45 分，则属于性格比较外向；得分为 46~60 分，则属于性格非常外向。

第九章

大学生挫折与应对

导言

每个人在人生道路上多多少少都会遇到压力与挫折。所不同的是,有的人面对压力与挫折时会一蹶不振,有的人面对压力与挫折时却毫不退缩,"明知山有虎,偏向虎山行。"其实压力和挫折的大小与多少都不是重要的,真正重要的是人们如何看待这些压力和挫折。每个人只有正确地看待和应对压力与挫折才能在人生道路上行稳致远。

本章知识点

1. 正确理解压力与挫折的概念;
2. 明确大学生的常见压力与挫折;
3. 全面掌握压力管理和挫折应对的方法。

第一节 大学生压力概述

压力是当一个人没有把握去完成眼前的任务时,容易产生的一种感觉。有人说,压力就好比作用在小提琴琴弦上的力,没有这个力就不会产生美妙的音乐。但是,如果这个力度太大,使弦绷得太紧,琴弦容易断。因此,人需要把压力控制在适当的水平,使压力的程度能够与自己的心智相协调,同时化解过度的压力以避免它对个人及团体产生负面影响。

成为大学生后感受到的变化是,大学不再是与社会隔绝的象牙塔,而是与社会联系更加紧密的缓冲地带。在大学校园,大学生正处于由青春后期向成人期的转变阶段,这标志着他们开始逐渐地走向独立和成熟。他们将要独自面临适应、交往、学业、经济、情感和就业等一系列人生课题带来的压力和挑战。但是,由于他们正处于一个心理还没有完全发育成熟的阶段,当面临种种压力与挑战时,他们往往容易产生各种不适应的表现。没有人会喜欢压力,可恰恰是压力给予大学生机会,让他们在有限的时间里把自身的潜力完全释放。所以,有压力并不是件坏事,从某种意义上来看,应该感谢压力。压力和危机可以鞭策自己,不断进步;没有压力的环境会令人不思进取、懈怠苟安。

一、透视压力

(一)压力及其类型

压力是如影随形的客观存在,因个体差异,每个人的压力体验也不完全相同。压力主要是指作用于某物之上的、能够使其发生变形的力量。从心理学角度来看，压力是指由刺激引起的，伴有生理机能和心理活动改变的一种身心紧张状态，一般分为生理压力、心理压力和社会压力三种类型，生理压力和社会压力常通过心理压力的形式被自身感知。

1. 生理压力

生理压力又称基本压力，主要是指与个体的生理系统或器官有关的压力。在压力状态下，个体必然伴有不同程度的生理反应，如血压升高、呼吸急促。这些生理反应提高了个体对外界刺激的感受和适应能力，从而使个体能更好地应付外界环境的变化。反之，过度的压力会使个体口干、腹泻、头痛。

2. 心理压力

心理压力又称主观压力，是指与认知和情感有关的压力。当压力引起的心理反应适度时，个体表现为思维敏捷、注意力集中；当压力引起的心理反应过度时，个体表现为自我评价降低、自信心减弱，无所适从，消极被动。

3. 社会压力

社会压力又称外在压力，是指与社会关系网有关的压力，如由朋友关系不和导致的压力。

（二）压力源

压力源又称应激源或紧张源，是指任何能够被个体感知并产生正性或负性压力反应的事件或内外环境的刺激。面对大学阶段各种各样的压力刺激，大学生只有勇敢面对压力，化压力为动力才是正确的选择。要管理好压力，大学生就必须辨找出压力产生的来源。一般来讲，大学生的压力源主要包括以下五个方面。

1. 环境问题

环境的变迁会让许多刚刚进入大学校园的新生产生不适感，如学习环境及生活习惯的变化。很多大学生对此没有思想准备，不能很快适应陌生的校园环境，此时就会出现心理压力。

2. 个人问题

每个大学生都会对自己未来有一定的规划。然而在现实社会中，种种客观障碍常常阻碍理想自我的实现，这一矛盾往往会严重影响大学生的心理状态。另外，有些大学生在追求自我发展的过程中，也会顾此失彼，以至于无法达到期望的目标，从而产生压力。

3. 学业问题

有些大学生对自己所学的专业不感兴趣，容易产生学习倦怠、态度回避、缺乏动力等问题，从而导致身心疲惫。

4. 经济问题

在大学阶段，大学生可能会遇到各种各样的经济问题。有些大学生急于脱离父母，独立生活，开始盲目地打工赚钱，导致学业受到影响，造成身心疲惫。

5. 人际交往问题

远离家乡的大学生在面对来自不同地区的同学和室友时会感到孤独。他们需要重新形成交友圈，如果在此过程中出现人际关系不和，便容易产生心理焦虑和压力。

一定的压力会使人感到精力充沛，并能保持较长一段时间。当一个人的压力很好地保持在一定的可控制的水平时，它将激励其在较长的时间内高质量地完成工作，但有时过度的压力会导致个体不堪重负。因此，要实施良好的压力管理，保持积极心态，并且要找到自己的压力源。

二、感知压力

在现实生活中，压力在很多时候给人带来的都是心理与生理上的不适。但是，当我们用辩证法来看压力时，就会发现并非所有压力都是有害的。人类的警觉性、灵敏度会随着压力增大而不断提高，这恰恰帮助人类逐渐成为高等生物。但如果压力长期存在，那么个体就会出现压抑、健忘、抑郁。由此可见，如果想要趋利避害，利用好压力这把双刃剑，还需要找到其中的尺度。

（一）大学生面对的压力

当前，大学生都是父母的掌上明珠，受到父母及亲人的多方照料。但是，当他们在大学里独自一个人生活时，就产生了很多自己应付不了的事件。大学生在处理很多突发事件时缺少经验，常常感到无力。从压力来源角度看，大学生的压力主要表现在学习、情感和就业三个方面。

1. 学习压力

大学的学习任务是压力的来源之一，由知识技能不足产生的紧迫感，有时会压得人喘不过气来。有些学生进入大学后，突然从紧张的状态中得到了释放，反而不知道怎么学习了，压力会比较大。有些大学生平时不认真学习，想用突击的方法取得好成绩，往往达不到预期效果，给自己造成很大的压力。还有些大学生因为过分专注于学习，没有明确的生活目标，阻碍了自身各方面兴趣的发展，使大学里的生活不够充实，给自己造成了压力。

2. 情感压力

社会上给予大学生的压力也是不小的，由于他们缺少真正的社会历练，导致他们对社会的认识不足，这种脱离感也会让他们感到恐慌。在人际交往时，大学生容易以自我为中心，这使得他们的交际圈狭窄，封闭在自我的空间中，不能正确处理与同学、室友或是恋人的关系，对自身以外的事情漠不关心，与社会脱轨，缺少社会磨炼，更缺少融入社会的勇气。

3. 就业压力

就业压力的日益增大会造成大学生的就业心理压力。越来越大的社会竞争压力，不断变化的就业形势，对前途未知的恐惧等都在考验着大学生。现在的大学生社会阅历浅，社会经验少，对自己和社会的认识都不够准确，他们希望毕业后马上就能找到一份理想的工作，但却往往不尽人意，这也会给他们造成一定的压力。

（二）压力的表现

心理压力是个体的一种综合性心理状态，主要表现在生理、认知、情绪和行为四个层面。

1. 生理层面

生理压力是指当压力出现时，身体会发出什么样的信号。一般而言，与压力相关的生理现象主要有肌肉紧张和慢性疾病，如心悸、胸部疼痛、头痛、手心冰冷出汗、消化系统出现问题、恶心或呕吐、免疫力降低等，从而导致考试前失眠、头痛、腹泻等问题。

2. 认知层面

认知层面的心理压力是意识的产物，是建立在一定认知基础上的。恰当合理地认知和实事求是地评价，可以让一个人更好地成长。如果一个人不能正确认识自我，就会总是看到自身不足，就会丧失信心，觉得处处不如别人；反之，如果过高地估计自己，就会盲目乐观。有关调查显示，目前大学生最大的压力来源于自我认知。大学生比中学生更加重视自己的外貌，还会关注社会对自身身体状况的评价等。

3. 情绪层面

心理压力常常伴有持续紧张的情绪和情感体验。通常，当个体有心理压力时，容易出现消极的情绪，如惊慌、害怕、忧愁、愤怒等。因此，由于大学生年轻气盛，在遇到解决不了的问题时，往往容易情绪失控，甚至可能做出让自己后悔一辈子的事情。

4. 行为层面

心理压力必然引发行为反应。也就是说，当个体有心理压力时，往往会产生一定的行为反应。当压力出现时，每个人的反应方式可能是不同的。有人采取积极的应对方式化解压力，往往产生积极的效果；而有人则采用逃避、攻击、退缩等不良的应对方式，以维持正常生活，甚至消极应对，被压力所困，这样日积月累就容易产生心理障碍。

三、压力与身心健康

1. 压力的生理机制

二十世纪三四十年代，加拿大著名生理心理学家汉斯·塞利在前人研究的基础上对压力的生理病理反应进行了开创性研究。他认为压力是对任何形式的伤害性刺激所产生的生理反应，即一般性适应综合征。他将压力分为警觉反应、抗拒和衰竭三个阶段，这种划分方式被称为 GAS 理论。汉斯·塞利在生理反应模型中，引入了生理参量作为压力反应的客观指标，如肌肉紧张度、呼吸模式、神经内分泌、心血管状况、皮肤电反应、胃肠状况、代谢状况、免疫功能等。

第一阶段为警觉反应阶段。当个体出现警觉反应时，会出现急性应激反应，这些反应会引起个体身体机能发生一系列的变化，如心率加快、血管收缩或舒张、血压升高、呼吸加快、胃肠蠕动减慢、新陈代谢率变快等，然后人体会做出自我保护性的调节。一般来说，若这些状态持续时间短或能及时得到缓解，则兴奋起来的身心反应随后会慢慢消失，对人体的伤害并不明显，机体功能的损失也不突出，产生的压力会成为工作的动力；反之就会出现不良影响。因此，该阶段是一个警告阶段，用以提醒人们引起重视，及时做出调整。若忽视了这个警告或者调节失败，或者外界压力过大，则人体会进入第二阶段。

第二阶段为抗拒阶段。在这个阶段，一方面人体的生理变化进一步加强；另一方面个体会竭尽所能地调用体内的各种潜能进行抵抗。这时，人体一般处于高度的唤醒状态，与应激源进行对抗。此时个体的身心已经开始出现故障，处于即将发生病变的临界状态。人体会出现许多严重的身体症状，如胃溃疡、动脉硬化等，同时，精神处于高度焦虑状态，感到工作和学习的困难重重，认知能力下降，思维受到阻碍，常常出错，处事变得优柔寡断、犹豫不决，害怕、担忧会发生不良后果；感到精力不足、效率降低，产生心有余而力不足的感觉，容易为小事而烦恼或大动肝火，甚至莫名其妙地发火，攻击性行为明显增多，感到胸闷气短，容易疲乏，寝食难安，兴趣减退，并可能出现抑郁症状。

这个阶段是身心开始出现障碍、即将发生病变的临界阶段。若能及时进行自我调整，增强自我力量，或者获得有效的社会支持，便可阻止第二阶段滑向第三阶段，并可能退回到第一阶段，否则就很容易急剧发展为第三阶段。

第三阶段为衰竭阶段。处于衰竭阶段的个体，此时已由焦虑转为严重的抑郁，厌倦工作、学习甚至想放弃生命，出现自卑、无助感、悲观绝望、对什么都不感兴趣，甚至会产生自杀的意念或行为，一些个体可能出现精神疾病，如抑郁症。而更多的处于第三阶段的个体则直接表现为躯体疾病，一些个体因为高血压、冠心病、溃疡病、紧张性头痛或其他疾病不得不卧床休息。他们已无法工作，即使硬撑着也难以胜任工作，效率很低或频频出错，感到心力交瘁，精疲力竭。

在这个阶段，若个体的压力还是没有得到很好的解决或缓解，则人体的唤醒状态和免疫系统开始崩溃，疾病纷纷而至。严重者的心理防御系统会崩溃或者生命因疾病而终止。

从 GAS 理论的三个阶段来看，个体对压力有一定的免疫能力，即个体可以通过自身的调节来应对压力的存在。但毕竟个体对压力的应对能力是有限的，很多时候必须借助外界手段来缓解或消除压力对个体产生的不良影响。若警告阶段就采取行动，则此时压力对个体的伤害最小。很多时候，个体会忽视机体发出的信号，等采取行动的时候往往压力已经发展到了第二阶段，更有甚者已经到了无可挽回的地步。

2. 压力的危害

个体承受压力的能力是有限的。通常情况下，适当的压力不会影响个体的正常生活和身心健康，但如果个体长期承受巨大压力且得不到有效的缓解，那么个体的身体和心理就会受到损害，从而产生各种不良反应。就像一个气球，如果总是不断地给它吹气，它终究会不堪重压而爆裂。

心理学研究还表明，过度的压力会影响智力，因为压力越大，认知效果越差。个体在压力状态下的心理反应存在很大差异，这取决于个体对压力的知觉和解释以及处理压力的能力。当个体面临压力时会有各种行为变化，这些变化取决于压力的程度以及个体所处的环境。压力下的行为反应可分为直接反应和间接反应。直接反应是指当个体直接面对压力引起的紧张刺激时，为了消除刺激源而做出的反应；间接反应是指借助某些物质暂时减轻与压力体验有关的苦恼。

一般而言，轻度的压力会促进或增强一些正向的行为反应，如寻求他人支持，学习处理压力的技巧等。但压力过大或持续时间过长，则会引发不良适应的行为反应，如说话结巴、动作刻板、过度饮食、失眠等。

四、压力应对

压力应对是指当个体认为自己与环境的交互作用可能给自身带来负担，甚至超出自己拥有的资源时，为减少或容忍这种交互作用的内外需求而采取的认知和行为上的努力。下面结合大学生的实际情况介绍几种应对压力的途径和方法。

（一）修炼身心

研究发现，心理承受能力是可以逐渐加强的，通过经历更多的事情和训练自己掌握更多心理技巧，大学生可以更有效地应对压力。从理论上来说，如果每次都给自己一个接近临界点但又能承受的压力，压力上限就会不断上升。但在实际生活中，这样凑巧的事情几乎不可能发生，所以更多时候需要大学生努力提升自身的体质和修养，提高心理承受力。

1. 调节身体状态

保持健康的身体是幸福生活的第一要务。然而，大学生群体中普遍存在长时间盯着电脑、手机，熬夜通宵，饮食不规律等不良生活习惯，使身体产生各种不良反应，如头晕恶心、腰酸背痛、视力下降、失眠多梦，严重的还会引发各种疾病，最终影响正常的学习和生活。

科学的作息时间和持续的运动会帮助大学生保持良好的身体状态，其中，运动会让新陈代谢趋于正常或提高，营养物质的利用与废物的排放效率就会更高，内脏工作都会变得轻松，个体也会变得更不容易感到疲劳。同时，运动可以保持良好的外貌，使个体更加自信。通过锻炼调节身体状态是最快、最容易的方法之一，每天坚持跑步30分钟，能感受掌控生命的感觉。

2. 磨炼个人品质

健康优秀的精神品质是个体在生活和工作中克服困难、获取成功的重要条件，是一种强大的力量，推动个体不断前进。优秀的精神品质可以帮助大学生冷静地应对压力，增强心理承受能力，保持身心长久的健康，以快乐、豁达的心态面对人生的挫折。

在大学生涯中，大学生应该抓住每个磨炼品质的机会。同时，要善于发现身边同学的优点并不断学习，如果有机会可以积极主动参与到一些重大活动的组织筹备工作中，这有利于自身品质的培养。优秀的个人品质是在生活和实践中慢慢习得、渐渐积累起来的，是从点点滴滴的小事中凝聚起来的，所以，大学生要注重从小事做起，在生活中学会点滴积累。

📚 **扩展阅读**

心理韧性

所谓心理韧性，是指个体的心理功能并未受到严重压力、逆境影响的一种发展现象，通常包括三种情况，一是个体曾经生活在高度不利的环境中，战胜了逆境，获得了良好的发展；二是虽然个体生活在不利的环境中，但功能不受损害；三是个体能从灾难性事件中成功恢复过来。如果将这个定义应用到一种心理状态上，可以说具有心理韧性的人体能够在离婚、失业甚至失去亲人时，尽快恢复到原有的生活状态。

有心理韧性的个体往往具备心理学所称的内部控制源：他们相信命运由自己掌控，接受无法改变的事情，把危机看成学习与成长的机会，而不是无法承受的问题。他们心中有宏伟的蓝图，能忍耐很长一段时间内的不幸。

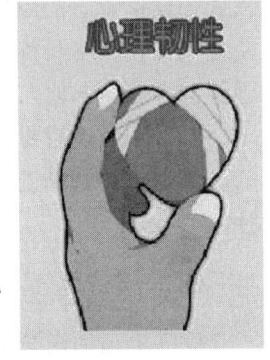

心理韧性的本质是一种技能，而非一种性格或性格类型，它使个体不仅可以度过困难时期，而且可以在此之后，能够迅速恢复，个体的心理韧性也是如此。

大多数心理韧性的研究对象主要是灾难后的个体，如经历了洪水、火灾、海啸、地震、干旱等灾难的个体。很多个体在生活中也会有一些普通的压力，一些研究表明，即便是社交引起的痛苦，如被拒绝和孤独，也会像恐惧一样放大相同的神经通路。可见，即使个体不再碰到像狼群这样的生存威胁，个体也会不断激活恐惧神经通路，担心未来，忧虑过去。

（二）乐观主义

乐观者倾向于相信生活是光明的，好事会发生在自己身上，只要努力就会获得成功。乐观者对未来有更好的期待，这种期待能促使他们在面对困难时积极寻求解决问题的方法，而不是坐以待毙。消极情绪会激活交感神经系统从而增强生理性唤起，这种唤起会缩小个体的注意力范围；而积极情绪则相反，它让注意力和行动得到舒展，让个体更有创造力、更加灵活且更具包容性，这就是为什么乐观者有更开阔的思维。乐观的积极情绪有利于个体从不同视角看待问题，在更广阔的格局中评估现状。

乐观并不是盲目乐观，而是基于对现实的准确评估。海伦·凯勒曾说："乐观是在看到邪恶之后，仍然相信善的力量并愿意与善为伍。"想要增强自身的抗压能力就要先学会乐观。学会乐观的重要一步是学会识别自己的消极想法，并在日常生活中对其进行有意识的改变。例如，每天将积极的想法写在纸上，在心中重复几遍；在脑海中形成一个成功的自我形象，并铭记在心，告诉自己无论事情看起来有多糟糕，都要时刻想象成功的场景。

（三）战胜恐惧

学会应对恐惧能够增强抗压能力，短暂的恐惧是有利的，有助于提高敏锐度和注意力。当个体没有任何恐惧的时候，就会发生错误，就会认为事情是理所当然这样的。但当个体感到有点恐惧的时候，就会重新检视自己，确保事情按照应有的方式发展，进而在考验中进步。

长期处于恐惧或警惕的慢性压力下是有害的，将会导致个体产生失眠、免疫力低下等生理症状，还会影响个体的理性决策。若想要战胜这种恐惧，则首先要承认恐惧的存在，接受个体都会感到恐惧这一事实；其次通过调节将恐惧控制在合理范围内，如专注于自己要完成的任务与目标。由于大部分恐惧来自未知，因此更多地了解自己恐惧的事物也有助于缓解恐惧。与他人共同面对恐惧，可以增强自己战胜恐惧的能力。

同时，个体需要学会进入恐惧"内部"，观察内心的恐惧是如何出现的，又是如何消失的。如果个体试图逃避恐惧，而不是直面恐惧，就不会观察到它的本质，也不会有机会战胜它。

（四）道德勇气

树立更高的道德标准、锤炼自己的道德勇气，有助于增强个体的抗压能力。道德勇气是指个体拥有正确的价值观，当个体认识到坚持这些价值观可能面临危险时，却依旧愿意忍受这种危险。想要提高道德勇气是一个复杂的过程。首先，要对自己的价值观足够坦诚，个体可以通过一些疑问来进行自我评估，例如，我的价值观是什么？哪个对我来说最重要？我是否遵循这些原则？我有动力去改变我的价值观吗？其次个体可以与拥有良好道德品质的朋友就日常困境进行讨论，这样会更加清楚对方的思考立场和方式并进行自我反思。最后，个体要不断地实践自己的道德观。

（五）社会支持

在社会生活中，个体都需要他人的支持。拥有健全的社交网络与良好的亲密关系会让个体在面对压力与危险时勇气倍增。个体间相互依赖非但不代表软弱，反而是增强抗压能力的源泉。

在遭遇困难时，个体要学会寻找支持，但这并不意味着个体是在被动地等待救援。个体要学会主动打开自己，让他人进入自己内心。这种打开也会使双方建立更深层次的交流与互动，更进一步地巩固彼此之间的关系。

个体要学会评估和加强自己的社会支持，可以询问自己：如果遭遇了情感不顺是否有可以哭诉的对象？即使你发现自己的社交网络很小也不必惶恐，你可以从向朋友微笑着说"你好"，开始逐步增强社交网络。有效的社会支持通常需要超越表面的真诚沟通，与琐碎或闲聊的对话相比，深刻且有主题的交谈会更有意义。

第二节　大学生挫折概述

一、挫折的含义

挫折是指个体在通向目标的过程中，由于遇到难以克服的障碍或干扰，使目标不能达到或需要无法满足时所产生的紧张状态和情绪反应。挫折在人生的各个时期都是客观存在的，不同的个体对挫折的感受不尽相同。巴尔扎克把挫折比作一块石头，石头是中性的，无所谓好坏。对于强者它可以成为垫脚石，使自己站得更高；对于弱者它可能是绊脚石，使自己一蹶不振。对于同样的挫折，个体的反应是不同的，这种差异与个体的挫折阈值和承受力息息相关。挫折阈值是指引起个体产生挫折感的最小刺激量，承受力是指在个体遭受挫折时免于心理失常的能力。挫折阈值的大小与挫折承受力的强弱成正比。战胜挫折是人生的一门重要的必修课，只有在挫折面前经受住了考验，才能成为有所建树的人。

二、挫折与身心健康

（一）挫折对大学生身心健康的积极作用

1. 挫折能提高个体的认知水平

俗话说"吃一堑长一智"，个体就是在总结失败教训中不断进步的。爱迪生在发明电灯的过程中，做了无数次失败的实验，总共试用了6000多种纤维材料，最终才确定用钨丝来做灯丝，提高了电灯的寿命。当强者面对挫折和失败时，总能积极总结教训，反思自己的认知过程，找出不足，并采取补救措施，由此提高自己的认知水平和解决问题的能力。

2. 挫折能增强个体的承受力

个体并非天生就是积极的或消极的，而是经验学习的结果。看似自然的心理反应实际上是日复一日受他人影响和进行自主选择所养成的心理习惯。一次次遭遇挫折，一次次改进和应对，为个体日后面对更大的挫折提供了心理准备，降低了今后受挫的可能性。个体历尽艰险，遇到很多挫折，但仍能照常参与社会活动，那么其挫折承受能力也会得到提高。

3. 挫折能激发个体的活力和意志

挫折会激发出一股强大的内驱力，强者往往因为挫折而激发出更强的身心力量，虽身处逆境，却百折不挠，意志更为坚强，为实现自己的目标投入更多的精力和时间。

4. 挫折能促使个体修正行为目标、认识方法等

个体受认知和思维的局限很容易满足于现状，不思创新。同时，个体也常常会为了维护自己的自尊，安于现状，害怕超越与突破，止步不前。在挫折面前，个体有时没有选择。正是因为绝境，个体才会展现出过人的才智，从而能将挫折和危机看成促进自己奋发的动力，最终取得成功。

（二）挫折对大学生身心健康的消极作用

1. 挫折导致生理疾病

在个体遭遇挫折时，精神处于高度紧张的状态，这种状态持续的时间如果太长，对个体的生理和心理都有很大影响。许多个体在面临挫折时，都会有情绪低落、精神不振的感

觉，更为严重的会出现明显的躯体化症状。很多时候，生理疾病不是由病原体引起的，而是由紧张状态引起的。

2. 挫折导致心理和行为失调

挫折会影响个体对成功和失败的态度。当个体经常遇到挫折而无法克服时，往往会对自己的能力产生怀疑。此外，挫折还会影响个体的抱负水平。挫折除了会使个体的情绪发生变化，还会降低个体的成就动机水平。在挫折面前，弱者受到消极情绪影响，往往从主观上过高估计各种困难，过低估计自己的能力，对目标不是积极尝试，寻找战胜挫折的方法，而是手足无措，无所适从，从而降低了个体的抱负水平，不再给自己确立更高的目标，长此以往就容易变得保守。挫折还会影响个体的行为表现，挫折使弱者自制力降低，变得偏激、固执。

第三节　大学生挫折的成因及调适

一、大学生产生挫折的原因

大学生产生挫折的原因有很多，概括起来可以分为客观因素和主观因素。客观因素常常是非个人意志或能力可以左右的自然环境和社会环境，以及无法迅速改变的个人素质等。主观因素主要指自身的认知方式冲突、心理冲突等。

（一）客观因素

现代社会对大学生提出了更高的要求，这些要求既是机遇，也是挑战。具体来说，社会为大学生提供了竞争发展的机会，也为他们带来了失败的忧虑。

美国精神病学家卡伦·霍妮认为，产生挫折感的冲突主要有以下三种。

（1）竞争与合作的冲突。在一个竞争激烈的社会中，个体往往需要打败别人才能成功。然而，今天的成功很大程度上也依赖于合作。当前，部分大学生只注重竞争，不注重合作；只注重独赢，不注重双赢和多赢。因此，大学生应当处理好竞争与合作的关系，尽量避免出现竞争与合作的冲突。

（2）满足与抑制的冲突。当前，随着现代科技的日新月异和工业的繁荣发达，大学生追求物质和精神等方面的欲望不断增强。但是，我国仍处于社会主义初级阶段，发展不平衡不充分问题仍然突出。因此，现实条件的限制又导致一些欲望不能得到满足，客观上可能导致满足与抑制的冲突。

（3）自由与现实的冲突。大学生崇尚自由，渴望按照自己的意志生活。然而，自由是相对的，不是绝对的。因此，在现实生活中，大学生不能完全实现这种自由的生活方式，而必须是在遵守各种规章制度和法律的前提下自由生活。这种对自由生活的无限向往与相对的自由也容易使大学生时常感到困扰。

除社会原因外，大学生个人素质方面的差距也是挫折感的重要来源。在竞争日益激烈的社会中，大学生都希望自己拥有过硬的个人能力，在社会竞争中占据一定的优势，但是自身能力与社会要求之间总是存在一定的差距，因此大学生会感到挫折。

（二）主观因素

个体总是有选择性地对外部信息进行加工，符合主体需要的信息被放大，不符合主体需要的信息被缩小甚至选择视而不见。同时，不同的信息加工方式也会让个体对同一件事情产生不同的看法。

大学生挫折感的来源除了信息加工的方式，还有认知过程中存在的一些非理性认识。这些非理性认识对大学生的影响很大，大学生时常按照这种认识行事而自己却浑然不知。

认知心理学家阿尔伯特·艾利斯总结了常见的 11 种非理性认识。

（1）个体应该得到自己生活中的每位重要人物的喜爱和赞许。

（2）一个有价值的个体应该在各方面都比别人强。

（3）对于有错误的个体应该给予严厉的惩罚。

（4）如果使个体做自己不愿意做的事，将是可怕的。

（5）不愉快的事是由外在因素引起的，自己不能控制和支配。

（6）面对困难和责任时会感到很不容易，倒不如逃避更好。

（7）对危险与可怕的事要随时警惕，经常提防这些事发生。

（8）个体要活得好一点，就必须依赖比自己强的人。

（9）以往的经历和事件对现在具有决定性的、难以改变的影响。

（10）对于他人的问题应当非常关切。

（11）任何问题都有唯一正确的答案。

实际上每个个体都或多或少存在以上这些认识，这些认识经常是个体烦恼和痛苦的根源。很多大学生经常感叹：为什么这种事情总是发生在我身上？我的人生怎么就这么不幸啊？一般认为健康、理性的认识是指选择与客观相符合。大学生应多反省自己的认识方式，从而减少挫折感。

除了认识原因，心理冲突也是大学生挫折感的主要来源。心理冲突是指两种以上不同方向的动机、欲望、态度、情绪、目标和反应同时出现，在内心进行争斗，既无法抛弃任何一方，也无法把两者协调统一起来而引起的紧张状态。心理学家库尔特·勒温根据个体的趋避行为把心理冲突分为以下四种形式。

（1）双趋式冲突。双趋式冲突是指同时存在两个对个体有同样吸引力的目标，但两者不可兼得，导致个体产生难以取舍的心态。大学生在具体生活中遇到的双趋式冲突有很多，小到中午吃米饭还是吃面条，大到考研还是就业，当难以选择时大学生很容易产生焦虑情绪。我国古语说，"两利相权取其重"。因此，在取其重的过程中，如何选择科学的方法，做到利益最大化，往往容易产生冲突。

（2）双避式冲突。双避式冲突是指同时有两件可能对个体具有威胁和不利的事情发生，两者都想躲避，但受条件限制，只能避开一种，接受另一种，导致个体在做抉择时内心产生矛盾和痛苦。我国古语说，"两害相权取其轻"。因此，在取其轻的过程中，如何选择科学的方法，确保将损害减到最轻也容易产生冲突。

（3）趋避式冲突。趋避式冲突是指对于一个目标，个体同时具有趋近和逃避的心态。该目标既可以满足个体的某些需求，但同时又会对个体构成某些威胁，既有吸引力又有排斥力，使个体陷入进退两难的心理困境。因此，如何选择科学的方法，尽量做到趋利避害也容易产生冲突。如大学生既想谈恋爱，又怕耽误学习。

（4）双重趋避式冲突。双重趋避式冲突是指同时有两个目标，存在两种选择，但每种选择既对个体有吸引力，又会给个体带来不利，使个体左右为难，难以抉择。大学生在就业时经常会遇到这种困境。例如，如果回老家找工作，有熟悉的人际关系和父母的帮助，生活会较容易，但城市太小，机会太少；如果留在大城市，机会多，对事业发展有利，但一切都要重新开始，会遇到很多困难。

二、大学生应对挫折的心理防御机制及其具体表现

当个体经受挫折时，常常会启动一种自我保护机制，弗洛伊德将其称为心理防御机制，当这种机制自动起作用时，个体并不一定能意识到。心理防御机制在现实生活中是一种相当普遍的心理现象，是指个体在遇到挫折与冲突时，出于自我保护的本能，其内部心理活动中产生的自觉或不自觉想要解脱烦恼、减轻内心不安、缓冲心理挫折、减轻焦虑等痛苦，以恢复情绪平衡与稳定的一种适应性倾向。心理防御机制的作用有积极和消极之分。积极的心理防御机制在缓冲心理挫折时，使个体表现得自信、进取，有助于个体战胜挫折；消极的心理防御机制大多数使个体表现为退缩、逃避，虽然能暂时缓解个体内心冲突，但从长远来看，会阻碍个体面对现实，不思进取。

（一）大学生应对挫折的心理防御机制

结合大学生应对挫折的理论与实践，大学生常见的心理防御机制可分为建设性心理防御机制、替代性心理防御机制、掩饰性心理防御机制、逃避性心理防御机制、攻击性心理防御机制五种。

1. 建设性心理防御机制

在心理防御机制中，建设性心理防御机制是较好的一类，这种机制是向好的方面去做补偿，它主要分为认同、升华和幽默三种表现形式。

2. 替代性心理防御机制

替代性心理防御机制是用另一种事物去代替自己的缺陷，以减轻缺陷的痛苦。这种代替物有时是一种幻想，因为现实中得不到实体的满足，个体便以幻想在想象世界中得到满足，有时用另一种事物去补偿个体因缺陷而受到的挫折。这种机制分幻想型和补偿型两种表现形式。

3. 掩饰性心理防御机制

掩饰性心理防御机制是指便于进行有效的情感宣泄，以避免受到挫折或暴力的类型伤害的一种心理调节机制。这种机制既可以是开放的，也可以是隐藏的；既可以是直接的，也可以是间接的。这种机制分为反向和合理化两种表现形式。

4. 逃避性心理防御机制

逃避性心理防御机制是一种消极性的心理防御机制，以逃避和消极的方法来减轻自己

在挫折或冲突时感受的痛苦。这就像鸵鸟把头埋在沙堆里，当作看不见一样。这种机制主要有压抑、否定、退行和潜抑等四种表现形式。

5. 攻击性心理防御机制

攻击性心理防御机制是指当个体心里产生不愉快时，但又不能向对象直接发泄，便会利用转移作用，以直接或间接的攻击方式向其他对象发泄，或把自己的错误转嫁到别人身上，并判断他人的对错。这种机制有转移和投射两种表现形式。

（二）大学生应对挫折心理防御机制的具体表现

大学生应对挫折心理防御机制的具体表现有很多形式，主要如下。

1. 认同、升华和幽默

所谓升华是指个体的有些行为和欲望不是直接表现出来的，因为那样可能会产生不良后果或不被自己的理智所接受。将这些欲望导向比较崇高的方向，使其具有建设性并有利于本人和社会。所谓认同是指个体认同比自己地位或成就高的个体，以消除个体在现实生活中因无法获得成功或满足时，而产生的挫折所带来的焦虑。就定义来说，认同可借由心理上分享他人的成功，以为个体带来不易得到的满足或增强个体的自信。所谓幽默是指采用巧妙的方式化解矛盾，处理尴尬，自我解嘲，用轻松的方式坦然承认错误。在充满矛盾、冲突、痛苦的生活中，没有心理防御能力的个体很难适应环境。

2. 幻想与补偿

所谓幻想是指当个体无法处理现实生活中的困难，或是无法忍受一些情绪困扰时，将自己暂时脱离现实，在幻想的世界中得到内心的平静和达到在现实生活中无法经历的满足。补偿是当个体追求的理想、目标无法实现，或者生理上或心理上存在某种缺陷时，通过选择其他可以成功的各种方法来弥补这种缺陷，以减轻心理上的不适感。

3. 反向与合理化

所谓反向又称为"矫枉过正"，是在处理一些不被接受的欲望及冲动时所采取的方法。如大学生在课堂上玩手机游戏被老师发现，老师过去准备批评他时，这位学生马上收好手机说："老师，课堂上不让玩游戏，我没有玩游戏。"所谓合理化是指个体遭受挫折或无法达到所追求的目标以及行为表现不符合社会规范时，给自己找一些有利的理由来解释。

4. 压抑、否定、退行和潜抑

压抑是心理防御机制中最基本的方法之一，是指个体将一些自我所不能接受或具有威胁性、痛苦的经验及冲动，不知不觉地从个体的意识中排除抑制到潜意识中去作用。否定是一种比较原始而简单的防御机制，其方法是借着扭曲个体在创伤情境下的想法、情感及感觉来逃避心理上的痛苦，或将不愉快的事件否定，当作它根本没有发生，来获取心理上暂时的安慰。否定与压抑极为相似，只是否定不是有目的地忘却，而是把不愉快的事情加以否定。退行是指个体在遇到挫折时，表现出其年龄所不应有的幼稚行为反应，是一种反成熟的倒退现象。例如，已养成良好生活习惯的儿童，因母亲生了弟弟或者妹妹或家中突遭变故，而表现出尿床、吸吮拇指、好哭、极端依赖等婴幼儿时期的行为。潜抑是指个体把意识中对立的或不能接受的冲动、欲望、想法、情感或痛苦经历，不知不觉地压制到潜意识中去，以至于当事人不能察觉或回忆，以避免痛苦。

5. 转移与投射

所谓转移是指原先对某些对象的情感、欲望或态度，因某种原因（如不合社会规范或具有危险性或不为自我意识所允许等）无法向其对象直接表现，而把它转移到一个较安全、较为大家所接受的对象身上，以减轻自己心理上的焦虑。所谓投射是个体自我对抗超我时，为减除内心罪恶感所使用的一种防卫方式。所谓投射是指把自己的性格、态度、动机或欲望投射到别人身上。辛弃疾在《贺新郎·甚矣吾衰矣》中写的"我见青山多妩媚，料青山见我应如是"就是投射的例子。

三、大学生应对挫折的心理调适

（一）科学分析原因，积极完善自己

大学生在认识挫折时，首先要对挫折进行正确的分析和归因。归因是对自己和他人外在表现的因果关系做出解释和推论的过程。正确归因不仅是科学分析挫折产生原因、表现和危害的需要，也是为科学应对挫折提供依据的需要。美国心理学家韦纳认为，对一件事的原因分析可以有三个维度，第一个维度是原因源，即原因是来自主体内部还是客观环境；第二个维度是稳定性，即原因是稳定的还是不稳定的；第三个维度是可控性，即原因是可控制的还是不可控制的。将这三个维度综合成一个因果模型，可以用来分析个体的成功或失败行为。大学生在对一件事进行原因分析时，一般有六个方面的常见因素：能力、努力、任务难度、运气、身心状况和外界环境。这些因素与三个维度之间的关系如表9-1所示。

表9-1 常见因素与三个维度之间的关系

常见因素	稳定性		内外在性		可控性	
	稳定	不稳定	内在	外在	可控	不可控
能力	+		+			
努力		+	+		+	
任务难度	+			+		+
运气		+		+		+
身心状况		+	+			+
外界环境		+				+

韦纳认为，个体对自己成功或失败的原因归因会对今后的行为产生重大的影响。在实际生活中，个体对成功或失败的归因并不见得是成功或失败的真正原因。能力、努力、任务难度和运气是个体在解释成功或失败时经常发现的四种主要原因。韦纳通过一系列的研究得出一些归因的最基本结论：当个体将成功归因于能力和努力等内部因素时，个体会感到骄傲、满意、信心十足，而当将成功归因于任务容易和运气好等外部原因时，产生的满足感则较低。相反，如果个体将失败归因于缺乏能力或努力，则会产生羞愧和内疚；如果将失败归因于任务太难或运气不好，则产生的羞愧较少。而归因于努力与归因于能力相比，

无论对成功或失败均会产生更强烈的情绪体验。个体通过努力获得成功，会体验到愉快；由不努力而导致失败，会体验到羞愧；而经过努力，即使获得失败结果，也会有受到鼓舞的感受。

（二）提高承受能力，化压力为动力

挫折承受力标志着个体适应环境的能力。这种能力不是先天就有的，而是经过后天学习、实践、锻炼的产物。大学生只有提高挫折承受力，才能有能力应对社会的挑战。大学生要想提高承受力，至少需要从三个方面努力。首先，应当正确认识挫折。人生难免有挫折，个体既要尽量选择不会摔跤的路，更要学习如何在摔跤之后成功爬起来。面对挫折，不要光想着自己摔过的跤，更要记得是如何爬起来的。其次，要全面了解挫折可能带来的危害，坚定科学应对挫折的意志。最后，大学生要改变以下三种不合理信念。

（1）此事不该发生。许多大学生把挫折看成不该发生的事，如成绩下降、恋人负心、人际关系不和谐，不能或不愿接受这些挫折。

（2）以偏概全。以偏概全不仅体现在个体对自己的认识上，也表现在对他人、社会的认识上。这种"一叶障目，不见泰山"的片面思维方式夸大了大学生的挫折感。

（3）无限夸大后果。有些大学生在遇到一些小的挫折时，就把后果想得非常糟糕，夸大后果会使自己越来越消沉，情绪越来越恶劣，最后难以自拔。

为此，提高挫折承受能力要从建立合理的认识入手，主动把自己置身于复杂的社会环境中磨炼，经常自我分析、自我反省、自我激励，使自己心智更成熟，提高承受挫折、化解冲突的能力。

（三）坚持自信乐观，提倡幽默开朗

既然挫折是生活中不可避免的，那么与其痛苦地忍受，不如坦然、自信地接受并改变它。生活中每处出口都是另一处的入口，任何成功或失败既是一种人生的结束，也是另一种人生的开始。面对生活中无法改变的挫折，大学生可以给自己足够的时间疗伤，时间一到，就应该及时忘掉过去，尽快朝正确的目标前进，用积极乐观的态度对待生活中遇到的各种困难。另外，大学生还可以培养自己的幽默感，以轻松、快乐的方式化解生活中的压力和挫折。这种应对挫折的方式既可以愉悦心情，又能够让他人接受。

（四）积极的自我暗示

积极的自我暗示对个体的心理活动和行为的影响是很显著的。一般来说，积极的心理暗示有以下几种：一是失败时安慰自己：没关系，还有下一次。这种暗示告诉自己要尽快忘记自己的失败，争取下一次成功。困难时告诉自己：已经渡过很多难关了，这一次也一样会顺利解决的。这种暗示告诉自己要不断努力，争取战胜前进道路上的一切困难。受到打击时告诉自己：我很棒，暂时的困难影响不大。这种暗示告诉自己要自信，相信自己能够战胜各种挑战。积极的自我暗示实际上是当不良情绪即将发生时，能及时进行心理上的自我放松，使自己心态平和地面对困难。

学习思考

1. 根据挫折的种类，分析经常遇到的挫折主要有哪几种？
2. 在你的生活中，有没有遇到过重大挫折？如果有，你是怎样应对的？
3. 怎样培养自身的抗挫折能力？

课堂活动

挫折是"双刃剑"

回忆自己所经历过的挫折以及它们给你的人生带来的影响，从正面和负面两个方面来分析，并填写在表 9-2 中。

表 9-2 挫折对你的影响

发生时间	经历的挫折	负面影响	正面影响
1			
2			
3			
4			
5			

心理测试

你的抗挫折能力怎么样

每个人在生活中都会不同程度地受到挫折，人们在受挫后恢复的能力各不相同。有些人弹性十足，有些人受挫后一蹶不振，而大多数人则介于两者之间。下列问题可以测验出你应对困境的能力。在回答这些问题时，请你用"同意"或"不同意"作答，同意的画"√"，不同意的画"×"。

1. 胜利就是一切。（　　）
2. 我基本上是个幸运儿。（　　）
3. 白天工作不顺利会影响我整晚的心情。（　　）
4. 一个连续两年都名列最后的球队应退出比赛。（　　）
5. 我喜欢雨天，因为雨后常是阳光普照。（　　）
6. 如果某人擅自动用我的东西，我会生气一段时间。（　　）
7. 汽车经过时溅了我一身泥水，我生气一会儿便算了。（　　）
8. 只要我继续努力，我便会得到应有的回报。（　　）
9. 如果有感冒流行，我常是第一个被感染的人。（　　）
10. 如果不是因为几次霉运，我一定比现在更有成就。（　　）
11. 失败并不可耻。（　　）

12. 我是有自信心的人。（　　）
13. 如果落在最后，我会失去竞争心。（　　）
14. 我喜欢冒险。（　　）
15. 假期过后，我需要一天才能恢复常态。（　　）
16. 遭遇到的每个否定都使我更进一步接近肯定。（　　）
17. 我想我一定受不了被解雇的羞耻。（　　）
18. 如果向我所爱的人求婚被拒绝，我一定会精神崩溃。（　　）
19. 我总忘不了过去的错误。（　　）
20. 我的生活中常有些令人沮丧、气馁的日子。（　　）
21. 负债累累的光景叫我寒心。（　　）
22. 我觉得要建立新的人际关系相当容易。（　　）
23. 如果周末不愉快，星期一便很难集中精力学习和工作。（　　）
24. 在我的生命中，我已有过失败的教训。（　　）
25. 我对侮辱很在意。（　　）
26. 如果聘任职务失败，我还愿意继续尝试。（　　）
27. 丢失了钥匙会令我整个星期感到不安。（　　）
28. 我已达到能够不介意大多数事情的地步。（　　）
29. 想到可能无法完成某项重要事情，我会不寒而栗。（　　）
30. 我很少为昨天发生的事情烦心。（　　）
31. 我不易心灰意冷。（　　）
32. 必须要有百分之五十以上的把握，我才敢冒险把时间花在某件事上。（　　）
33. 命运对我不公平。（　　）
34. 对他人的恨会维持很久。（　　）
35. 我知道什么时候该放弃某件事。（　　）
36. 偶尔做个失败者，我也能坦然接受。（　　）
37. 新闻报道中的大灾难，使我无法专心工作。（　　）
38. 任何一件事遭到否决，我都会寻求报复的机会。（　　）

【结果解释】

对于上述问题，列入"不同意"者为1、3、4、6、9、10、15、17、18、19、20、21、23、24、25、27、28、29、32、33、34、35、36、37，其余为"同意"。

依上列答案，相符者给1分，相反为0分，

如果总分低于或等于10分，那么你就是那种易被逆境、失望或挫折所左右的人，你把逆境看得太严重，一旦跌倒，要很久才能站起来。你不相信胜利在望，只承认见风转舵。

如果总分为11~25分，你在遇到某些灾祸或逆境的时候，往往需要相当长时间才能振作起来。不过这类人却能找到很多的技巧和策略来获取个人的利益。

如果总分高于25分，那么显示你应付逆境的弹性极佳。不理想的境遇对你虽然会造成伤害，但不会持久。这类人在情感上通常相当成熟，对生活也充满热爱。

推荐阅读

1.《抗压力：逆境重生法则》

作者：[日]久世浩司

出版社：北京联合出版公司

本书讲解了如何培养抗压能力。若要培养抗压能力，则要对失败进行理性分析，学会摆脱消极情绪，锻炼自己的"心理肌肉"，学会从痛苦中汲取智慧。

2.《哈佛减压课》

作者：[美]施兰德，[美]迪瓦思

出版社：中信出版社

哈佛医学院博士约瑟夫·施兰德通过详细解读压力，提出压力管理要点。运用科学的方法，可以在生活中减轻压力、化解压力、提高效率，从而认识自我价值，获得内在幸福。

第十章

理解生命本质、实践生命意义

导言

有一首歌《天地吉祥》，其歌词如下：感激上天，把幸福吉祥洒向人间；感谢朋友，让真心诚意温暖家园；感谢父母，把缕缕青丝织成祝愿；感谢祖国，让和谐山川春光无限。天地，给予我们生命的灵性根本，我们感恩天地，是领会我们生命的神圣性；父母，给予我们生命的肉体精血，我们感恩父母，是领会我们生命的血亲性；圣贤，给予我们生命的精神品质，我们感恩圣贤，是领会我们生命的人文性；亲友，给予我们生命的情感寄托，我们感恩亲友，是领会我们生命的社会性。

感恩是理解个体生命价值的起点，个体生命一旦诞生，就获得了其不可取代的独一无二的价值意义。个体通过实践表达、展示、丰盈、提升并体验其生命的存在。实践是生命存在的方式，也是个体不断追求生命意义、实现人生价值途径。

本章知识点

1. 生命的本质与特征；
2. 生命的意义及其实践。

第一节 理解生命本质

生命是一切存在的本质，生命冲动无时无刻不在创造新的东西。人类的孕育，开启了智慧与文明的大门，人类在实践中创造，在文化中发展，也开始了对生命本身的思索与探究。人类在认识自身的道路上充满了神奇与敬畏，充满了奇迹和不可思议，人类可以思考自己是什么，自己从哪里来，这也是生命最奇妙之处。

一、生命的起源

人类从未停止过对生命起源的探索，生命于何时、何处、怎样起源，是现代科学未完全解决的重大问题，历史上对这个问题存在着多种臆测和假说，并有很多争议，学者从地质学、天文学、化学、生物学、历史学、社会学等学科对生命的起源问题进行着思考与研究，依据各自的思考逻辑，对于个体生命在宇宙中的地位有各不相同的论述和论证。

在科学的角度，关于生命的起源有两种解释：第一，宇宙生命的起源；第二，地球三维时空里生命的起源。从生命的起源看，弱小单一的个体生命具有强大无限的宇宙性。也就是说，个体生命不是孤独存在的，而是有一个宇宙性的根基，这个宇宙性的根基，科学家将它称作"自然"或者"物性"，哲学家将其视为"本体"或者"宇宙精神"。正因为个体生命有这样一个宇宙性的根基，个体生命才不只属于个体的脆弱肉体生命，而是值得敬畏的宇宙神性生命，任何人包括自己都没有权利剥夺、侵害自己或他人的生命。

每个个体都要对地球上所有的生命给予尊重和爱护，尽自己所能帮助他们，从小事做起，与各种生命和谐相处，世界才会呈现出无限生机；对生命常怀敬畏之心，才会感到生命的高贵与美丽；不随意虐待和伤害生命，社会将会更美好。

> **扩展阅读**
>
> 来之不易的生命
>
> 人类个体发展从父母生殖细胞交配构成受精卵时开始，受精卵在母体内分裂发展、长成胎儿，而后诞生。胎儿期是儿童发展的第 1 阶段，时长约为 280 天。在这期间，个体从受精卵长成长约 50 厘米、重约 3000～3500 克的新生儿。关于胎儿期的发展，我国古代医学家曾做过探索。如唐代孙思邈概述为："一月胚，二月胎，三月血脉生，四月形体成，五月能动，六月诸骨具，七月毛发生，八月脏腑具，九月谷气入胃，十月百神备则生矣。"这一概括虽未尽精确，但在当时已经很先进了。
>
> 现代生物学对胎儿期的发展过程分为三个阶段，即胚种阶段、胚胎阶段和胎儿阶段。
>
> 胚种阶段：从受精到两个星期。最初，受精卵还是一个游离的细胞，它一方面在不断分裂增生，一方面沿输卵管向下漂移。第 3、4 天时到达子宫，形成胚泡。约在第 6～8 天开始植入子宫内膜，从此依赖母体生存，直到胎儿出生。
>
> 胚胎阶段：2～8 个星期。在此阶段，胚泡分化出外胚层、中胚层和内胚层，这三个胚层最终分别长成身体的各种器官组织。外胚层逐渐长成皮肤的表皮、毛发、指甲、牙齿、感觉器官和神经系统；中胚层长成皮肤的真皮、肌肉、骨骼、排泄系统和循环系统；内胚层长成欧氏管、气管、消化系统、呼吸系统，以及甲状腺和胸腺等。
>
> 胎儿阶段：8 个星期末至出生。在此阶段，胎儿身体各部分逐渐发育，肌肉迅速增长，中枢神经发展极快。4 个月末，母亲可以感到胎动。5 个月的胎儿已出现吸吮、吞咽现象，并开始长指甲和毛发。6 个月，眼睛已发育，眼睑能启闭。7 个月，神经、呼吸等系统已发展到可以维持个体生命的水平。8～9 个月，皮下脂肪积聚，胎体丰满。10 个月，胎儿顺利出生。

二、生命的本质

现代科学对生命的定义是：生命是蛋白体的存在形式，这个存在形式的基本因素在于和它周围外部自然界不断地进行新陈代谢，而且这种新陈代谢一旦停止，生命就随之停止，结果便是蛋白质的分解。生命只是蛋白体的存在形式，是一种纯粹物质性的东西，精神、灵魂、理想、价值，都只有在这个基础上才能发展。在此对生命的讨论，主要是以个体人的生命或者说人的个体生命为内涵的，用现代新儒家代表人物唐君毅先生的话说："我们讨论的是'有心灵生命的存在'"。二十世纪，心理学中的人本主义及意义治疗理论，关注生命的超越性、神圣性、意义性、精神性，其中心理学认为生命即意识到的自我。

生命是一个成长的历程，人类个体生命自受精卵时起至个体死亡一直经历着持续的发展与变化，人类个体生命具有自我实现和自我完善的需要和功能。发展心理学家认为生命的发展包括三个方面的内容：①生理的发展。身体和身体器官的生长，生理机能的变化，老化的生理迹象和运动能力的变化等。②认知的发展。知觉、语言、学习、记忆、问题解决能力等以及其他心理过程的变化性和持续性。③社会心理的发展。人格和人际方面的变化性和连续性，如动机、情绪、人格特质、人际交往技能和人际关系及个体在社会中所扮演的各种不同角色。

三、生命的特征

作为一种有生命、有肉体的自然存在物，人与其他动物一样，也是有机体生存的自然需求和满足这种需求的物质对象。人的生理需要是指维持人的肉体组织、生命存在的一种"自然必然性"，是人的最基本的需要。不过，人的这些需要与其他动物的需要在表现方式、满足方式、实现过程等方面都有本质的不同，人的需要包括生理、精神、享受、发展，它在很大程度上依赖于社会历史和文化环境，是自觉的、主动的、理智的、带有自创性的。

根据对人的生命的理解，人的生命特征可以归纳为如下六个方面。

（1）生命的有限性。人的自然生命是有限的、死亡彰显了生命的有限性。这种有限性主要体现在以下几个方面：其一，人的自然寿命有限，寿命是指自然寿命可以活到的年龄。其二，人生际遇的不可控性。各种突如其来的疾病，人为造成的灾难，以及各种偶然事件，都可能使个体生命突然消失，使人的寿命达不到自然寿命。其三，认识经历的不可逆性。人的生命只有一次，不能重新开始。

（2）生命的超越性。人一方面是有限的自然存在物，另一方面又是一种有理性的存在物，有着超越自身有限性的理想。在漫长的人类前行的征程中，人总是在对未来的追求中否定现实，正是在这种否定中，人实现着生命的超越。人也正是在各种不断超越中，实现生命价值的提升，不断生成新的自我。

（3）生命的独特性。世界上不存在两个完全相同的生命个体，遗传的差异性决定了人先天具有的独特性。先天的遗传素质是构成人独特性的基础，生命的独特性还取决于人后天形成的个性、思维、精神等因素。

（4）生命的精神性。一个完整的生命是自然生命和精神生命的和谐统一。人生存于世界之中，生存于自我意识之中。人能够意识到生命在世界之中的活动，并在意识之中开展活动。人对生命活动的意识构成生命的意义，人的生命是一种追求意义的存在。

（5）生命的完整性。就个体的生命而言，现实的人都是完整的人。他们有躯体，也有思想；有物质需要，也有精神追求。任何对生命的解读和以生命为对象的实践，都必须建立在完整性的基础上。

（6）生命的实践性。实践是生命存在的方式，也是人不断追求生命的意义、实现人生的价值、走向生命的超越的途径。人通过实践这种方式表达、展示、丰盈、提升并体验生命的存在。人在实践中积极追求生存之道，追求更美好的生活。

总之，人创造人类世界的根据和基础在于自身。人依靠自己创造了一个人为世界，并生活于其中。这就是人类生存和发展中最具本体意义的基本事实。对于人来说，人类世界是人通过自己的实践创造活动，使自己的目的、需要、愿望、情感、智慧、意志等本质力量对象化、现实化，并符合规律、符合目的地融入天然世界之中而塑造出来的。人通过创造世界，也创造了自己。

四、珍爱生命

小行星撞击地球的概率保守推测是二百万分之一，双色球中奖概率大概为一千七百七十二万分之一，而人类个体生命诞生的概率是一亿分之一甚至更小，个体生命的诞生是一个伟大的奇迹，它给世界带来了美丽与神奇。每个人在仅此一次的生命历程中表现着不同的生命素质，在这一历程中，有鲜花和掌声，也有荆棘和泪水，每个人都在体味着不同的人生意义。

正是因为人的生命只有一次，所以没有任何事物比生命更值得珍惜，珍爱生命是一个人存在的首要前提。珍爱生命包括珍爱自己的生命，也包括珍爱他人的生命。一个珍爱自我生命的人会有意识地发现内心需要，主动地进行自我调适，积极地建立社会支持系统，勇敢地应对现实生活的挫折。珍爱自我生命有三个层次的含义：保卫来之不易的生命，充分利用现有生命，提升生命价值，这三个层次由低到高逐步推进。

"芸芸众生，孰不爱生？爱生之极，进而爱群。"当爱自己的生命到了一定程度的时候，他就会得到升华进而热爱天下的每个人。例如，"去吗？配吗？这褴褛的披风！战吗？战啊！以最卑微的梦！"一首《孤勇者》打进 2022 年卡塔尔世界杯，这无疑是我国文化软实力向海外输出的范本，也是词作人唐恬经历癌症病痛后的领悟与升华的成果，她用文字的形式表达对生命的热爱，用简单质朴的词语展现平凡角落里的真实人生，给人们带来希望和力量。可见，珍爱生命的人在珍爱自我生命的同时，也一定会珍爱他人生命，因为成全他人是对自己生命价值的认可和体现。

第二节　实践生命意义

约翰·霍普金斯大学的社会学家对 48 所大学的 7948 名大学生做过一项统计调查，其初步报告是全国精神卫生研究所资助的一项为期两年的研究项目的一部分。在被问及什么是你目前最主要的事情时，78%的大学生回答其首要目标是"找到生活的目标和意义"。人类对生命意义的追求是其主要动机，这种意义是独特的，因为它只能由特定的某个人来完成。每个人都有自己独特的使命，而且这个使命是他人无法替代的。生命的意义总是在不断变化，但意义永远不会消失。人对生命意义的追寻会导致内心的紧张而非平衡，不过，这种紧张恰恰是精神健康的必要前提。

一、幸福——生命意义的追求

获得幸福、享有幸福的生活，是每个人都期望实现的梦想，幸福是人类生命的永恒追求。一个人的生活有了梦想或目标后就会感到生命是有意义的。对生活在今天的人们来说，追求幸福依然是每个人的重要目标之一，也是生命意义所在。什么是幸福？幸福就是人们根据内化了的社会标准对自己生活质量的整体性、肯定性的评估，是人们对生活的满意度及各个方面的全面评价，并由此及彼而产生的积极情感占优势的心理状态。积极心理学之父塞利格曼教授在《持续的幸福》一书中，提出了幸福生活的五要素。

（1）积极情绪，即积极感受，如愉悦、狂喜、入迷、温暖和舒适等。塞利格曼将以此为目标的人生称为愉悦的人生。人如何能够体验更多积极的情绪呢？品味生活中的好事，可以提升一个人的积极情绪。在生活中，人们往往关注的坏事多于好事，此时不妨改变看问题的角度，试着多从积极的角度去看待问题，试着多与积极的人相处。

（2）投入。投入是指完全沉浸在一项吸引人的活动中，在投入时，时间好像停止，自我意识消失。塞利格曼将以此为目标的人生称为投入的人生。例如，"你有没有感觉到时间停止？""你完全沉浸在任务中了吗？""你忘了自我吗？"虽然人们在投入的过程中体验到的并不一定都是积极情绪，但投入确实会让人感觉很忘我，生活很充实。

（3）人际关系。想一想自己上一次开怀大笑是什么时候，是因为什么？上一次喜不自胜是什么时候？上一次感觉到深刻的意义和目的是什么时候？上一次产生自豪感是什么时候？通常这些时候都有一个特点，那就是与他人相关。例如，我上一次开怀大笑是和好朋友在一起爬山，我上一次很欣慰是因为我的工作得到了大家的认可。好的人际关系意味着在生活中真正关心别人，也有人真正关心你。

（4）意义。大学是自主奋斗、实现抱负的关键阶段，却有不少大学生迷失了方向，放松了对自己的要求，常常觉得空虚无聊，得过且过，不知道自己的目标是什么，自己生命的价值何在。有意义的人生意味着归属于某些超越自己的东西，并为之奋斗，如一个人为自己的理想、信仰而奋斗就是一种意义。

（5）成就。成就能够使人产生一种自我满足感，不管这种成就是否被社会认可，这种满足感都会促进幸福的产生。

扩展阅读

我国古代幸福观

对于幸福人生的追求是人类的本能愿望。"福"寄托了人们对幸福生活的向往，对美好未来的期盼，也是圆满、和谐人生的极致追求。古代幸福观即五福，"五福临门"最早出自《尚书·洪范》，其中所记载的五福是：一曰寿，命运长久而且福寿绵长；二曰富，钱财富足而且地位尊贵；三曰康宁，身体健康而且心灵安宁；四曰修好德，生性仁善而且宽厚宁静；五曰考终命，善始善终而且享尽天年。后来东汉桓谭在《新论·辨惑第十三》中把"考终命"更改为"子孙众多"，后来的"五福"也就变成了"长寿、富贵、安乐、好德、子孙众多"。

二、实现生命意义

《追寻生命的意义》的作者弗兰克尔认为,人类最原始的动机是追求生命意义的意志。当人对自己的生命感到无意义时,他的行为就会失去依据,也就受到"存在的空虚"的困扰,追求生命意义的意志遭受挫折。心理学中的生命意义治疗理论强调人可以通过实现以下三种价值来获得生命的意义。

(一)创造与实现

创造与实现即通过某种类型的活动实现个人的价值,获得生命的意义,即通过创造性的工作或思考给世界提供有形的产品和无形的思想是获得生命意义的具体手段之一。人可以通过工作、运动、服务、作贡献、与他人建立关系等方式来发现生命的意义。工作带给人的意义并不是简单的养家糊口,它也为人提供了一个展示生命独特性的机会。不同的人通过不同的岗位、不同的方式,追求着他们各自生命的意义。

(二)经验与体验

经验与体验是指人通过对世界的接纳与感受,以及通过体验某种事物或通过某个人来发现生命的意义,如欣赏艺术作品、走近大自然、与人交谈、体验爱情等。生命是现实世界中具体的存在,当我们通过努力克服困难并取得一定成绩时,会觉得幸福;当我们在同学之间找到像家人一样相互关心的感觉时,会觉得幸福;当我们打电话给家人,分享学校的趣事时,会觉得幸福;当我们游历各地美景,当我们感受到爱情,当我们亲自下厨制作美食时,都会觉得幸福。生命的意义正是源自我们这些具体生活事件的体验。

(三)挫折与受难

当个体面对无法改变的命运(罪恶、死亡或痛苦的逼迫)时,可以采取积极的态度,并从中获得意义。此即苦难的意义是人类存在的最高价值。每个人都不可避免地要经历一些挫折与不幸,这些经历会带来痛苦,但随着时间的推移,当痛苦被发现有意义时,人就不再痛苦了。通过认识人生的悲剧性,可以促使人深思,寻找自我,最终发现人生的意义,实现自我超越。

> **扩展阅读**
>
> **苦难的意义**
>
> 一名年迈的、患有严重抑郁症的全科医生向弗兰克尔咨询,他无法接受妻子的死亡,他的妻子在两年前去世,他爱她胜过世上的一切。弗兰克尔努力克制自己,没说别的,只是对他提出一个问题,"医生,如果你先她而去,你太太在你死后还活着,那会怎么样呢?""啊,那她可就受苦了,她怎么受得了啊!"弗兰克尔马上回答:"她免除了这样的痛苦,你替代了她的痛苦,当然,代价是你现在还活着,并且陷入深深的痛苦中。"这位医生没再说话,摇了摇头,悄然离开了弗兰克尔的办公室。

弗兰克尔不能改变医生的命运，他不能让医生的妻子复活，但在那一刻，弗兰克尔成功地改变了医生对不可改变的命运的态度，医生至少看到自己痛苦的意义，一旦找到了痛苦意义（如牺牲的意义），那么痛苦就不再是痛苦了。遭受痛苦不是寻找生命意义的必要方式，但人们也可以在不可避免的痛苦中找到意义。

三、发掘生命潜能

在我们每个人的身上，除了通过已经表现出来的言语、行为、取得的成绩、留下的印迹等可以被他人感知的知识、能量、能力，还有很多知识、能量和能力没被发现、发掘和利用，但在一定条件下，这些知识、能量和能力会得以释放。潜能是指存在于人体内尚未得到开发或尚未发挥过作用的潜在的各种知识、能量、能力等。人的潜能犹如一座有待开发的金矿，蕴藏无穷，价值连城，而且每个人都有一座潜能的金矿。

潜能可以使不可能成为可能，把很多事情看成不可能是很多人的一个主要弱点。在很多情况下，我们会认为自己只能背50公斤的重物、做10个俯卧撑或100米的最快速度是15秒等，而事实上，在某些情况下，人是完全可以超越这些"极限"而创造奇迹的。现代科学家们普遍认为，每个人在自己的一生中，仅仅运用了头脑能力的10%，也就是说，还有90%的大脑潜能浪费了。美国心理学家詹姆斯认为，要是人类能够发挥出大脑一半的能力，就可以轻易学会40种语言、背诵整本百科全书、取得12个博士学位。

我们可以尝试以下五种开发潜能的方法。

（1）自我暗示法。人除了能接受别人的暗示，还可以进行自我暗示。自我暗示就是自己利用一些语言或动作等来影响自己的心理或行为。自我暗示会产生强烈的心理定式，并引导潜在动机产生行为。积极的带有成功意识的自我暗示，会使人用比较少的意志力，实现自己的目标。在进行自我暗示时，要牢记几个原则：语言要简洁，语言要积极，内容要具有可行性，坚信自己能够成功。

（2）压力释放法。如果你是个性受到压抑的人，就应该有意识地解除压抑，让生活中的你不那么停滞、退缩和拘谨，不那么担心，也不那么过于认真，以使你的潜能毫无阻碍地得到充分的释放。你可以不用考虑"应该说什么"，张开嘴巴说出来就行；大胆地行动，在行动中纠正自己的行为；停止批评自己；养成大声说话的习惯；直接表露自己的爱憎好恶。

（3）循序放松法。"一张一弛，文武之道也。"这一张一弛之道，对于激发人的潜能来说非常重要。安排约30分钟时间，选择一个宁静而光线柔和的房间，内有一个沙发或床，穿着宽松的衣服，躺在沙发或床上，深呼吸三次，尽量体会紧张的不适感与松弛的舒适感的强烈对比，给身体部位逐一发布"松弛"命令，这些部位依次是头、颈、肩、臂、胸、背、腹、臀、腿、脚。具体做法大致如下。

① 头部放松。用力紧皱眉头，保持10秒钟，然后放松；用力紧闭双眼，保持10秒钟，然后放松；皱起鼻部和脸颊部肌肉，保持10秒钟，然后放松；用舌头抵住上颚，使舌头前部紧张，保持10秒钟，然后放松。

② 颈部放松。将头用力向下弯，努力使下巴抵住胸部，保持10秒，然后放松。

③ 肩部放松。将双臂自然垂放于身体两侧，尽量向上提升双肩，保持 10 秒钟，然后放松。

④ 臂部放松。将双手掌心向上平放在座椅扶手上，握紧拳头，使双手及前臂肌肉紧张，保持 10 秒钟，然后放松，张开双臂做扩胸状，体会臂部的紧张感 10 秒钟，然后放松。

⑤ 胸部放松。将双肩向前收，使胸部四周的肌肉紧张，保持 10 秒钟，然后放松。

⑥ 背部放松。将双肩用力向后扩，体会背部肌肉的紧张 10 秒钟，然后放松，向后用力弯曲背部，努力使胸部弓起，挤压背部肌肉 10 秒钟，然后放松。

⑦ 腹部放松。尽量收缩腹部，好像别人向你腹部打来一拳，你在收缩躲避，保持 10 秒钟，然后放松。

⑧ 臀部放松。夹紧臀部肌肉，收紧肛门，保持 10 秒钟，然后放松。

⑨ 腿部放松。绷紧双腿，并膝伸直向上，好像两个膝盖间夹着一枚硬币，保持 10 秒钟，然后放松；将双脚向前绷紧，体会小腿部的紧张感 10 秒钟，然后放松；将双脚向膝盖方向用力弯曲，保持 10 秒钟，然后放松。

⑩ 脚趾肌肉放松。将脚趾慢慢向下弯曲，仿佛用力抓地，保持 10 秒钟，然后放松，将脚趾慢慢向上弯曲，而脚和脚跟不动，保持 10 秒钟，然后放松。

当全部松弛过程完成后，你可以想象有一股暖流从你的头顶一直流到你的脚尖，它会使你更加舒适，也更加放松。静静地躺着尽情享受这难得的松弛，体会放松状态的美好。你可以在早晨醒来后和夜晚临睡前各做一遍，或者在感到焦虑、紧张时做。

（4）超越缺陷法。在日常生活中，许多人都会存在这样或那样的缺陷，这些缺陷有大有小，程度也各不相同。如果当事人把自身缺陷视为走向成功的障碍，那么就确实会成为障碍。但如果当事人把缺陷当成是走向成功的挑战，努力去克服并最后战胜它，就能使自己的潜能得到发挥，从而走向成功。所以，如果在我们身上存在某缺陷时，我们应该想方设法战胜它并超越它，在这一过程中能发挥出我们自身的巨大潜能。

（5）尝试未知法。如果一个人相信自己有能力从事某项活动，那么实际上他离成功已经不远了。徐霞客、华罗庚、富兰克林、爱因斯坦、哥白尼等许多伟人，在很多方面与普通人没什么区别，主要的不同是他们敢于探索未知。我们对做某件事要寻找理由的这种做法阻碍了个性的成长与发展，克制并压抑了潜能的释放与发挥，其实在现实生活中，在社会规范许可的范围内，只要我们愿意，便可以大胆尝试，尝试未知的、一个方便易行的途径，选择一些需要认真思考的问题，并努力尝试寻找理想的答案。

生命的每个阶段的意义都是不同的：当我们是婴儿的时候，我们认为生命的意义在于汲取，汲取妈妈的乳汁，汲取众人的爱，汲取玩耍带给我们的快乐；当我们逐渐长大步入校园后，我们认为生命的意义在于学习，学习书本上的知识，学习实践中的理论，当我们走上工作岗位时，我们认为生命的意义在于进取，如何将自己的能力尽情展现，如何得到职位的晋升，如何超越身边的人；当我们成立了自己的家庭后，我们认为生命的意义在于付出，不遗余力地为自己所爱的人付出我们的全部，让我们所爱的人幸福快乐；等到我们老去的那天，只有静静回忆这一生才发现，原来生命的意义在于经历。经历过了，才知道什么是真正的快乐，什么是彻底的悲伤，什么是耀眼的美丽，什么是刺目的丑陋，什么是最纯粹的幸福，什么是最不幸的悲哀。将不同阶段对生命的理解串在一起就是我们一路走过的人生，它有无法估量的价值，是每个人最宝贵的财富。

课堂活动

心 理 案 例

每年 5 月的第 2 个星期日是母亲节，以颂扬母亲的伟大。

安娜·查维斯夫人的女儿安娜立志创立一个母亲节。安娜先后写信给许多有名望的人物，呼吁他们支持设立母亲节，以发扬孝道。最初人们反应冷淡，但她不气馁，继续在各界奔走。1907 年 5 月 12 日，安德烈卫理教堂应安娜之邀为母亲们举行了一个礼拜仪式。隔年，此仪式在费城举行，反应热烈，终于获得西弗吉尼亚州州长的支持，并于 1910 年宣布在该州设立母亲节。接着，美国多个州和加拿大、墨西哥先后对母亲节给予认可，并举行庆祝仪式。到了 1914 年，美国前总统威尔逊申请国会通过决议案，将母亲节定为全美国的节日，并提议人们"公开表示我们对母亲的敬爱"。后来世界各地相继仿效，遂成为"国际母亲节"。安娜原建议以她母亲的逝世日 5 月 10 日作为母亲节的日期，但后来人们为方便庆祝，便选定 5 月份的第 2 个星期日为母亲节。

训练一：

1. 你知道自己母亲的生日是哪一天吗？
2. 你愿意或者你经常在母亲节给母亲打电话吗？
3. 每次或者偶尔放假回家你会想着给母亲买礼物吗？
4. 你知道母亲最喜欢的食物是什么吗？

……

请认真回答上面的问题，然后思考自己与母亲的关系如何？

训练二：

请每个人准备一支笔、一张纸，把你平时最珍爱的人、事或物（共 5 项）写在上面。这 5 项中有两项必须是"我""妈妈"。

实验第 1 步

现在要请你忍痛割爱，在 5 项中去掉 1 项，去掉的这 1 项要用笔划去。请注意，一旦划去，就意味着它从你的生活中消失了。在划去之前，你要不断回忆它在平日给你带来的欢乐，可现在，你不得不跟它告别了。

实验第 2 步

现在请你继续从 4 项中划去 1 项。同样，一旦划去，它就从你的生活中消失了。它给你带来过无穷的欢乐，把它划去，你一定非常难过，但你还是要坚决地把它划去。

实验第 3 步

在剩下的 3 项中你只能保留两项。请你认真思考，划去一项，即使再喜欢也得把它划去，它带给你再多的欢乐也是昨天的事了。要坚决、彻底地划去。

实验第 4 步

实验已进入最残酷的阶段了。现在，你和妈妈坐在船上，遇到了沉船危机，你们两人只有一人能活下来，怎么办？请你在一两分钟之内做出决断。你和妈妈到底谁活下来？如果划去你自己，你还没有好好欣赏这多彩的世界，还没有实现自己的理想；如果划去了妈妈，就意味着从此你将永远失去母亲，失去母爱。

请谈谈你在选择时的心理活动。

学习思考

1. 你认为生命的意义是什么？人活下去的理由有哪些？
2. 大学生应该如何面对正在遭遇心理危机的同学和朋友？
3. 大学生如何更好地体现自己的生命价值？

推荐阅读

1. 《生命的留言》

作者：陆幼青

出版社：北京理工大学出版社

本书是作者陆幼青在生命的最后阶段对人生进行的平静而真实的思考，包括亲情、爱情、生活，并写了直面死亡的感受。他与死亡有约，但他的文字里没有黑色，始终充满了坦然、智慧和感悟，激励更多的人直面生活的苦难，珍惜幸福的生活。这是一本曾牵动无数读者心扉、令世人无比关注的"非常之书"。心理学教授张吉连先生认为，陆幼青敢于直面死亡，真正地拥有人生，是一位很了不起的勇士。

2. 《活出生命的意义》

作者：[美]维克多·E·弗兰克尔

出版社：华夏出版社

本书的作者是著名心理学家弗兰克尔。纳粹时期，作为犹太人，他的全家都被关进了奥斯维辛集中营，他的父母、妻子、哥哥，全都死于毒气室中，只有他和妹妹幸存。弗兰克尔不但超越了这炼狱般的痛苦，更将自己的经验与学术结合，开创了意义疗法，替人们找到绝处逢生的意义，也留下了人性史上最富光彩的见证。

3. 《生命的重建》

作者：[美]露易丝·海

出版社：中国宇航出版社

作者露易丝·海在书中倡导"整体健康"的观念，揭示了疾病背后隐藏的心理模式，从而开辟了重建生命整体的道路。她认为每个人都有能力采取积极的思维方式，实现身体、精神和心灵的整体健康。

心理测试

创造潜能的测试

发明和创造并不神秘，每个人都有发明和创造的才能，只不过存在强弱之分。有些人没有什么发明和创造，那是因为他的潜能还没有得到发挥。下面的自我测试可以帮助了解自己在这方面的潜在倾向。

在下列问题中，如果你发现某些描述与你自身情况完全不符合，请在题后的括号内填1；如果部分符合，请在题后的括号内填2；如果完全符合，请在题后的括号内填3。

注意：每题都要做，不要花太长的时间去思考；所有的题目都没有正确答案，凭借读完句子后的第一感受作答；虽然没有时间限制，但应争取以较快的速度完成，越快越好，切记应凭你的真实感受做出选择。此外，每题只能选择一个答案。

1. 在学校里，我喜欢试着对事情或问题做出猜测，即使猜不对也无所谓。（　　）
2. 我喜欢仔细观察我没见过的东西，以了解详细的情形。（　　）
3. 我喜欢听变化多端和富有想象力的故事。（　　）
4. 画画时我喜欢临摹别人的作品。（　　）
5. 我喜欢利用一些废物来做成各种好玩的东西。（　　）
6. 我喜欢幻想一些我想知道或想做的事。（　　）
7. 如果事情不能依次完成，我会继续尝试，直到成功为止。（　　）
8. 做作业时我喜欢参考不同的资料，以便得出自己的看法。（　　）
9. 我喜欢用相同的方法做事情，不喜欢去找其他的方法。（　　）
10. 我喜欢探究事情的真假。（　　）
11. 我喜欢做许多新鲜的事。（　　）
12. 我不喜欢交新朋友。（　　）
13. 我喜欢想一些不会在我身上发生的事情。（　　）
14. 我喜欢想象自己有一天能成为艺术家或诗人。（　　）
15. 我会因为一些令人兴奋的念头而忘记了其他事情。（　　）
16. 我宁愿生活在太空站，也不喜欢住在地球上。（　　）
17. 我认为所有的问题都有固定的答案。（　　）
18. 我喜欢与众不同的事情。（　　）
19. 我常想要知道别人正在想什么。（　　）
20. 我喜欢故事中的情节或电视节目所描述的事情。（　　）
21. 我喜欢与朋友在一起，与他们分享我的想法。（　　）
22. 如果一本故事书的最后一页被撕掉了，我就自己编造一个故事，把结局补上去。（　　）
23. 我想做一些别人从来没有想过的事情。（　　）
24. 尝试新的游戏和活动，是一件有趣的事。（　　）
25. 我不愿意受太多的规则限制。（　　）
26. 我喜欢解决问题，即使没有正确答案也没有关系。（　　）
27. 有许多事情我都想亲自去尝试。（　　）
28. 我不喜欢唱没人知道的新歌。（　　）
29. 我不喜欢在他人面前发表意见。（　　）
30. 当我读小说或看电影时，我喜欢把自己想象成故事中的人。（　　）

31. 我喜欢幻想 200 年前人类生活的情景。（　　）
32. 我常想自己写一首新歌。（　　）
33. 我喜欢翻箱倒柜，看看有些什么东西在里面。（　　）
34. 在画画时，我喜欢改变各种东西的颜色和形状。（　　）
35. 我不能确定我对事情的看法都是对的。（　　）
36. 对于一件事情先猜猜看，然后再看是不是猜对了，这种做法很有趣。（　　）
37. 玩猜谜之类的游戏很有趣，因为想要知道结果如何。（　　）
38. 对于机器，我很想知道它里面是什么样子，以及它是怎么转动的。（　　）
39. 我喜欢可以拆开来玩的玩具。（　　）
40. 我喜欢想一些新点子，即使用不着也无所谓。（　　）
41. 一篇好的文章应该包含不同的意见和观点。（　　）
42. 为将来可能发生的事寻找答案，是一件令人兴奋的事。（　　）
43. 我喜欢尝试新的事情，目的只是为了知道有什么结果。（　　）
44. 在玩游戏时，我是很有兴趣的，并不在乎结果。（　　）
45. 我喜欢想一些别人常常谈起的事情。（　　）
46. 当我看到一个陌生人的照片时，我喜欢去猜测他是怎样的一个人。（　　）
47. 我喜欢翻阅报刊和书籍，但不想知道它的内容是什么。（　　）
48. 我不喜欢探讨事情发生的各种原因。（　　）
49. 我喜欢问一些别人没想到的问题。（　　）
50. 无论是在家里还是在学校，我都喜欢做自己感兴趣的事。（　　）

【评分与解释】

本测试共有 50 题，包括冒险性、好奇心、想象力和挑战性四项。

正向题目计分规则：完全符合 3 分，部分符合 2 分，完全不符合 1 分；

反向题目计分规则：完全符合 1 分，部分符合 2 分，完全不符合 3 分。

关于冒险性题目：1、5、21、24、25、28、29、35、36、43、44，其中 29、35 为反向题目。

关于好奇心题目：2、8、11、12、19、27、33、34、37、38、39、47、48、49，其中 12、48 为反向题目。

关于想象力题目：6、13、14、16、20、22、23、30、31、32、40、45、46，其中 45 为反向题目。

关于挑战性题目：3、4、7、9、10、15、17、18、26、41、42、50，其中 4、9、17 为反向题目。

哪类题目的得分越高，说明你在这方面的潜能越大。